北京市数字教育研究重点课题"基于融合兼交叉的专业数智化升级路径探索"（BDEC2023619017）的部分研究成果，北京自然科学基金项目"创新网络视角下北京市独角兽创新种群与创新生态系统协同机理研究"成果（9212003），北京物资学院配套经费（0542200806048）支持。

光明社科文库
GUANGMING DAILY PRESS:
A SOCIAL SCIENCE SERIES

·经济与管理书系·

独角兽企业

创新与机理

吕波 等丨著

光明日报出版社

图书在版编目（CIP）数据

独角兽企业：创新与机理 / 吕波等著 . -- 北京：
光明日报出版社，2024.3
ISBN 978 - 7 - 5194 - 7881 - 0

Ⅰ.①独… Ⅱ.①吕… Ⅲ.①企业创新—研究 Ⅳ.
①F273.1

中国国家版本馆 CIP 数据核字（2024）第 070855 号

独角兽企业：创新与机理

DUJIAOSHOU QIYE：CHUANGXIN YU JILI

著　　者：吕波　等	
责任编辑：杜春荣	责任校对：房　蓉　董小花
封面设计：中联华文	责任印制：曹　净

出版发行：光明日报出版社

地　　址：北京市西城区永安路 106 号，100050

电　　话：010-63169890（咨询），010-63131930（邮购）

传　　真：010-63131930

网　　址：http：// book. gmw. cn

E - mail：gmrbcbs@ gmw. cn

法律顾问：北京市兰台律师事务所龚柳方律师

印　　刷：三河市华东印刷有限公司

装　　订：三河市华东印刷有限公司

本书如有破损、缺页、装订错误，请与本社联系调换，电话：010-63131930

开　　本：170mm×240mm			
字　　数：258 千字		印　　张：14.5	
版　　次：2024 年 3 月第 1 版		印　　次：2024 年 3 月第 1 次印刷	
书　　号：ISBN 978 - 7 - 5194 - 7881 - 0			

定　　价：95.00 元

目　录
CONTENTS

第一章　独角兽企业融资[①]

独角兽企业（Unicorn Enterprise）作为新经济创新的典型，其创新与选择恰当的融资合作伙伴紧密相关。通过揭示两者之间的博弈关系，有助于防止独角兽企业从明星变为"流星"，实现社会总收益的最大化。针对独角兽企业与融资伙伴的合作创新问题，选取独角兽企业和融资伙伴为研究对象，通过构建微分博弈模型分别考察了独角兽企业和融资伙伴在风险资本型融资博弈、平台流量型融资博弈与技术创新型融资博弈三种情形下的最优融资策略，并进行了均衡结果比较。研究结果表明，技术创新型融资博弈情形下双方各自融资努力程度、各自融资收益以及二者融资整体收益状况均达到最优，且参与者双方个体收益在帕累托最优条件下收益分配系数 ε 存在一个阈值，使双方个体收益实现帕累托改进。最后，在调研统计我国独角兽企业全样本数据的基础上进行算例分析与灵敏度分析，进一步验证了博弈模型的理论推导结果具有可靠性。

1. 引　　言

合作创新是一项重要的战略部署。2022 年政府工作报告中提出，要努力营造良好融资生态，推动解决实体经济融资难题；党的十九届四中全会提出要"建立以企业为主体、市场为导向、产学研深度融合的技术创新体系"。协同创新在建设社会主义现代化强国中正发挥着关键作用。企业作为影响经济发展方向和趋势的主力军，经济发展的创新驱动关键在于激励企业持续创新的积极性和主动性（吴卫红等，2021）。随着创新技术、创新成本和创新风险的不断加大，企业单打独斗已经不能立足于市场，协同创新才是企业持续存在的长久之

[①]　吕波、高婷婷、陈晓春

计。在大数据与人工智能快速发展的时代背景下，独角兽企业作为新经济创新的典型以及区域性创新形成的标志成果而引发关注。最早提出独角兽企业定义的是美国风险投资家 Aileen Lee，他认为独角兽企业是快速发展且达到一定规模的新型企业，其估值要达到 10 亿美元及以上（Lee A，2013）。为促进企业间协同创新，我国各级政府陆续出台一系列财税融资支持、服务载体建设、营商环境优化等方面的优惠政策，全面支持企业开展创新创业活动。在一揽子协同创新政策中，支持发力于企业生命周期前端创投活动的融资政策，极大促进了创业投资基金、私募股权基金、风险投资基金等金融机构的发展。创投领域的政策红利使得大规模的投资企业争先涌入独角兽，因而中国独角兽企业体现为密集融资、急速扩张、短期内实现大规模融资等特点。独角兽企业一方面在个体上具有先天的优良基因，具有发展速度呈指数级增长、企业估值高以及发展领域新等特点；另一方面这类企业更需要合作创新，合作创新已成为独角兽企业提高核心竞争力和可持续发展能力的关键要素，独角兽需要不断融资以此实现合作创新。

独角兽企业在全国各地呈现涌现态势，吸引了社会相关机构的研究与关注。全国创新创业大数据平台、胡润大中华区独角兽指数、恒大研究院、IT 桔子、长城战略研究所、新京报等机构发布的中国独角兽企业估值排行榜单有所差异。经统计筛选，本书确定我国共有独角兽企业全样本达到 273 家。综合比较各类排行榜单，发现国内独角兽企业的估值很不稳定，有一部分企业从估值排行榜单中跌落或消失。导致这种现象发生的原因可能与企业盲目选择融资伙伴致使后期合作创新出现问题有关（冯南平等，2021；Jinzhi Z et al.，2019）。本书依据融资方类型，将我国独角兽企业的合作创新融资伙伴主要划分为风险资本型融资企业、平台流量型融资企业以及与技术创新型融资企业三种类型企业。为此，本书提出以下两个问题：独角兽企业和三种类型融资伙伴合作创新博弈分别形成风险资本型融资博弈、平台流量型融资博弈和技术创新型融资博弈三种不同的合作创新博弈模式，这背后的机理是什么？为防止独角兽企业从创新明星变为"流星"，独角兽企业以及融资伙伴该如何选择最优博弈策略？

2．文献综述

国内学者主要针对独角兽企业的发展路径及趋势和企业迅速成长的关键因

素进行剖析。金雪涛基于社会契约视角，从流量变现、运营驱动、技术驱动三个角度探索我国互联网独角兽企业的发展模式与演变历程，并且以平台思维探析互联网独角兽企业的技术特征与融资路径。周晓艳等基于独角兽企业的内部联系，运用社会网络分析方法从网络层级、关联模式、网络节点三个层面讨论了新经济时代中国城市创新网络的空间结构和特征。郑健壮等以 51 家独角兽企业为样本，归纳独角兽企业成长的四大关键因素，并通过实证研究探讨创始人特征、企业创新能力、企业成长年限和区域因素对独角兽企业的影响机制。孟韬等从专利申请和创业融资的角度出发，建立独角兽企业估值影响因素的理论模型，并以 117 家独角兽企业为样本，对独角兽的估值趋势以及趋势背后的驱动因素进行研究。

国外较多学者关注独角兽企业的增长动态以及驱导其增长的因素和企业的发展战略及模式。Malyy 等基于模糊集定性比较分析发现科技型独角兽企业的增长动态与其相关的网络搜索流量呈正相关，并且就估值速度而言，这些独角兽企业越成功，其增长动态与相关的网络搜索量之间的相关性就越强。Gornall 等通过构建估值模型并以 135 家独角兽公司为样本进行实证研究，发现独角兽企业在融资后，其投后估值被严重高估且远大于企业公允价值。Wiles 等指出独角兽企业在私募市场的估值受供给与需求两方面影响，且融资成本的下降以及融资渠道的多样化都将资本推向独角兽企业。Kuratko 等基于大量案例说明独角兽企业闪电式扩张的三个特征：快速增长、全球范围内增长以及朝先发优势扩张，并提炼出十个关键性原则。Piaskowska 等通过对具有互联网商业模式的 184 家独角兽企业和新兴独角兽企业进行聚类分析，发现影响互联网独角兽企业迅速成长的关键活动为融资、创新、数字化和收购，并提出网络种植、集中规模化、有机创新和收缩规模化四种扩张模式。Trabucchi 等运用定性比较分析法，通过对 186 家独角兽企业的创新战略、价值主张、渠道、客户关系、成本结构和收入流六个模块进行分析，探讨何种因素使得企业创造颠覆性的创新商业模式。

微分博弈作为处理双决策的主体在同一个时空区域内竞争和合作的重要模型，已有较多学者开始关注这一模型并将其引入各种领域主体间协同合作研究中。例如，洪江涛等以制造商和供应商两个主体所构成的两级供应链为研究对象，运用微分博弈方法探讨 Nash 非合作质量管理博弈、弱激励 Stackelberg 博弈、强激励 Stackelberg 博弈以及合作质量管理博弈四种博弈情形下最优质量管理策略、收益和整条供应链的总收益。赵黎明等则运用微分对策理论研究单一制造商和零售商的二级低碳产品供应链营销合作问题，分别探讨两个主体在 Nash 非合作博弈、Stackelberg 博弈与协同合作博弈三种情形下的最优营销策略。而于娱等通过运用哈密顿-雅可比-贝尔曼方程研究企业和大学间知识共享的非合作博弈、主从博弈和协同博弈三种情形下的最优策略，并对三种博弈进行比较分析。朱怀念等在于娱等人的研究基础上，在考虑随机因素干预的情况下，通过建立随机微分博弈模型考察产学研协同创新主体间知识共享问题，并运用动态规划方法分析主从博弈和协同博弈两种情形下的知识共享均衡策略。马永红等在朱怀念等人的研究基础上，通过构建微分博弈模型，运用 HJB 方程阐述企业与科研机构间协同研发的 Nash 非合作研发博弈、Stackelberg 主从博弈和协同合作研发博弈的最优研发策略，并进一步分析协同主体间的协调问题。

综上所述，国内外学者对于独角兽企业相关主题已展开较多研究，为本书奠定了理论基础。鉴于独角兽是新兴事物，对独角兽与融资伙伴的关系研究尚处于初步探索阶段，还没有形成完整系统化的研究体系。特别是独角兽企业具有发展速度快、创新能力强且易吸引融资等特点，现有研究成果不能有效指导独角兽的最佳融资策略。在独角兽企业快速成长的过程中亟须不断调整其融资策略以适应瞬息万变的形势，这就意味着需要考虑决策主体的动态行为对同一个时空区域内的独角兽企业与融资方合作创新问题。为弥补上述研究的缺陷，本书在已有研究的基础上，探讨融资伙伴的融资行为对独角兽企业合作创新收益的影响，运用哈密顿-雅可比-贝尔曼方程考察动态框架下由单一独角兽企业和单一融资方构成的合作创新在风险资本型融资博弈、平台流量型融资博弈与技术创新型融资博弈三种情形下的最优融资策略，并在此基础上讨论合作创新行为的动态协调机制，以期所得到的相关结论能为独角兽企业选择融资伙伴合作创新提供激励机制、收益分配以及策略设计等方面的科学决策，为推动独角兽企业与融资方合作创新提供正确的理论基础。

3. 基本假设

为了探索独角兽企业与融资伙伴之间存在的不同博弈关系，考察独角兽企业与融资方合作创新的动态互联，本书将独角兽企业与融资伙伴视作简单的合作创新系统。企业间的协同创新已经司空见惯，单打独斗并不能使企业可持续化发展，大部分独角兽企业正处于快速发展阶段，需要持续输入大量资本促进企业加速成长，随着公司规模的不断扩大，其融资金额与融资规模也随之上升，因此独角兽企业为提升创新能力，不断吸引社会投资，实现新一轮融资。依据融资方类型划分，我国独角兽企业的合作创新融资伙伴主要归为风险资本型融资企业、平台流量型融资企业以及技术创新型融资企业三种类型企业。

该问题有如下 5 个相关假设：

（1）假设独角兽企业与融资伙伴合作创新过程中，独角兽企业 A 融资努力程度为 $E_A(t)$，融资方企业 B 融资努力程度为 $E_B(t)$，则二者的融资努力成本可以用如下凸函数表示为：

$$C_A(t) = \frac{\mu_A}{2}E_A^2(t) \; ; \; C_B(t) = \frac{\mu_B}{2}E_B^2(t) \tag{1}$$

其中，μ_A 表示企业 A 的融资成本系数，μ_B 表示企业 B 的融资成本系数；$C_A(t)$ 表示企业 A 的融资努力成本，$C_B(t)$ 表示企业 B 的融资努力成本。

（2）独角兽企业与融资伙伴合作创新是一个动态变化的过程，假设 t 时刻独角兽企业的融资进展为 $F(t)$，随着企业规模的不断扩大，融资规模和融资金额呈指数级增长，且受企业的融资努力程度和融资风险影响，因此独角兽企业 A 和融资方企业 B 的合作创新融资过程借鉴现有文献（Zu et al.，2018）模型可以表示为：

$$F'(t) = \frac{dF(t)}{dt} = \alpha_1 E_A(t) + \alpha_2 E_B(t) - \beta F(t) \tag{2}$$

其中，初始融资状态 $F(0) = F_0 \geqslant 0$；α_1，α_2 分别表示独角兽企业 A 和融资方企业 B 融资努力程度对融资进展的影响，即融资能力系数；在企业发生融资事件时，同时也会具有相对应的融资风险，用 $\beta > 0$ 表示独角兽企业协同创新融资过程中融资风险系数。

（3）假设独角兽企业 A 和融资方企业 B 在 t 时刻融资的总收益 π(t) 可以表示为：

$$\pi(t) = \gamma_1 E_A(t) + \gamma_2 E_B(t) + \delta F(t) \tag{3}$$

其中，γ_1，γ_2 分别表示独角兽企业 A 和融资方企业 B 的边际收益系数；$\delta > 0$ 为收益影响系数，表示融资对总收益的影响程度。

（4）假设融资的总收益仅在独角兽企业 A 和融资方企业 B 两个协同主体之间分配，企业 A 的收益分配系数 $\varepsilon \in (0, 1)$，企业 B 的收益分配系数为 $1 - \varepsilon$，该分配比例是通过合作主体之间事先约定而成。为鼓励融资方加入合作创新，企业 A 给企业 B 一定的商业补贴为 $\zeta(0 < \zeta < 1)$ 。企业 A 和企业 B 均存在正贴现率 $\rho > 0$，且双方均以寻求同一无限时空区域内使其自身收益最大化的最优融资方案为目标。

企业 A 和企业 B 的目标函数分别是：

$$J_A = \int_0^\infty e^{-\rho t} \left[\varepsilon(\gamma_1 E_A(t) + \gamma_2 E_B(t) + \delta F(t)) - \frac{\mu_A}{2} E_A^2(t) - \zeta \frac{\mu_B}{2} E_B^2(t) \right] dt \quad (4)$$

$$J_B = \int_0^\infty e^{-\rho t} \left[(1 - \varepsilon)(\gamma_1 E_A(t) + \gamma_2 E_B(t) + \delta F(t)) - (1 - \zeta) \frac{\mu_B}{2} E_B^2(t) \right] dt \quad (5)$$

(5) 式（1）～ (5) 定义了 3 个控制变量 $E_A(t)$，$E_B(t)$，ζ 以及一个状态变量 $F(t)$。反馈策略一般表示当前状态变量即融资进展程度与时间的函数，独角兽企业 A 的融资努力程度可表示为 $E_A(K(t), t)$，融资方企业 B 的融资努力程度可表示为 $E_B(K(t), t)$。假设其他参数均与时间无关，为方便书写，后文将省略控制变量和状态变量中的时间 t。

4. 博弈模型构建与求解

4.1 风险资本型融资博弈

当独角兽企业与融资伙伴进行风险资本型融资博弈时，双方相互独立且均以实现自身最大化利润为目标，各自选择其最优融资策略。此时融资方为风险资本型企业，该类型融资伙伴与独角兽企业只存在资金方面的融合，独角兽企业不分担融资伙伴任何融资成本，且独角兽企业创新行为需独自完成。独角兽企业 A 的融资收益函数为 $V_A(F)$，融资方企业为 B 的融资收益函数为 $V_B(F)$。假设 $V_A(F)$、$V_B(F)$ 均连续有界可微且对于所有的 $F \geqslant 0$ 都满足 HJB 方程 (Dockner et al., 2000)：

$$\rho V_A(F) = \max_{E_A \geqslant 0} \left[\varepsilon(\gamma_1 E_A + \gamma_2 E_B + \delta F) - \frac{\mu_A}{2} E_A^2 + V'_A(F)(\alpha_1 E_A + \alpha_2 E_B - \beta F) \right]$$

$$(6)$$

$$\rho V_B(F) = \max_{E_B \geqslant 0} \left[(1 - \varepsilon)(\gamma_1 E_A + \gamma_2 E_B + \delta F) \right.$$
$$\left. - \frac{\mu_B}{2} E_B^2 + V'_B(F)(\alpha_1 E_A + \alpha_2 E_B - \beta F) \right] \quad (7)$$

为使等式（6）右边部分最大化，应令 E_A 的一阶偏导为零，同理若使等式（7）右边最大化，应令 E_B 的一阶偏导为零，解得：

$$E_A = \frac{\varepsilon\gamma_1 + \alpha_1 V_A'(F)}{\mu_A} \tag{8}$$

$$E_B = \frac{(1-\varepsilon)\gamma_2 + \alpha_2 V_B'(F)}{\mu_B} \tag{9}$$

将式（8）、（9）带入 HJB 方程并化简式（6）（7）得：

$$\rho V_A(F) = [\varepsilon\delta - \beta V_A'(F)]F + \frac{[\varepsilon\gamma_1 + \alpha_1 V_A'(F)]^2}{2\mu_A}$$
$$+ \frac{[\varepsilon\gamma_2 + \alpha_2 V_A'(F)][(1-\varepsilon)\gamma_2 + \alpha_2 V_B'(F)]}{\mu_B} \tag{10}$$

$$\rho V_B(F) = [(1-\varepsilon)\delta - \beta V_B'(F)]F + \frac{[(1-\varepsilon)\gamma_2 + \alpha_2 V_B'(F)]^2}{2\mu_B}$$
$$+ \frac{[\varepsilon\gamma_1 + \alpha_1 V_A'(F)][(1-\varepsilon)\gamma_1 + \alpha_1 V_B'(F)]}{\mu_A} \tag{11}$$

由式（10）和（11）可知，以 F 为自变量的线性最优值函数是 HJB 方程的解。因此令：

$$V_A(F) = X_1 F + X_2 \tag{12}$$

$$V_B(F) = Y_1 F + Y_2 \tag{13}$$

其中 X_1，X_2，Y_1，Y_2 为一元一次线性函数的常数项，求导得 $V_A'(F) = X_1$，$V_B'(F) = Y_1$，将 $V_A(F)$、$V_B(F)$、$V_A'(F)$、$V_B'(F)$ 分别代入式（10）、（11）并进行拆分合并可得：

$$\rho(X_1 F + X_2) = (\varepsilon\delta - \beta X_1)F + \frac{(\varepsilon\gamma_1 + \alpha_1 X_1)^2}{2\mu_A}$$
$$+ \frac{(\varepsilon\gamma_2 + \alpha_2 X_1)[(1-\varepsilon)\gamma_2 + \alpha_2 Y_1]}{\mu_B} \tag{14}$$

$$\rho(Y_1 F + Y_2) = [(1-\varepsilon)\delta - \beta Y_1]F + \frac{[(1-\varepsilon)\gamma_2 + \alpha_2 Y_1]^2}{2\mu_B}$$
$$+ \frac{(\varepsilon\gamma_1 + \alpha_1 X_1)[(1-\varepsilon)\gamma_1 + \alpha_1 Y_1]}{\mu_A} \tag{15}$$

式（14）、（15）对所有 $F \geq 0$ 均成立，因而求得 X_1，X_2，Y_1，Y_2 的最优参数值分别是：

$$X_1 = \frac{\varepsilon\delta}{\rho+\beta}$$

$$X_2 = \frac{2\mu_A(1-\varepsilon)\varepsilon\left[\gamma_2(\rho+\beta)+\delta\alpha_2\right]^2 + \mu_B\varepsilon^2\left[\gamma_1(\rho+\beta)+\delta\alpha_1\right]^2}{2\rho\mu_A\mu_B(\rho+\beta)^2}$$

$$Y_1 = \frac{(1-\varepsilon)\delta}{\rho+\beta}$$

$$Y_2 = \frac{2\mu_B(1-\varepsilon)\varepsilon\left[\gamma_1(\rho+\beta)+\delta\alpha_1\right]^2 + \mu_A(1-\varepsilon)^2\left[\gamma_2(\rho+\beta)+\delta\alpha_2\right]^2}{2\rho\mu_A\mu_B(\rho+\beta)^2}$$

将 X_1，Y_1 代入式（8）、（9），可求得企业 A 和企业 B 在均衡条件下的最优融资努力程度：

$$E_{A1} = \frac{\varepsilon\left[\gamma_1(\rho+\beta)+\delta\alpha_1\right]}{\mu_A(\rho+\beta)} \tag{16}$$

$$E_{B1} = \frac{(1-\varepsilon)\left[\gamma_2(\rho+\beta)+\delta\alpha_2\right]}{\mu_B(\rho+\beta)} \tag{17}$$

将 X_1，X_2，Y_1，Y_2 分别代入式（12）（13）求得企业 A 与企业 B 的最优融资收益函数为：

$$V_{A1}(F) = \frac{\varepsilon\delta}{\rho+\beta}F + \frac{2\mu_A(1-\varepsilon)\varepsilon\left[\gamma_2(\rho+\beta)+\delta\alpha_2\right]^2 + \mu_B\varepsilon^2\left[\gamma_1(\rho+\beta)+\delta\alpha_1\right]^2}{2\rho\mu_A\mu_B(\rho+\beta)^2}$$

$$\tag{18}$$

$$V_{B1}(F) = \frac{(1-\varepsilon)\delta}{\rho+\beta}F$$

$$+ \frac{2\mu_B(1-\varepsilon)\varepsilon\left[\gamma_1(\rho+\beta)+\delta\alpha_1\right]^2 + \mu_A(1-\varepsilon)^2\left[\gamma_2(\rho+\beta)+\delta\alpha_2\right]^2}{2\rho\mu_A\mu_B(\rho+\beta)^2}$$

$$\tag{19}$$

由式（18）（19）可知，企业 A 和企业 B 的最优融资总收益函数为：

$$V_1(F) = V_{A1}(F) + V_{B1}(F) = \frac{\delta}{\rho+\beta}K$$

$$+ \frac{\mu_B\varepsilon(2-\varepsilon)\left[\gamma_1(\rho+\beta)+\delta\alpha_1\right]^2 + \mu_A(1-\varepsilon^2)\left[\gamma_2(\rho+\beta)+\delta\alpha_2\right]^2}{2\rho\mu_A\mu_B(\rho+\beta)^2}$$

$$\tag{20}$$

4.2　平台流量型融资博弈

在平台流量型融资博弈情形下，独角兽企业 A 可作为合作创新的领导者，

融资方企业 B 则为合作创新的跟随者，独角兽企业 A 为激励融资方企业 B 加入合作创新，会主动承担一部分融资成本，即商业补贴 $\zeta(0 < \zeta < 1)$（因融资方为平台流量型企业，该商业补贴可称为流量补贴），即当融资方为平台流量型企业时，该类型融资伙伴与独角兽除资金方面的融合外，独角兽企业还额外提供流量支持帮助融资伙伴分担部分融资成本。独角兽企业 A 率先确定自身最优融资策略且能够理性地预测跟随者的融资策略，即企业 A 先确定企业融资努力程度和对企业 B 的流量补贴；企业 B 在获悉企业 A 的决策信息后做出相应的跟随策略以保证自身收益最大化。企业 A 和企业 B 的融资收益函数分别为 $V_A(F)$ 和 $V_B(F)$，两者均保证连续有界可微且对于任意 $F \geq 0$ 都满足 HJB 方程，运用逆向归纳法，企业 B 的 HJB 方程为：

$$\rho V_B(F) = \max_{E_B \geq 0}\big[(1-\varepsilon)(\gamma_1 E_A + \gamma_2 E_B + \delta F) - \frac{\mu_B}{2}(1-\zeta)E_B^2$$
$$+ V_B'(F)(\alpha_1 E_A + \alpha_2 E_B - \beta F)\big] \tag{21}$$

欲使上式右边部分最大化，则须对式（21）对 E_B 求一阶偏导并使其等于零，求得解为：

$$E_B = \frac{(1-\varepsilon)\gamma_2 + \alpha_2 V_B'(F)}{(1-\xi)\mu_B} \tag{22}$$

企业 A 在做出最优融资决策之前，事先预测到企业 B 的跟随策略，并根据企业 B 的跟随策略确定自身的最优融资策略使其实现收益最大化，此时企业 A 的 HJB 方程为：

$$\rho V_A(F) = \max_{E_A \geq 0}\big[\varepsilon(\gamma_1 E_A + \gamma_2 E_B + \delta F) - \frac{\mu_A}{2}E_A^2 - \xi\frac{\mu_B}{2}E_B^2$$
$$+ V_A'(F)(\alpha_1 E_A + \alpha_2 E_B - \beta F)\big] \tag{23}$$

将式（22）代入式（23），且为使上式右边部分最大化，须分别对 E_A 和 ζ 求一阶偏导并令其均等于零，求得解为：

$$E_A = \frac{\varepsilon\gamma_1 + \alpha_1 V_A'(F)}{\mu_A} \tag{24}$$

$$\zeta = \frac{r_2(3\varepsilon - 1) + \alpha_2[2V_A'(F) - V_B'(F)]}{r_2(\varepsilon + 1) + \alpha_2[2V_A'(F) + V_B'(F)]} \tag{25}$$

将式（22）（24）（25）分别代入式（21）（23）化简可得：

$$\rho V_A(F) = [\varepsilon\delta - \beta V_A'(F)]F + \frac{(\varepsilon\gamma_1 + \alpha_1 V_A'(F))^2}{2\mu_A}$$

$$+ \frac{\{(\varepsilon + 1)\gamma_2 + \alpha_2[2V'_A(F) + V'_B(F)]\}^2}{8\mu_B} \tag{26}$$

$$\rho V_B(F) = [(1-\varepsilon)\delta - \beta V'_B(F)]F + \frac{[\varepsilon\gamma_1 + \alpha_1 V'_A(F)][(1-\varepsilon)\gamma_1 + \alpha_1 V'_B(F)]}{\mu_A}$$

$$+ \frac{\{[(1-\varepsilon)\gamma_2 + \alpha_2 V'_B(F)][(1+\varepsilon)\gamma_2 + \alpha_2(2V'_A(F) + V'_B(F))]\}}{4\mu_B}$$

$$\tag{27}$$

显然由（26）、（27）可看出，HJB 最优值函数的解是由 F 为自变量而构成的一元一次函数式，从而令：

$$V_A(F) = X_1 F + X_2 \tag{28}$$

$$V_B(F) = Y_1 F + Y_2 \tag{29}$$

其中 X_1，X_2，Y_1，Y_2 为一元一次线性函数的常数项，求导得：

$$V'_A(F) = X_1，V'_B(F) = Y_1$$

将式 $V_A(F)$、$V_B(F)$、$V'_A(F)$、$V'_B(F)$ 代入式（26）、（27）可得：

$$\rho V_A(F) = [\varepsilon\delta - \beta X_1]F + \frac{(\varepsilon\gamma_1 + \alpha_1 X_1)^2}{2\mu_A} + \frac{\{(\varepsilon + 1)\gamma_2 + \alpha_2[2X_1 + Y_1]\}^2}{8\mu_B}$$

$$\tag{30}$$

$$\rho V_B(F) = [(1-\varepsilon)\delta - \beta Y_1]F + \frac{[\varepsilon\gamma_1 + \alpha_1 X_1][(1-\varepsilon)\gamma_1 + \alpha_1 Y_1]}{\mu_A}$$

$$+ \frac{[(1-\varepsilon)\gamma_2 + \alpha_1 Y_1][(1+\varepsilon)\gamma_2 + \alpha_1(2X_1 + Y_1)]}{4\mu_B} \tag{31}$$

式（30）、（31）对所有 $F \geqslant 0$ 均成立，因而求得 X_1，X_2，Y_1，Y_2 的最优参数值分别是：

$$X_1 = \frac{\varepsilon\delta}{\rho + \beta}$$

$$X_2 = \frac{4\mu_B\varepsilon^2[\gamma_1(\rho + \beta) + \delta\alpha_1]^2 + \mu_A(1+\varepsilon)^2[\gamma_2(\rho + \beta) + \delta\alpha_2]^2}{8\rho\mu_A\mu_B(\rho + \beta)^2}$$

$$Y_1 = \frac{(1-\varepsilon)\delta}{\rho + \beta}$$

$$Y_2 = \frac{4\mu_B(1-\varepsilon)\varepsilon[\gamma_1(\rho + \beta) + \delta\alpha_1]^2 + \mu_A(1-\varepsilon)(1+\varepsilon)[\gamma_2(\rho + \beta) + \delta\alpha_2]^2}{4\rho\mu_A\mu_B(\rho + \beta)^2}$$

将 X_1，Y_1 代入式（22）（24）（25），可求得企业 A 和企业 B 在均衡条件下各自的最优融资努力程度和最优融资流量补贴系数为：

$$E_{A2} = \frac{\varepsilon[\gamma_1(\rho + \beta) + \delta\alpha_1]}{\mu_A(\rho + \beta)} \tag{32}$$

$$E_{B2} = \frac{(1 + \varepsilon)[\gamma_2(\rho + \beta) + \delta\alpha_2]}{2\mu_B(\rho + \beta)} \tag{33}$$

$$\zeta = \begin{cases} \dfrac{3\varepsilon - 1}{1 + \varepsilon}, & \dfrac{1}{3} < \varepsilon \leqslant 1 \\ 0, & othersize \end{cases} \tag{34}$$

将 X_1，X_2，Y_1，Y_2 分别代入式（28）、（29），分别求得企业 A 与企业 B 的最优融资收益函数以及两者的最优总收益函数为：

$$V_{A2}(F) = \frac{\varepsilon\delta}{\rho + \beta}F + \frac{\mu_A(1 + \varepsilon)^2[\gamma_2(\rho + \beta) + \delta\alpha_2]^2 + 4\mu_B\varepsilon^2[\gamma_1(\rho + \beta) + \delta\alpha_1]^2}{8\rho\mu_A\mu_B(\rho + \beta)^2}$$

$$\tag{35}$$

$$V_{B2}(F) = \frac{(1 - \varepsilon)\delta}{\rho + \beta}F$$

$$+ \frac{4\mu_B(1 - \varepsilon)\varepsilon[\gamma_1(\rho + \beta) + \delta\alpha_1]^2 + \mu_A(1 - \varepsilon^2)[\gamma_2(\rho + \beta) + \delta\alpha_2]^2}{4\rho\mu_A\mu_B(\rho + \beta)^2}$$

$$\tag{36}$$

$$V_2(F) = V_{A1}(F) + V_{B1}(F) = \frac{\delta}{\rho + \beta}F$$

$$+ \frac{4\mu_B\varepsilon(2 - \varepsilon)[\gamma_1(\rho + \beta) + \delta\alpha_1]^2 + \mu_A(3 + 2\varepsilon - \varepsilon^2)[\gamma_2(\rho + \beta) + \delta\alpha_2]^2}{8\rho\mu_A\mu_B(\rho + \beta)^2}$$

$$\tag{37}$$

以上均衡结果均将 ε 限定在 $\dfrac{1}{3} < \varepsilon \leqslant 1$ 范围内，因此，该部分仅得到了独角兽企业与平台流量型企业均衡融资策略的部分解答。

4.3　技术创新型融资博弈

在技术创新型融资博弈情形下，要求博弈主体间保持集体理性，并以集体利益为最大化，因而独角兽企业 A、融资方企业 B 进行协同博弈时，以互补创新资源开展协同合作且以双方利益最大化为首要原则。当融资伙伴为技术创新型企业时，该类型融资伙伴与独角兽企业除资金方面的融合外，提供技术支持且与独角兽企业共同合作创新。该情形的总收益函数为 $V(F)$，在 $F \geqslant 0$ 条件下连续可微有界，此时的目标函数为：

$$J = J_A + J_B = \int_0^\infty e^{-\rho t} \left[(\gamma_1 E_A + \gamma_2 E_B + \delta F) - \frac{\mu_A}{2} E_A^2 - \frac{\mu_B}{2} E_B^2 \right] dt \qquad (38)$$

最优利润函数 $V(F)$ 满足如下 HJB 方程：

$$\rho V(F) = max_{E_A \geqslant 0;\ E_B \geqslant 0} \left[(\gamma_1 E_A + \gamma_2 E_B + \delta F) - \frac{\mu_A}{2} E_A^2 - \frac{\mu_B}{2} E_B^2 \right.$$
$$\left. + V'(F)(\alpha_1 E_A + \alpha_2 E_B - \beta F) \right] \qquad (39)$$

对上式右边部分求解，若想使其最大化需对式（39）的 E_A 和 E_B 求一阶偏导并使其等于零，求得解为：

$$E_A = \frac{\gamma_1 + \alpha_1 V'(F)}{\mu_A} \qquad (40)$$

$$E_B = \frac{\gamma_2 + \alpha_2 V'(F)}{\mu_B} \qquad (41)$$

将式（40）、（41）代入式（39）并整理可得：

$$\rho V(F) = [\delta - \beta V'(F)] F + \frac{[\gamma_1 + \alpha_1 V'_A(F)]^2}{2\mu_A} + \frac{[\gamma_2 + \alpha_2 V'(F)]^2}{2\mu_B} \qquad (42)$$

由式（42）可知，以 F 为自变量的一元一次线性函数是 HJB 方程的解，由此，可令：

$$V(F) = Z_1 F + Z_2 \qquad (43)$$

其中 Z_1、Z_2 为常数，对上式求导可得 $V'(F) = Z_1$，将式 $V(F)$、$V'(F)$ 代入式（42）得：

$$\rho(Z_1 F + Z_2) = (\delta - \beta Z_1) F + \frac{(\gamma_1 + \alpha_1 Z_1)^2}{2\mu_A} + \frac{(\gamma_2 + \alpha_2 Z_1)^2}{2\mu_B} \qquad (44)$$

式（44）满足所有 $F \geqslant 0$，因而由上式可求得最优收益函数的参数值 Z_1、Z_2 为：

$$Z_1 = \frac{\delta}{\rho + \beta}$$

$$Z_2 = \frac{\mu_B [\gamma_1(\rho + \beta) + \delta\alpha_1]^2 + \mu_A [\gamma_2(\rho + \beta) + \delta\alpha_2]^2}{2\rho\mu_A\mu_B (\rho + \beta)^2}$$

将 Z_1 代入式（40）、（41）可得企业 A 与企业 B 最优融资努力程度分别为：

$$E_{A3} = \frac{r_1(\rho + \beta) + \delta\alpha_1}{\mu_A(\rho + \beta)} \qquad (45)$$

$$E_{B3} = \frac{r_2(\rho + \beta) + \delta\alpha_2}{\mu_B(\rho + \beta)} \tag{46}$$

将式 Z_1、Z_2 代入式（43）可得企业 A、B 的最优融资总收益函数为：

$$V_3(F) = \frac{\delta}{\rho + \beta}F + \frac{\mu_B\left[\gamma_1(\rho + \beta) + \delta\alpha_1\right]^2 + \mu_A\left[\gamma_2(\rho + \beta) + \delta\alpha_2\right]^2}{2\rho\mu_A\mu_B(\rho + \beta)^2} \tag{47}$$

已知企业 A 和企业 B 的收益分配系数分别为 ε 和 $1 - \varepsilon(0 < \varepsilon < 1)$，因此企业 A 和企业 B 各自的最优融资收益函数分别为：

$$V_{A3}(F) = \frac{\varepsilon\delta}{\rho + \beta}F + \frac{\varepsilon\mu_B\left[\gamma_1(\rho + \beta) + \delta\alpha_1\right]^2 + \varepsilon\mu_A\left[\gamma_2(\rho + \beta) + \delta\alpha_2\right]^2}{2\rho\mu_A\mu_B(\rho + \beta)^2} \tag{48}$$

$$V_{B3}(F) = \frac{(1 - \varepsilon)\delta}{\rho + \beta}F$$

$$+ \frac{(1 - \varepsilon)\mu_B\left[\gamma_1(\rho + \beta) + \delta\alpha_1\right]^2 + (1 - \varepsilon)\mu_A\left[\gamma_2(\rho + \beta) + \delta\alpha_2\right]^2}{2\rho\mu_A\mu_B(\rho + \beta)^2}$$

$$\tag{49}$$

5. 均衡结果比较分析

通过对比三种博弈情形下独角兽企业与融资方各自的最优融资策略和最优融资收益以及最优融资总收益情况，可得到如下定理：

定理 1：三种博弈情形下融资方与独角兽企业的最优融资策略分析结果为：

$$E_{A1} = E_{A2} < E_{A3}，\quad E_{B1} < E_{B2} < E_{B3}，\quad \zeta = \frac{E_{B2} - E_{B1}}{E_{B2}}。$$

证明：由式（18）（19）（32）（33）（48）（49）可得（已知 $\frac{1}{3} < \varepsilon \leqslant 1$）：

$$E_{A2} - E_{A1} = 0;$$

$$E_{B2} - E_{B1} = \frac{(3\varepsilon - 1)\left[r_2(\rho + \beta) + \delta\alpha_2\right]}{2\mu_B(\rho + \beta)}$$

$$= \frac{(1 + \varepsilon)\left[r_2(\rho + \beta) + \delta\alpha_2\right]}{2\mu_B(\rho + \beta)} \cdot \frac{3\varepsilon - 1}{1 + \varepsilon}$$

$$= E_{B2} \cdot \zeta > 0;$$

$$E_{A3} - E_{A1} = \frac{(1 - \varepsilon)\left[r_1(\rho + \beta) + \delta\alpha_1\right]}{\mu_A(\rho + \beta)} > 0;$$

$$E_{B3} - E_{B2} = \frac{(1-\varepsilon)\left[r_2(\rho+\beta)+\delta\alpha_2\right]}{\mu_B(\rho+\beta)} > 0 \text{。证毕。}$$

推论1：与风险资本型融资博弈情形相比较，平台流量型融资博弈情形下，独角兽企业的融资努力程度不发生改变，投资方的融资努力程度得到显著提高，其提高水平等于独角兽企业给予投资方的流量补贴系数，这表明流量补贴作为一种激励手段可以提升融资机构的融资努力程度。

推论2：在技术创新型融资博弈情形下，独角兽企业和融资方的融资努力程度均优于风险资本型融资博弈情形，并达到最优值。

定理2：三种博弈情形下独角兽企业与融资方各自的最优收益以及总收益比较分析结果为：

$$V_{A2}(F) > V_{A1}(F)，V_{B2}(F) > V_{B1}(F)，V_3(F) > V_2(F) > V_1(F)。$$

证明：由式（18）、（19）、（32）、（33）、（48）、（49）可得（已知 $\frac{1}{3} < \varepsilon \leq 1$）：

$$V_{A2}(F) - V_{A1}(F) = \frac{(1-3\varepsilon)^2\left[\gamma_2(\rho+\beta)+\delta\alpha_2\right]^2}{8\rho\mu_B(\rho+\beta)^2} > 0;$$

$$V_{B2}(F) - V_{B1}(F) = \frac{(1-\varepsilon)(3\varepsilon-1)\left[\gamma_2(\rho+\beta)+\delta\alpha_2\right]^2}{4\rho\mu_B(\rho+\beta)^2} > 0;$$

$$V_3(F) - V_2(F) = \frac{4\mu_B(1-\varepsilon)^2[\gamma_1(\rho+\beta)+\delta\alpha_1]^2+\mu_A(1-\varepsilon)^2[\gamma_2(\rho+\beta)+\delta\alpha_2]^2}{8\rho\mu_A\mu_B(\rho+\beta)^2} > 0;$$

$$V_2(F) - V_1(F) = \frac{(3\varepsilon^2+2\varepsilon-1)\left[\gamma_2(\rho+\beta)+\delta\alpha_2\right]^2}{8\rho\mu_B(\rho+\beta)^2} > 0 \text{。证毕。}$$

推论3：在平台流量型融资博弈情形下，独角兽企业和融资机构各自的最优收益和合作创新融资总收益均高于风险资本型融资博弈情形下的相应值，即当独角兽企业给予融资方一定的流量补贴时，独角兽企业和融资方各自的融资收益以及总收益都会有所提高，达到 Pareto 最优。

推论4：在技术创新型融资博弈情形下，合作创新的融资总收益达到最高水平，是系统 Pareto 最优。

6. 协同创新融资行为协调机制

定理 3：在技术创新型融资博弈情形下，为使独角兽企业和融资伙伴协同创新融资行为达到协调状态，实现双方总收益最高的情形下也能满足个体帕累托最优，其收益分配系数 ε 应满足如下约束条件：

当 $0 < \dfrac{\mu_B\left[\gamma_1(\rho+\beta)+\delta\alpha_1\right]^2}{\mu_A\left[\gamma_2(\rho+\beta)+\delta\alpha_2\right]^2} \leqslant \dfrac{1}{2}$ 时，

$$\dfrac{\mu_A\left[\gamma_2(\rho+\beta)+\delta\alpha_2\right]^2}{4\mu_B\left[\gamma_1(\rho+\beta)+\delta\alpha_1\right]^2+\mu_A\left[\gamma_2(\rho+\beta)+\delta\alpha_2\right]^2} < \varepsilon$$

$$\leqslant \dfrac{2\mu_B\left[\gamma_1(\rho+\beta)+\delta\alpha_1\right]^2+\mu_A\left[\gamma_2(\rho+\beta)+\delta\alpha_2\right]^2}{4\mu_B\left[\gamma_1(\rho+\beta)+\delta\alpha_1\right]^2+\mu_A\left[\gamma_2(\rho+\beta)+\delta\alpha_2\right]^2};$$

当 $\dfrac{\mu_B\left[\gamma_1(\rho+\beta)+\delta\alpha_1\right]^2}{\mu_A\left[\gamma_2(\rho+\beta)+\delta\alpha_2\right]^2} \geqslant \dfrac{1}{2}$ 时，

$$\dfrac{1}{3} < \varepsilon \leqslant \dfrac{2\mu_B\left[\gamma_1(\rho+\beta)+\delta\alpha_1\right]^2+\mu_A\left[\gamma_2(\rho+\beta)+\delta\alpha_2\right]^2}{4\mu_B\left[\gamma_1(\rho+\beta)+\delta\alpha_1\right]^2+\mu_A\left[\gamma_2(\rho+\beta)+\delta\alpha_2\right]^2}。$$

证明：由定理 2 可知，技术创新型融资博弈情形下，独角兽企业和融资方的总收益可达到帕累托最优，但此情形下双方各自的最优融资收益并不一定实现个体的帕累托最优，因此要对双方的融资策略行为进行协调和调整。即：

$V_{A3}(F) > V_{A1}(F)$，$V_{B3}(F) > V_{B1}(F)$；

$V_{A3}(F) > V_{A2}(F)$，$V_{B3}(F) > V_{B2}(F)$。

设 $\eta_1 = \mu_B\left[\gamma_1(\rho+\beta)+\delta\alpha_1\right]^2$，$\eta_2 = \mu_A\left[\gamma_2(\rho+\beta)+\delta\alpha_2\right]^2$。

由于定理 2 已证明 $V_{A2}(F) > V_{A1}(F)$，$V_{B2}(F) > V_{B1}(F)$，因此只需满足以下约束条件：

$V_{A3}(F) > V_{A2}(F)$，$V_{B3}(F) > V_{B2}(F)$

即：$\dfrac{(1-\varepsilon)\left[(4\eta_1+\eta_2)\varepsilon-\eta_2\right]}{8\rho\mu_A\mu_B(\rho+\beta)^2} > 0$，

$\dfrac{(1-\varepsilon)\left[2\eta_1+\eta_2-(4\eta_1+\eta_2)\varepsilon\right]}{4\rho\mu_A\mu_B(\rho+\beta)^2} > 0。$

由上述两式整理可得：$\dfrac{\eta_2}{4\eta_1+\eta_2} < \varepsilon < \dfrac{2\eta_1+\eta_2}{4\eta_1+\eta_2}$

又已知 ε 应满足 $\dfrac{1}{3} < \varepsilon \leqslant 1$，

显然，$\dfrac{2\eta_1 + \eta_2}{4\eta_1 + \eta_2} < \dfrac{4\eta_1 + \eta_2}{4\eta_1 + \eta_2} = 1$，且 $\dfrac{1}{3} < \dfrac{1}{2} = \dfrac{2\eta_1 + \dfrac{1}{2}\eta_2}{4\eta_1 + \eta_2} < \dfrac{2\eta_1 + \eta_2}{4\eta_1 + \eta_2}$，

因此只需讨论 $\dfrac{\eta_2}{4\eta_1 + \eta_2}$ 与 $\dfrac{1}{3}$ 之间的关系即可。

当 $\dfrac{\eta_2}{4\eta_1 + \eta_2} < \dfrac{1}{3}$，可得 $\dfrac{\eta_1}{\eta_2} > \dfrac{1}{2}$ 时，$\dfrac{1}{3} < \varepsilon \leqslant \dfrac{2\eta_1 + \eta_2}{4\eta_1 + \eta_2}$；

当 $\dfrac{\eta_2}{4\eta_1 + \eta_2} \geqslant \dfrac{1}{3}$，可得 $0 < \dfrac{\eta_1}{\eta_2} \leqslant \dfrac{1}{2}$ 时，$\dfrac{\eta_2}{4\eta_1 + \eta_2} < \varepsilon \leqslant \dfrac{2\eta_1 + \eta_2}{4\eta_1 + \eta_2}$。证毕。

7. 仿真分析

独角兽企业与融资伙伴在风险资本型融资博弈、平台流量型融资博弈与技术创新型融资博弈三种博弈情形下合作，预计收益取决于模型的参数选择与不同水平的努力程度。为确定参数，本研究基于中国独角兽企业估值各类榜单，确定了 273 家独角兽作为研究全样本，于 2019 年 1 月至 2021 年 11 月调研统计相关参数数据，建立了 273 家企业样本数据库，剔除无效样本后共获得有效数据样本 225 份，取其平均值作为常数型参数。对于非常数型变量主要参照行业专家观点以及相关参考文献（张旭梅等，2016；赵道致等，2016；赵黎明等，2016）。设时间的长度为 70 个月，即经历 7 个轮次融资，每轮按 10 个月计算；设 $\rho = 0.1$；$\mu_A = 0.4$；$\mu_B = 0.3$；$\alpha_1 = 0.5$；$\alpha_2 = 0.4$；$\gamma_1 = 0.3$；$\gamma_2 = 0.4$；$\beta = 0.1$；$\zeta = 0.4$；$\delta = 0.7$；$\varepsilon = 0.6$；$F_0 = 0.2$；设最理想的努力水平取值为 1，本研究取 $E_{A1} = E_{A2} = 0.5$，以上取值均满足其限制条件。

三种博弈情形下独角兽企业收益、融资机构收益、社会总收益的时间变化曲线如图 1-1~1-3 所示。由图 1-1 可知，对于独角兽企业收益来说，技术创新型融资博弈实现盈利的时间最短且增长最快，其次是平台流量型融资博弈，最差的是风险资本型融资博弈。由图 1-2 可知，就融资机构收益而言，平台流量型融资伙伴获益最大，其次是技术创新型融资伙伴，最差的是风险资本型融资伙伴。这证实了平台型企业体现出垄断特征时，在投资独角兽企业时因可提供

流量支持或商业模式创新支持等而处于强势地位，故收益高于技术创新型融资伙伴，这在一定程度上影响了技术创新型融资伙伴创新积极性，从而佐证了垄断型平台型企业需要受到约束，以维护技术型企业创新收益的合理性、公平性。由图1-3可知，技术创新型融资博弈的社会总收益在整体上高于其他两类博弈，而社会总收益最差的是风险资本型融资博弈，三种博弈的中前期变化幅度大于后期变化幅度。以上分析与前面的研究推论均完全相符。独角兽企业融资有其自身特殊性，即独角兽在整体亏损前提下仍然能吸引融资伙伴，在理论模型设计时鉴于可实现性没有考虑前期亏损情况，图1-1~1-3的仿真模型将这一特殊情况进行了体现，弥补了理论模型推导的不足。

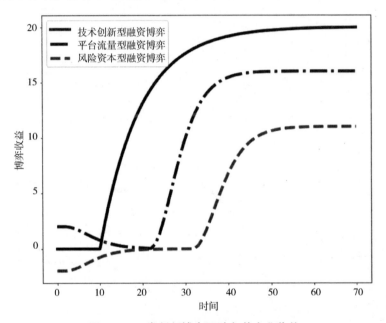

图1-1 三类创新博弈下独角兽企业收益

图1-4~1-5仿真了独角兽与融资伙伴不同努力水平的灵敏度，即独角兽企业与融资伙伴不同努力水平在三类创新博弈情形下对独角兽企业收益的不同影响程度。图1-4~1-5均表明，独角兽企业和融资伙伴的努力水平与独角兽企业收益呈相关关系，但灵敏度有所不同。由图1-4根据曲线斜率可知，在高努力水平时，随着独角兽努力水平的不断提高其收益随之迅速提高，即独角兽企业"越努力越幸运"；当独角兽企业努力水平达到一定程度时，对独角兽企业收益的影响不再敏感。由图1-5可知，在低努力水平时，独角兽企业收益的提高随融资伙伴努力程度的提升而呈现大幅度上升，原因可能是独角兽企业前

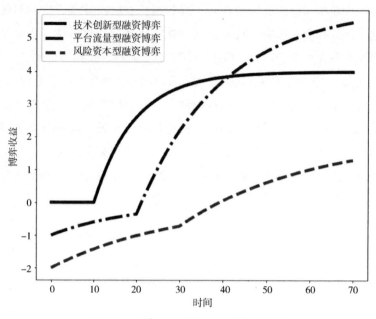

图 1-2　三类创新博弈下融资伙伴收益

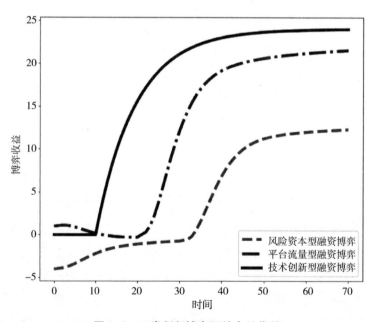

图 1-3　三类创新博弈下社会总收益

期发展亟须得到融资，即使融资伙伴给予较低的融资额度支持，也能使独角兽企业创新发展产生较大的推动作用。仿真结论与理论模型的推导结论基本一致。

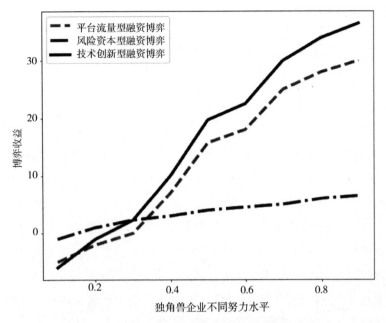

图1-4 独角兽企业不同努力水平的灵敏度分析

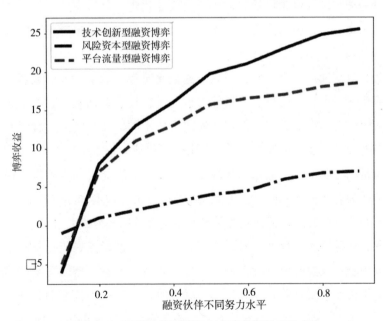

图1-5 融资伙伴不同努力水平的灵敏度分析

8. 结论与启示

本书在引入微分博弈理论下基于动态视角对独角兽企业与融资伙伴合作创新策略以及收益协调机制进行探讨，运用 *HJB* 方程分别考察了风险资本型融资博弈、平台流量型融资博弈与技术创新型融资博弈三种情形下独角兽企业与融资方各自的最优融资努力程度、最优融资收益和双方最优融资总收益以及独角兽企业对融资机构的融资商业补贴问题。通过三种博弈的均衡结果比较分析可得出如下结论：（1）流量补贴作为一种激励机制，可促进融资方的融资努力程度、双方各自的融资收益以及二者总收益的增长；（2）协同创新博弈情形下双方各自融资努力程度、各自融资收益以及二者融资整体收益状况均达到最优，且参与者双方个体收益在帕累托最优条件下收益分配系数 ε 存在一个阈值，使双方个体收益实现帕累托改进，基于此，给出了融资方对独角兽企业融资行为的协同创新动态协调机制。最后，在调研统计我国独角兽企业全样本数据的基础上获得仿真数据，通过算例分析验证了博弈模型的理论推导结果。基于以上结论，得到如下启示：

首先，对于独角兽企业而言，独角兽企业通常凭借某一方面或者几方面的优势得到市场认可，从而吸引大量融资机构进行投融资活动。独角兽企业与不同类型融资商合作所形成的合作创新模式有所不同，其融资努力程度和融资收益也具有差异性，从长期发展来看，其中融资伙伴为技术创新型企业最具优势，平台型流量型企业次之，最后为风险资本型企业。因此，独角兽应选择技术创新型企业作为合作伙伴，此时独角兽企业的融资努力程度和融资收益达到最高，最有利于企业长期发展，促使企业早日满足上市条件并完成上市。

其次，从融资伙伴角度来看，不同融资伙伴在进行投融资活动时，其融资努力程度和融资收益有所迥异，从长远发展来看，随融资努力程度的增大，融资伙伴为平台流量型企业时具有最大的融资收益，其次为技术创新型企业，最后是风险资本型企业，这一现象导致技术创新型融资伙伴创新积极性受到影响，从而会使此类型融资伙伴对独角兽企业的投融资活动反应不热烈。因此，政府在制定一系列如：金融支持、人才对接、人才补贴、税收减免等优惠政策时，应充分发挥政策导向作用，引导技术型融资商进入独角兽企业，鼓励并支持此类型融资商进行投融资活动。

最后，就国家层面而言，独角兽企业被视为传统行业的颠覆者和新经济的引领者，在某种程度上代表着一个国家的新经济活力、行业趋势以及竞争优势（张岭等，2021）。以独角兽为核心分别与风险资本型企业、与平台流量型企业以及与技术创新型企业合作，由此形成独角兽企业独立研发创新、商业模式创新和技术驱动型科技创新三种合作创新类型，不同合作形态形成的合作创新模式给社会和国家带来的总收益有所差异，就企业长远发展而言，其中以技术驱动的合作创新最优，其次是商业模式创新，最后为独角兽企业独立研发创新。但中国独角兽企业合作创新模式存在结构型问题，多数合作形态属于市场驱动型的商业模式协同创新，而以技术驱动的协同创新模式偏少（李金华，2019），然而以科学技术为驱动的具有硬核力核心竞争力的合作创新，具有不可复制性和不可替代性，一旦在科研成果上有所突破，就会迅速点燃社会需求的爆破点，是一个国家经济发展的重要引擎。因此国家应通过项目补助、后补助、社会资本以及与政府合作等多种形式引导扶持以技术驱动的协同创新合作模式；调动企业家协会或组织的积极性，增强此类型独角兽企业领导者的创新思维和能力提升的培训，特别是独角兽企业家的工匠精神和社会责任感的培养，鼓励支持独角兽企业与技术创新型融资伙伴协同创新，与国家经济发展紧密结合，同步推进，从而增加国家核心竞争力。

第二章　独角兽企业创新生态系统①

北京市因 92 家独角兽企业扎堆涌现而备受关注，厘清背后机理可为我国其他地区培育独角兽企业提供宝贵经验。基于耦合度模型与熵权法研究我国独角兽企业的创新能力与区域创新生态系统耦合程度，发现目前仅有北京市与广东省处于良好耦合阶段，其他地区处于磨合期、低耦合或耦合度差阶段。基于 SC 模型与雷达图比较分析，发现北京市 76% 的区域创新生态系统指标达到平均指标的 115%~486%，成为北京市独角兽企业扎堆出现的重要原因。基于耦合机理进行模型验证发现，北京市独角兽企业创新能力与区域创新生态系统之间的耦合形成多维度交叉影响机制，存在着明显的"一头重一头轻"特征且与其他区域形成差异化，北京市需对耦合度处于相对劣势的 5 个指标实施补短板策略。本书对各地区培育当地独角兽企业所带来的重要启示在于，促进独角兽企业产生与发展，不能只出台支持企业的政策，还需盯住并持续改善各项耦合指标，提高本区域创新生态系统与企业创新能力的耦合等级与耦合程度。

1. 引　言

独角兽企业是指成立时间较短、估值超过 10 亿美元的高成长性企业（Lee，2013），是新经济的典型以及科技创新的代表。独角兽企业群体已经形成一个重要的创新种群，引起社会关注并且各类排行榜频出。综合分析胡润大中华区独角兽指数、IT 桔子独角兽企业榜单、国家创新创业大数据平台榜单，发现 2015 年列入中国独角兽企业榜单的仅有 40 家，2021 年则达到 255 家，分布在 20 个行业领域，仅在北京市就达到了 92 家。为了促进独角兽企业产生，我国多个城

---

① 吕波、漆萌、葛鑫月

市或地区采取了重奖企业的策略，如一旦列入榜单奖励金额高达亿元。新冠疫情等背景加速了信息科技创新并推动产业升级，政府、教育、产业的数字化技术得到前所未有的推广与应用（Adamuia et al.，2020）。科技创新驱动下的经济发展模式比传统模式更具竞争力（Oluwatobis，2015）。独角兽企业表现出在北京市等区域扎堆出现的特征，如果能找到北京市培育独角兽企业的背后机理，将有助于为我国其他地区提供宝贵的经验。独角兽企业为什么扎堆在特定区域出现？区域性创新生态系统与独角兽企业创新能力之间有何内在的耦合机理？这两个问题引起了研究者的兴趣。但区域创新与创新能力之间到底关系如何，理论界并未给出确切的答案（杨卫丽等，2021）。本书将针对这两个问题展开研究。

2. 研究综述

2.1 耦合模型构建研究

孙勇等在耦合模型中将区域创新设计为创新投入、创新环境与创新产出来评价。王方方等从创新质量与创新氛围两大子系统来构建区域创新系统评价模型，其中前者包括创新投入、创新产出、创新主体，后者包括基础设施、全球化水平、经济条件。张爱琴等基于创新动态视角将创新生态系统分为运作、支持、研发、环境四个子系统，构建了创新生态系统评价指标体系。张竣喃等在技术创新、产业结构与金融发展三个系统之间构建耦合模型，认为各区域耦合水平不断提升，但整体水平并不高。祝影等建立了创新系统与发展系统的耦合机理模式，提出了经济发展与创新投入的耦合通道、社会发展与创新环境的耦合通道、创新产出与资源环境的耦合通道。王清等认为区域创新能力与区域化水平的耦合发展是政策调控力、资源凝聚力、经济驱动力各要素相互作用的结果，经济驱动力是最主要影响因素。

2.2 耦合空间联系研究

赖一飞等提出数字经济发展与区域科技创新之间的区域耦合度存在着较大差异。李健等认为区域经济与科技创新的耦合协调水平由高到低依次为东部、中部、东北、西部，随着时间推移，耦合协调水平差距扩大，耦合协调水平呈现空间正向相关关系，且空间集聚特征不断增强。成鹏飞等发现较高耦合度和协调度的地区存在着集中连片现象。刘会武等利用条件收敛模型检验高质量发展的创新机制，发现存在"东高西低"阶梯状的地区差异，高质量发展水平低的地区向高水平地区收敛的趋势明显，但是除东北地区外，收敛存在约束性条件。李楠博等认为全国大部分区域均具有较大上升潜力，东部地区耦合协调性相对较高，其他地区整体耦合协调性偏差。商燕劼等认为从空间联系量来看，区域创新、区域竞争力与生态效率之间形成以核心城市为中心的空间溢出效应，区域创新能力提升、生态效率改善对城市竞争力提升有着重要影响。徐维祥等认为长江下游地区空间联系网络密度与网络结构复杂程度远高于长江中上游地区，牵引长江中上游城市多极化发展，并且逐渐形成以长三角为核心的城市圈。

2.3　耦合发展趋势研究

在发展趋势上不同的学者提出的观点不同。魏巍等认为耦合协调度与经济发展水平呈"逆向相关"态势。蔡文伯等通过 GM（1，1）预测模型、Tobit 回归模型、耦合协调度模型等研究成渝区域的科技创新与经济发展的耦合关系，认为呈现"倒 M"型上升趋势；要实现深度融合的路径包括提升高等教育质量、发挥核心城市的扩散效应、加快科技成果转化。冯苑等认为孵化器与创新之间耦合协调度呈泰尔指数波动式下降趋势，耦合协调度表现出明显的空间正向集聚特征。徐晔等认为我国创新要素配置与经济高质量耦合发展呈现逐年递增趋势，但仍处于初级协调发展阶段，整体水平不高。韩永楠等认为主要得益于技术创新水平的不断提升，技术创新与绿色发展耦合协调度呈逐年缓慢增长趋势。腾堂伟等认为科技创新与绿色发展协调性集群化现象可分为科技创新领先区、绿色发展领先区和平衡区三种类型，且具有从下游到中游再到上游的梯度化空间分布特征。利平等认为知识溢出与产学研合作创新网络存在磨合协调期、规范发展期、螺旋上升期三阶段的耦合机制。葛鹏飞等认为我国总体创新系统与经济发展系统的耦合协调度在逐年递增，但仅由低度耦合水平过渡到中度耦合水平。方大春等认为区域创新与产业结构间耦合协调度与经济增长存在正"U"形关系，耦合度存在空间溢出特征明显。

2.4　耦合影响因素研究

苏屹等认为当耦合度高于 0.620 时，滞后 3 期的专利授权量与 R&D 投入呈正相关；耦合度低于 0.349 时，滞后 3 期的专利授权量与 R&D 投入、滞后 4 期的新产品销售收入与 R&D 投入均呈负相关；当耦合度高于 0.585 时，滞后 4 期的新产品销售收入受到 R&D 投入的显著促进作用。刘娜娜等认为产学合作程度、高校科技创新效率、高校知识溢出能力、高技术产业吸收能力是高校科技创新与高技术产业创新系统耦合发展的重要驱动因素，同时发现高技术产业创新效率对其驱动效应并不显著。于世海等认为技术创新的投入、科技创新成果产业化运作效率、产出结构，对区域经济发展产生战略性影响。张玉臣等认为经济发展水平、对外交流水平、人力资本水平对创新生态系统耦合度起显著正向作用。胡彪等认为经济、社会、政策因素对京津冀创新效率与生态效率的影响具有显著的差异性。胡悦等认为技术市场成交额对技术创新的贡献北京市最高。市场化程度与政府支持对绿色创新与产业结构优化的耦合发展产生显著正向影响（钱丽等，2021）。地区生产总值等一般经济环境因素对创新环境影响最强，高技术产业对创新环境的影响最弱。对外贸易、政策扶持、人力投入等因素对京津冀地区系统耦合度产生了不同程度影响（谢泗薪等，2021）。

由已有文献研究可知：一是现有文献已开展了各个子系统之间的耦合研究，涉及对区域创新、区域经济发展水平、区域物流、区域金融等各个区域性系统之间的耦合关系。鉴于独角兽企业种群是较为新生的事物，且以前采集数据较为困难，所以针对区域性创新生态系统与独角兽企业种群的耦合度研究一直处于空缺状态，亟须展开相关机理与量化分析。随着社会各界对独角兽企业越来越重视，各类独角兽排行榜单与独角兽数据集日益丰富，目前针对区域创新生态系统与独角兽企业创新能力之间关系开展量化研究的时机已经成熟。二是在耦合协调的空间维度上，普遍认为耦合度存在"东高西低"等阶梯状地区差异，北京市属于耦合度较高的区域。但现有文献研究在发展趋势上存在冲突或矛盾之处。比如，有人认为是倒 M 型，有人认为是正"U"形，这些结论是否适用于北京市等独角兽数量较多的特定区域尚有待验证。三是在影响因素上，目前研究普遍认为是存在复杂多维度影响因素，而且倾向于是交叉式互相作用，涉及经济、社会、政策等各类因素，但对具体指标选取差异性大，存在遗漏变量或误选变量等缺陷，相应的指标体系需要细化且全面化。基于以上研究空缺、观点冲突以及变量遗漏误选等问题，本书将聚焦区域性创新生态系统与独角兽企业种群之间的耦合关系进行研究，对当前矛盾的结论通过采集数据开展量化研究，并建立更全面的指标体系，为独角兽种群创新能力更好地与区域创新生态系统耦合进行机理分析，对北京市等地独角兽培育关键环节进行解析，以丰富这一研究领域的研究理论，为其他地区创建区域性创新生态系统、培育当地独角兽企业提供理论借鉴。

3. 模型设定

3.1 耦合模型与机理

创新网络重新自组织会产生创新产出、创新溢出、创新吸引等多维效应。针对多维效应的评价与测量，王崇锋认为如果样本量小，若将多指标一同带入回归方程，可能使回归效果较差，为此可采用引入子系统来反映创新投入、创新溢出及创新产出。借鉴这种研究思路，再根据上述文献综述，本书引入五个子系统即科学研究、创投融资、创新资源、创新环境、创新产出，在区域创新生态系统与独角兽企业创新能力耦合上，本书设定各个子系统之间交叉影响且相互作用。所构建的耦合机理模型如图2-1所示。

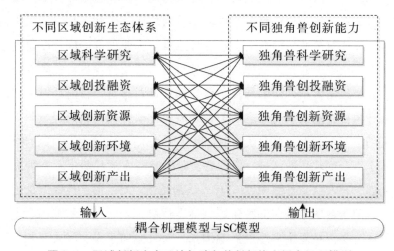

图2-1 区域创新生态系统与独角兽创新能力耦合机理模型

本书基于耦合理论构建独角兽企业创新能力与区域创新生态系统耦合机理模型，以评价不同子系统的耦合效果。假设耦合效应（Synergistic Effect）为 SE，则：

$$SE = F\ (f_1,\ f_2,\ f_3,\ f_4,\ f_5) \tag{1}$$

为考察耦合度与影响因素之间的关系，不同学者展开了研究。本着科学性、实用性和可操作性原则，本书参照林卓玲等的研究，解释变量组包括五个子系统，构建创新耦合机理公式模型如公式（2）：

$$OUT_{it} = \beta_0 + \beta_1 \ln F_{1it} + \beta_2 \ln F_{2it} + \beta_3 \ln F_{3it} + \beta_4 \ln F_{4it} + \beta_5 \ln F_{5it} + \xi_{it} \tag{2}$$

其中 β 代表系数，i 为子系统，t 为时间，ξ 为随机误差项。

产出变量组 Output（OUT）用耦合度（D）表示，即各个子系统之间彼此和谐一致的程度。计算创新生态系统耦合发展过程中在某时点的耦合度，需要用以下子系统耦合度计算公式。

3.2　子系统耦合度计算

全力等认为复合系统耦合度模型由创新生态系统子系统 sj 组成，设创新生态系统在发展过程中的序参量为 $e_j = e_{j1}$，e_{j2}，……e_{jm}，$m \geqslant 1$，$\beta_{ji} \leqslant e_{ji} \leqslant \alpha_{ji}$，$i \in (1, m)$。当 e_{ji} 为正向指标时，取值越大，系统的有序程度越高；取值越小，系统的有序性越低。

子系统 S_j 的系统有序度通过 $u_j e_{ji}$ 的集成来实现，功效系数函数几何平均法来计算第 j 个子系统的序参量对该子系统的有序度总贡献。

$$U_j(e_j) = \sqrt[m]{\prod_{i=1}^{m} uj(eji)} \tag{3}$$

$U_j(e_j) \in [0, 1]$；$U_j(e_j)$ 越大，有序度越高，反之越低。

系统耦合度是在有序度的基础上进行计算。系统耦合度计算公式，主要参照了张慧颖等的文献。本书设置五个子系统，设 j=1，2，3，4，5，在时间 t_0、创新子系统 S_j 序参量的有序度为 $u_j^0(e_j)$，在整个复合系统发展演变过程中的一时点为 t_1，子系统的系统序参量的有序度为 $u_j^1(e_j)$，则创新生态系统各子系统的耦合度为：

$$CM = \theta \sqrt[m]{\prod_{j=1}^{5} \left[u_j^1(e_j) - u_j^0(e_j) \right]} \tag{4}$$

其中 j=1，2，3，4，5，分别代表以上子系统。由公式计算可知，*CM* 值越大，子系统耦合发展程度越高，反之越低。

3.3　耦合指标分类

耦合指标需要根据大小进行分类。轮廓系数模型（简称 SC 模型）是用来判定比较分类优劣的评价方式。本书采用 SC 模型分析，当数值越大时说明优势越明显。设 SC（i）为点 i 的轮廓系数，则计算如公式（5）所示。

$$SC(i) = [S(i) - C(i)]/max\{S(i), C(i)\} \tag{5}$$

S（i）与 C（i）分别用内聚度和分离度来确定。假设点为 i，分离度以 S（i）表示，取 i 距离同类中其他点之间的距离的平均值，如公式（6）所示。

$$S(i) = [1/(n-1)] \sum_{j \neq i}^{n} distance(i, j) \tag{6}$$

C（i）为 i 到所有非同类点平均距离的最小值，如公式（7）所示。

$$C（i）= min（i 向量到簇外所有点的平均距离） \tag{7}$$

计算比较研究对象的轮廓系数，得到比较结果分类情况。轮廓系数越趋近于 1 时表明比较分类的效果越好。本书利用 python 语言编程计算轮廓系数。为便于观察与比较，再将测得的耦合度分类指标通过 Python 语言编程以雷达图形式呈现各指标比较情况。

4. 变量设计

根据罗亚非、洪嵩等人的研究成果，创新投入子系统的序参量包括从事科技活动人员数、R&D 人员全时当量、科技经费筹集额和规模以上工业企业开发新产品经费，前两项指标主要反映创新人力投入，后两项指标主要反映创新财力投入。创新产出子系统是创新效果最显著的显性表现，它说明了创新生态系统在不同层面上的运行效果，其序参量包括国内三种专利申请受权量、技术市场成交合同金额、规模以上工业企业新产品产值和规模以上工业企业新产品产值占总产值比重。创新扩散子系统是创新成果产业化的重要途径，是创新成果在创新主体之间的流动渠道，扩散效应的发挥，促使系统内企业通过学习、模仿等方式提高创新能力，最终实现系统整体技术水平的提高，序参量主要包括外商投资总额、进出口贸易总额、规模工业企业技术引进经费和规模以上工业企业购买国内技术经费。创新支持子系统包括经济环境、技术基础设施、金融环境、教育环境、文化环境等，组成创新投入系统。创新产出系统与创新扩散系统运行的基础和保障，该子系统的序参量包括居民消费水平、固定资产投资额、教育经费支出和科技经费筹集中金融机构贷款比例。计算序参量有序度的数据通过查阅《中国统计年鉴》和所在地区的统计年鉴和科技统计年鉴得到。贾品荣认为区域科技发展指数评价体系，从区域科技的 R&D 经费、科技活动人员两方面评价区域科技投入；从技术合同成交额、专利授权量、出口额、高新技术产业总产值、国际三大检索系统收录论文数 5 项指标评价区域科技产出；从工业固体废物综合利用率、工业废水达标排放率、邮电业务总量、百人固定电话移动用户数、公共图书馆与博物馆数、社会劳动生产率、万元 GDP 综合能耗 7 项指标衡量区域科技对社会的影响。赵敏等构建了 R&D 投入、科技创新及经济效益复合系统的综合评价体系，R&D 投入指标包括 R&D 人员全时当量（分为基础研究、应用研究、试验发展，按万人计）、R&D 经费内部支出（分为企业、研究与开发机构、高等学校、其他，按亿元计）；科技创新成果指标包括专利成果（国内外三种专利申请受理数、国内外三种专利授权数）、论文（国外主要检索工具收录中国论文总数）；经济效益指标包括经济结构、经济增长、经济总量。区域创新系统还可以用科技服务、科技活动、科技成果应用三个一级指标来评价（赖一飞等，2022）。科技创新指标分为科技创新投入、科技创新产出、科技创新环境，其中科技创新环境包括研发机构所占比重、每百万人高等院校平均在校生、每万人研发全时人员当量三个子指标（李健等，2022）。创新环境分为高等学校数、研究生在校生数、科学研究和技术服务业城镇单位就业人数、高技术企业数等指标。创新产出用国内有效专利数、国内三种专利申请授权数、发明专利占比、技术市场成交额等指标（孙勇等，2022）。独角兽企业构建核心竞争力的核心要素是资源、管理、技术、产品，涉及营收收入、研发费用、营销费用等指标（坚瑞等，2022）。集聚效应带来规模经济和知识溢出，促使高成长企业不断开拓新区位窗口，构建资源共享或互补的企业网络。独角兽企业在信息技术服务业、公共服务和管理业、批发和零售业对高成长企业网络发展贡献度较高。综合以上文献的指标设计，本书经过鉴别与取舍，制定出独角兽企业创新能力变量、区域创新生态系统评价变量分别如表 2-1、表 2-2 所示。

表 2-1　独角兽企业创新能力评价变量

子系统	变量名称	单位说明	数据来源
独角兽科研变量	研发强度	%	调研与计算
	研发人才	人	调研
	研发投入	万元	调研
	研发实验室	个	调研
	研发合作伙伴	个	调研
	研发政策激励	万元	调研

子系统	变量名称	单位说明	数据来源
独角兽融资变量	企业估值	亿美元	独角兽排行榜单
	融资轮次	轮	独角兽排行榜单
	融资总额	亿元	独角兽排行榜单
独角兽资源变量	联合创始人	个	调研
	法定代表人	个	调研
	担任股东	个	调研
	担任高管	个	调研
	所有任职企业	家	调研
	企业成立年限	年	独角兽排行榜单
独角兽环境变量	公司行业	—	独角兽排行榜单
独角兽产出变量	一般发明专利	件	中国专利信息网
	"卡脖子"技术	等级	专家访谈
	营收收入	万元	调研
	利润	万元	调研
	增长率	%	调研

表 2-2　区域创新生态系统评价变量

子系统	变量名称	单位说明	数据来源
区域科研变量	地区研发经费投入	万元	中国统计年鉴
	高等院校	所	中国统计年鉴
	科研院所	所	中国城市统计年鉴
	创新平台	个	中国火炬年鉴
	新型研发机构	个	中国火炬年鉴
	孵化器	家	中国火炬年鉴
区域科研变量	众创空间	家	中国火炬年鉴
	专业化众创空间	家	中国火炬年鉴
	大学科技园	家	中国火炬年鉴
	研究与试验发展经费投入强度	%	中国统计年鉴
	研究与试验发展经费支出	亿元	中国统计年鉴
	R&D 人员全时当量	万人年	中国统计年鉴
	技术市场成交额	亿元	中国统计年鉴
	教育经费合计	万元	Wind
	地区研发经费投入	万元	各地区统计年鉴

子系统	变量名称	单位说明	数据来源
区域融资变量	创投机构	个	调研
区域资源变量	地区生产总值	亿元	中国统计年鉴
	人均地区生产总值	元	中国统计年鉴
区域环境变量	所在省市	—	—
	区域	—	—
区域产出变量	地区发明专利数量	件	中国统计年鉴

5. 基于创新耦合模型的验证

5.1　数据描述性统计

对设计变量通过年鉴、Wind、榜单排名以及调研得到数据库，经利用 R 语言描述性统计如表 2-3 所示。由表 2-3 可知，本书选取了我国独角兽全样本 225 家，共分布在 14 个省市，5 个区域；独角兽企业共跨越 20 个行业；平均融资轮次达到了 4.67 轮次；平均融资总额达到 8.95 亿元；独角兽企业联合创始人担任法定代表人的企业平均数为 12 家，担任股东的企业平均数为 7 家，担任高管的企业 17 家，任职企业达到 23 家，表现出丰富的社会关系网络；独角兽企业平均年龄达到 8~9 岁；平均发明专利达到 63 件，突破"卡脖子"技术水平处在中等水平；平均营收收入达到 102 亿元；平均利润仅有 0.02 亿元；平均增长速率为 132%。其余指标来自中国统计年鉴、中国城市年鉴、中国火炬年鉴、Wind 数据库、国家创新创业大数据平台榜单。

表 2-3　主要变量描述统计表

vars	变量名称	n	mean	min	max
1	公司名称 *	—	—	—	—
2	公司行业 *	—	—	—	—
3	研发强度	225	0.020342	0.008	0.15
4	企业估值（亿美元）	225	69.81107	10	4000

vars	变量名称	n	mean	min	max
5	融资轮次	225	4.671111	1	19
6	融资总额	225	8.945022	0.1	205.7
7	法定代表人数	225	12.60268	0	216
8	担任股东	225	7.245536	0	49
9	担任高管	225	17.09375	0	223
10	所有任职企业	225	23.6861	0	686
11	成立年限	225	8.72	3	15
12	发明专利	225	63.238	0.05	1215
13	卡脖子技术层次	225	5.155556	1	10
14	营收收入（亿元）	225	102.7666	0.0184	2366
15	利润（亿元）	225	0.021835	−147	170
16	增长率（%）	225	132	−50	3000
17	地区研发经费投入（万元）	225	8687374	910206	23148566
18	高等院校	225	118.7067	71	175
19	科研院所	225	202.5378	2	428
20	创新平台	225	4416.987	290	7329
21	新型研发机构	225	73.54667	0	337
22	孵化器	225	268.0889	11	575
23	众创空间	225	357.4267	29	749
24	专业化众创空间	225	5.022222	0	8
25	大学科技园	225	17.56889	2	29
26	创投机构	225	2119.338	49	2933
27	地区生产总值（亿元）	225	53105.32	12311	107671.1
28	人均地区生产总值（元）	225	135720.3	46433	164220
29	区域发明专利数量	225	274159.1	23951	709725
30	研究与试验发展经费投入强度	225	4.564267	0.91	6.44
31	研究与试验发展经费支出（亿元）	225	2200.108	159.5	3479.9
32	R&D人员全时当量	225	387929	37757	803208
33	技术市场成交额（亿元）	225	3717.191	117	6316
34	教育经费合计（万元）	225	85523204	6777422	491875508

vars	变量名称	n	mean	min	max
35	所在省市 *	225	—	1	14
36	所在区域 *	225	—	1	5

数据来源：教育经费合计来自 Wind，为 2019 年数据；年鉴数据均为 2021 年版。

5.2 耦合度测评

本书将耦合度等级分为五个等级，即差、低、中等、良、理想，分别对应耦合度差、低耦合、磨合期、高耦合、理想耦合五个阶段。耦合度等级划分标准如表 2-4 所示。根据公式（3）和（4）计算耦合度。在计算前先利用 Python 语言的 Scale 函数进行归一化计算，接着将处理后的数据利用常见熵权法对各指标平均值赋权，分别计算出各地区耦合等级与耦合程度。因篇幅所限本书略去熵权法取值过程的大量表格与计算，所得最终计算结果如表 2-5 所示。由表 2-5 可知，我国内地共有 14 个省市拥有独角兽企业，其中处于良好耦合状态的地区为北京市、广东省。处于磨合期的包括上海、浙江、天津、湖北、重庆。其余的地区耦合状态为低耦合或耦合度差阶段。

表 2-4　区域生态创新系统与独角兽企业创新能力耦合等级划分

耦合度 D 值区间	耦合等级	耦合程度
(0.0~0.2)	差	耦合度差
(0.2~0.6)	低	低耦合
(0.6~0.8)	中等	磨合期
(0.8~0.9)	良	高耦合
(0.9~1.0)	理想	理想耦合

表 2-5　拥有独角兽企业地区的耦合度测评结果

区域	耦合度 D 值	耦合等级	耦合程度
安徽	0.461	低	低耦合
北京	0.848	良	良好耦合
广东	0.827	良	良好耦合
贵州	0.173	差	耦合度差

区域	耦合度 D 值	耦合等级	耦合程度
湖北	0.605	中	磨合
湖南	0.476	中等	低耦合
吉林	0.169	差	耦合度差
江苏	0.572	低	低耦合
山东	0.299	低	低耦合
上海	0.681	中等	磨合
四川	0.364	低	低耦合
天津	0.595	中等	磨合
浙江	0.723	中等	磨合
重庆	0.653	中等	磨合

5.3 耦合指标分类

本书选取北京市独角兽创新生态系统的 21 项指标（如表 2-6 所示），与我国内地拥有独角兽企业的省市平均值进行比较，根据公式（5）~（7）对耦合指标分类结果如图 2-2 所示。由图 2-2 可知，北京与我国拥有独角兽企业地区的平均值比较，比较值共分为五类：第一类指标是绝对优势指标，是平均指标的 4.14 倍以上；第二类指标为优势明显指标，是平均指标的 2~4 倍；第三类为相对优势指标，是平均指标的 1~2 倍；第四类相对劣势指标，达不到平均值；第五类为较差指标，在平均指标的 50% 以下。

表 2-6　区域创新生态系统指标代码表

代码	比较维度	代码	比较维度
1	独角兽数量	12	科研院所
2	独角兽创新指标熵权法处理值	13	创新平台
3	区域创新指标熵权法处理值	14	新型研发机构
4	区域发明专利数量	15	孵化器
5	研究与试验发展经费投入强度	16	众创空间
6	研究与试验发展经费支出	17	业化众创空间
7	R&D 人员全时当量	18	大学科技园
8	技术市场成交额	19	创投机构

代码	比较维度	代码	比较维度
9	教育经费合计	20	地区生产总值
10	地区研发经费投入	21	人均地区生产总值
11	高等院校	—	—

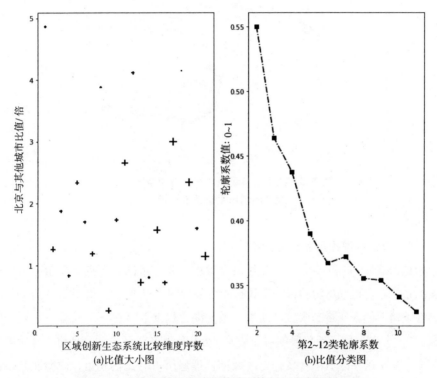

图 2-2　北京市与拥有独角兽地区的创新生态指标比较

再利用 Python 语言编程得到北京市与我国拥有独角兽企业地区的创新生态系统比较雷达图,可知详细的指标情况,如图 2-3 所示。由图 2-3 可知,第一类指标即绝对优势指标,包括独角兽数量与大学科技园,分别达到了拥有独角兽企业地区平均值的 4.86 倍与 4.14 倍。第二类指标即明显优势指标,包括科研院所、技术市场成交额、专业化众创空间、高等院校,分别达到平均值的 4.11 倍、3.88 倍、3 倍与 2.65 倍。处于相对劣势的指标包括区域发明专利数量、新型研发机构数量、创新平台、众创空间,分别为平均值的 0.82 倍、0.80 倍、0.72 倍、0.71 倍。最差的指标是教育经费合计,仅为平均值的 0.28 倍。其他指标是相对优势指标,为平均值的 1~2 倍。

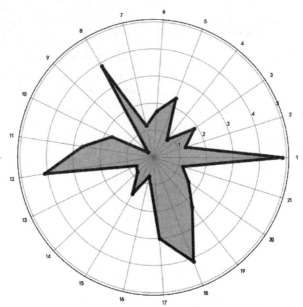

图2-3 北京市与我国其他拥有独角兽企业
地区的创新生态系统比较

5.4 耦合机理模型验证与分析

根据公式（1）和（2），利用R语言编程对北京市独角兽创新变量与区域创新生态系统耦合机理进行验证，得到验证结果如图2-4所示。由图2-4可知，北京市在独角兽创新变量与区域创新生态系统耦合程度上存在"一头重一头轻"的特征。"一头重"是指独角兽创新变量大部分指标落在了区域耦合理想、区域耦合良好上。其中落在区域耦合良好与区域耦合理想所占的比例相近，说明北京市独角兽企业的创新能力指标有近一半还有提高空间，未来可采取进一步的扶植措施使大部分指标达到理想状态。"一头轻"是指只有少量指标落在区域磨合、区域耦合低、区域耦合较差上，而且这些指标大多与独角兽科研子系统有关联。这表明独角兽科研变量指标需要进一步采取补短板措施以提高与区域创新生态系统的耦合度，经分析可知这些短板包括：独角兽企业研发合作伙伴少、研发强度低、研发政策激励不足等。可采取的措施包括加强独角兽企业与产学研的合作，进一步加大独角兽企业的研发强度，由政府部门推出激励独角兽企业研发成果的专项激励政策等。独角兽产出子系统中的"卡脖子"技术突破也是一项短板，经测评可知处在区域耦合低阶段，表明北京市独角兽企业需要加强对"卡脖子"技术突破的攻关，主动担当起突破"卡脖子"技术"领头雁"的重任。

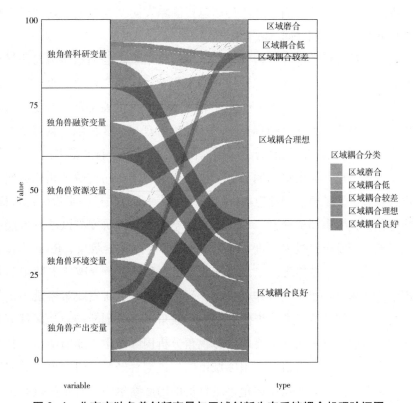

图 2-4　北京市独角兽创新变量与区域创新生态系统耦合机理验证图

6. 结论与启示

本书以北京市为研究对象，对独角兽企业的创新能力与区域创新生态系统耦合机理进行了研究与验证，得出如下主要结论：

一是基于耦合度模型与熵权法进行测评，可知我国内地共有 14 个省市拥有企业独角兽，其中北京市处于良好耦合阶段，同处于这一阶段的还有广东省。处于磨合期的省市包括上海、浙江、天津、湖北、重庆。其余地区的耦合阶段为低耦合或耦合度差。

二是基于 SC 模型与雷达图比较北京市与我国拥有独角兽企业地区的创新生态系统指标，发现北京市的创新生态系统指标有 76% 是平均指标的 115% ~ 480%。这些指标是支撑北京市独角兽企业扎堆出现的重要原因。北京市只有

24%的指标低于指标平均值，这些指标包括区域发明专利数量、新型研发机构数量、创新平台、众创空间、教育经费等。

三是基于耦合机理进行模型验证，发现北京市独角兽创新能力与区域创新生态系统在耦合维度上存在多维度相互交叉影响；在耦合程度上也不同于其他区域，存在着明显的"一头重一头轻"特征，即北京市独角兽创新能力与区域创新生态系统耦合的大部分指标落在了区域耦合理想、区域耦合良好上，少量与科研有关的指标落在区域磨合、区域耦合低、区域耦合较差范围内。

基于以上结论，提出建议如下：一是北京市与国内同类城市相比虽然处于良好耦合状态，但是要达到理想耦合状态，需要对现有的近一半指标进行提升，这些指标包括技术市场成交额、专业化众创空间数量、研究与试验发展经费投入强度、地区研发经费投入额度、地区生产总值、孵化器数量、R&D人员全时当量、人均地区生产总值等。二是对于北京市独角兽企业突破"卡脖子"技术能力不强、独角兽企业研发合作伙伴少、研发强度低、研发政策激励不足等短板，出台专项支持政策以进一步促进北京市独角兽企业创新能力与区域创新生态系统的耦合度。三是北京市要以国际视角分析国际城市，如旧金山市独角兽数量异军突起的原因，借鉴这些国际城市的先进培育经验，建设更理想的区域创新生态系统，进一步增强在独角兽培育上的国际竞争力。对于尚没有出现独角兽企业或独角兽企业数量较少的我国其他区域，要培育出本区域的独角兽企业，并不是只出台巨额奖金政策以刺激有发展潜力的企业，还需盯住并持续改善各项创新耦合指标，使本区域创新生态系统的耦合等级与耦合程度达到合格水平。

第三章　独角兽创新网络结构①

国家"十四五"规划提出大力发展"新基建"并支持企业牵头构建创新网络。关于创新网络结构洞对创新绩效的影响研究是学术热点之一，目前存在着正相关、倒 U 型、负相关三种常见学术争议。本书认为产生争议的原因可能与创新网络研究的不分层有关。本书针对新基建以分层为研究切入点，将"新基建"领域中龙头企业——新能源汽车动力及配套设施提供商宁德时代作为研究对象，将其 8 年创新网络数据划分为核心、合作、联盟三个层级研究。经实证分析并经稳健性检验发现：新基建领域头部企业的不同层级创新网络结构洞对创新绩效影响机理不同，核心网络层结构洞与创新绩效呈正相关；合作网络层两者呈倒 U 型；联盟网络层在达到适当规模之前两者呈正相关，在超过适当规模后两者呈现出不相关性。

1. 引　言

新冠疫情背景下，新型基础设施建设（简称"新基建"）备受关注。"新基建"所带来的线上办公、线上消费、线上教育、线上医疗等应用场景有力地保障民众生活。"新基建"这一概念于 2018 年 12 月由中央经济工作会议正式提出。"十四五"国家规划中进一步提出系统布局、统筹推进新型基础设施建设。"新基建"致力于信息化、数字化的智能设施体系建设，其主要包含新能源汽车基础设施建设等领域。

"新基建"领域中的龙头企业之一宁德时代（CATL）于 2011 年 12 月创立，其前身是电芯行业龙头——宁德新能源科技有限公司（ATL），致力于新能源汽

---

① 吕波、谷巧玲

车动力电池以及储能等系统技术研发销售。宁德时代对推进能源革命、应对能源危机、缓解环境污染，以及促进平台经济、共享经济健康发展发挥着重要作用。

大数据为"新基建"企业搭建创新平台提供了更多便捷，单一企业仅采用传统封闭式的创新模式变得举步维艰，开放式协同创新网络已成为更多企业的选择。随着环境及企业创新能力的变迁，企业创新网络结构愈加复杂。一种观点认为创新网络结构洞的占据者能够从互不相连的网络成员中获得信息、技术等多种资源，从而促进该企业产生创新成果。也有观点认为，组织间关系网络中的结构洞阻碍企业创新绩效的提升。结构洞对创新绩效的影响机理尚不明确，而这一争议可能来源于创新网络研究的不分层。宁德时代短短十年间成为"新基建"龙头企业之一，其创新网络为典型分层分布，其在不同层级创新网络结构洞与创新绩效之间的作用机理如何？企业在不同层级创新网络应占据更多还是更少的结构洞？为此，本书以分层为创新点，选定宁德时代作为研究对象，构建核心层、合作层、联盟层三个创新网络层级，分为不同时间段，从复杂网络动态演化的角度去探究宁德时代不同层级创新网络结构洞与创新绩效的影响机理，以此指导企业在创新网络中合理占据结构洞资源，从而有效提升创新绩效。

2. 文献综述与研究假设

2.1　文献综述

（1）核心网络结构洞与创新绩效

学者们对结构洞与创新绩效的关系存在着争议。一种观点认为，结构洞有利于提升企业创新绩效。张路蓬认为层级式较循环式以及双边式网络结构占据更明显的结构洞，可获得更多未来占据竞争优势所需要的新资源、新技术。顾洁等人发现在竞争扩散中，占据结构洞节点和 Hub 节点更能在劣势中扭转局面。占据结构洞的节点能够在竞争者领先占据 Hub 节点时轻松地访问外来知识，致使知识外溢，有助于促进和改善知识生产，进而鼓励知识发展和学术合作。张敬云从利益角度发现结构洞"桥"的属性可协调各方关系，从而化解征地冲突。

另一种观点认为，结构洞不利于提升企业创新绩效。李敏（Li Min）从社会网络分析方法入手，发现处于中心位置的结构洞能更好地提升创新绩效，但不占据中心位置的结构洞节点作用却并不明显。对此金·托赫云（Tohyun Kim）用数据验证出地位与创新之间的正相关关系。在地位较低企业中，结构洞的正向效应往往相对较强，然而随着企业地位上升，负面影响则增强。地位会通过限制结构洞的控制收益来负向调节结构洞与创新活动之间的关系。

不同于以上两种观点，有学者提出结构洞与创新绩效呈 U 型或倒 U 型关系。宋悦（Song Yue）等人发现结构洞与合作研发网络的风险传播呈现 U 型关系，其中共同认知可显著缓解结构洞和社会网络风险分担、风险感知之间的关联性。杨博旭从结构嵌入视角实证分析发现知识网络结构嵌入与创新绩效呈倒 U 型关系。王核成从关系嵌入视角探讨我国苏南国家自主创新示范区内上市的 115 家企业合作网络，得到企业网络嵌入性对创新绩效呈倒 U 型关系。网络内部结构洞的增加，使得网络更为稀疏，这虽增加了知识碰撞产生创新的可能性，但同时伴随着知识元素搜索管理难度的升级，阻碍知识交流。

（2）合作网络结构洞与创新绩效

各组织节点之间通过合作交流等方式逐渐形成相对稳定的复杂合作创新关系称之为合作网络，属于社会网络的具体形式之一。学者们对于嵌入合作网络是促进还是阻碍企业创新绩效的提升进行了深入研究。一种观点认为，结构洞促进企业创新绩效提升。曾德明通过构建中国生物医学工程 196 家企业的论文合作网络，表明企业所拥有的关系数量和关系强度均正向促进合作网络创新绩效，在学科交融和知识碰撞的时代下，期刊作者合作网络特征对组织内部的创新绩效具备影响力，需尽量避免封闭式的科研发展模式。陈雷研究发现占据较多结构洞的合作网络研究人员具备更高的企业创新绩效。另一种观点认为，结构洞阻碍企业创新绩效提升。李德辉等认为过度嵌入所带来的资源诅咒效应将会使企业付出更多的成本，反而不利于企业的创新绩效产出。

学者们近年对合作创新网络相关研究进行了补充。邹永广指出，合作网络特征与个体创新绩效的研究尚不全面。路畅通过多元回归分析发现中国情境下正式以及非正式网络均显著促进中小企业创新绩效。谢其军借助社会网络分析和回归分析，发现地理邻近性可以丰富区域在合作网络中的结构洞。其中，嵌入研发合作网络最有利于企业长期绩效提升。企业技术并购后结构洞增多，将有助于自身创建知识充分流动且非冗余的合作网络，把控信息流动。

（3）联盟网络结构洞与创新绩效

联盟网络嵌入指的是企业为了促进异质性知识、技术、资源流动，以及加强企业间的交流，自愿建立的一种契约，各主体往往为了相同的利益或者价值而发生行为趋同。在当前市场竞争激烈和政府对自主创新要求日益提高的大环境下，企业往往选择加入联盟来转移风险或降低成本，从而保持高竞争力。关于联盟创新研究表明，与外部利益相关者结盟可显著提高企业创新成果（Inigo et al.，2020；李奉书，2018）。本书主要从以下几个角度对联盟相关文献进行了梳理，如联盟伙伴、联盟组合、联盟能力等。

开放创新社区是一种新的数字化组织形式，而在这一开放创新社区中不可能有合同承诺。因此，选择合适的开放创新社区作为联盟伙伴成为一个更加复杂的决定（Shaikh Maha et al.，2019）。在战略联盟网络中，知识运用效率与网络创新的成败密切相关（Jiang Zhangsheng，2012）。当创新联盟的知识创造和获取价值失衡时，就可能出现网络不稳定；当合作伙伴感知到的竞争强度很高时，私人利益的不平衡将对价值创造变得有害。创新企业互相进行联盟组合，希望形成重组创新（Subramanian et al.，2017）。但人们在对联盟及其效应的讨论中往往将视线聚焦于单一联盟，而忽视企业往往同时参加多个联盟的事实。从John Qi Dong 等构造的 1985—2001 年行业联盟网络图中看出，联盟并不遵循越多越好的原则，其中与大学建立合作伙伴关系的成本很高，且可能很快就会超过收益。联盟管理能力在不同的环境下并不同等有效。Carmen 基于五个领先生物技术集群的西班牙公司的样本，发现在伙伴多样性低和地理多样性高的情况下，联盟协调能力更有利于促进联盟组合绩效；反之，在伙伴多样性高和地域多样性低的情况下，组织间学习能力可促进联盟组合绩效。现有绿色技术联盟存在高研发风险的同时还伴随着创新的负外部性，通过引入更严格的环境规则可以补充这一弊端。具体而言，政府对行业团体和大学团体的惩罚成本和创新补贴与绿色创新生态系统的稳定性呈正相关（Zhi Yang et al.，2020）。

综上所述，现有研究为后续研究奠定了研究基础，但不同行业、不同层级创新网络与创新绩效的关系仍需深入分析。首先，目前大多数对于创新绩效的研究从单一角度探讨创新网络结构与创新绩效的关系，从多层级角度研究创新绩效的研究相对缺乏；其次，对宁德时代这一独角兽企业的研究主要使用定性分析方法，缺乏实证研究；最后，目前关于创新绩效的研究较多采用截面数据进行分析，而这一数据不能体现企业各阶段创新网络的动态演化。本书选取

"新基建"龙头企业之一宁德时代作为研究对象，将其近八年创新网络划分为核心、合作、联盟三个层级，实证分析各层级创新网络结构洞与创新绩效的影响机理，以期为我国现代企业构建分层创新网络提供借鉴意义。

2.2 研究假设

结构洞的存在表明创新网络中各节点间并不都是直接相连而是存在一定空隙，一定数目的企业或政府等节点占据结构洞在无直接联系的节点之间充当联系人角色，便于获得相邻节点间大量异质性信息以及资源，从而对网络中的信息和知识进行有效整合和利用，得以实现效益最大化，继而提升整个网络创新能力。

（1）核心网络结构洞与创新绩效的影响

马克·托尔托列洛（Tortoriello Marco）证明个人在社会结构中的地位决定着吸收外部知识进行创新的能力。结构洞带给渠道方信息和资源上的竞争优势，文金艳（Wen Jinyan）分析发现，结构洞可抑制由不相关的网络多样性增加带来的不确定性风险，及时准确地引入不同技术领域的相关成果。王雅兰实证分析得出，占据较多结构洞的研发者在以高新技术为背景的研发活动中通过整合自我中心网中大量异质性信息和知识，从而获得更好的预研创新绩效。奥泽·穆阿迈尔（Muammer Ozer）认为结构洞可以作为潜在有用的创新外部知识来源，企业可以通过将两个或者更多本来没有联系的企业桥接在结构洞中而受益。此外，当重点企业的知识专业水平低，需要从外界大量吸收异质性知识、信息资源去促进渐进式创新时，这种衔接关系会更加牢固。在核心层网络中，当企业自身技术不足以单独支撑项目研发时，通过与核心网络层中不同节点建立专利合作研发关系，迅速获取具有异质性群体的问题思考方式，点燃创新火花，弥补技术不足，这在不确定市场环境下为创新主体创造出更多的竞争机会。基于以上研究，本书提出研究假设 H1：

H1：在核心层中，核心网络结构洞与创新绩效正相关。

（2）合作网络结构洞与创新绩效的影响

苏晓萍，宋玉蓉等人提出网络的闭合程度越高，节点毗邻数目越少，则越不利于出现结构洞。阿图尔·斯威尔泽克（Swierczek Artur）对占据结构洞的主体如何获得额外效益进行了探讨。谢其军发现合作网络结构洞可显著促进区域自主创新；厉娜从复杂网络角度得出企业合作网络结构洞会进一步强化知识网络结构洞对于企业合作网络创新的正向促进作用。学者们对于建设封闭网络还是结构洞网络存在争议。贾斯汀·潭（Tan Justin）等人通过仿真分析得出低密度下的结构洞网络可提升企业创新绩效；反之，高密度下结构洞对创新绩效存在负面影响。马双（Ma Shuang）认为封闭网络对我国国有企业创新绩效具有积极影响。在合作网络的前期，企业具备关系数量越多，其创新绩效往往越高，这一优势来源于结构洞为企业带来大量异质性资源的同时还伴随着信息控制优势。占据结构洞较少的节点常常由于缺失获得外部无形资源和关系资源的机会，而在市场中缺乏竞争优势；但随着结构洞的增多，企业处理过度嵌入导致的冗余信息以及组织间复杂关系所需消耗的代价，将降低该企业主动参与合作网络创新的积极性。基于以上研究，本书提出研究假设 H2：

H2：在合作层中，合作网络结构洞与创新绩效呈倒 U 型关系。

（3）联盟网络结构洞与创新绩效的影响

李昕，杨皎平以结构洞为中介变量，运用回归分析、均值比较等方法发现占据结构洞更丰富的参与契约式技术创新联盟企业具备更高的创新绩效。但赵炎通过对中国通信设备行业七年的面板数据进行负二项回归分析，发现结构洞对中国企业的创新有显著的负面效应。臧金娟（Zang Jinjuan）经探究分析得到结构洞有利于探索性创新，但不利于开发性创新。文金艳基于资源基础理论和社会网络理论以公司间协作网络为研究对象，发现企业联盟网络结构洞负向影响新产品开发绩效，降低创新产出。合作伙伴之间的结构洞在公司间协作网络中起着两个相互矛盾的作用。高塔姆·艾胡扎（Ahuga Gautam）认为合作伙伴之间的结构洞扩大了公司可得知识的多样性，但同时也给公司带来了潜在渎职的风险。在联盟网络层中，企业从外界吸收到大量知识信息资源，但网络中的每个节点都拥有可以有效利用的最大信息水平，一旦超过最大能力，其突破性创新反而受到阻碍。基于以上研究，本书提出研究假设 H3：

H3：在联盟层中，联盟网络结构洞与创新绩效负相关。

3. 创新网络结构测度与分析

3.1 创新网络变量计算

复杂网络分析方法是对网络各节点及其互相的关系进行量化分析的一种研

究方法。

1. 结构洞：伯特认为在网络中占据结构洞的节点较其余节点可领先获得知识信息、资源配置和竞争优势，为个人提供更多的回报和收益，并且为企业带来更多可累加而非重叠的利益（Burt，1992）。"结构洞"理论被提出之后，专家学者从不同角度对其进行发展与完善。

本书采取伯特的网络约束指数来测量企业结构洞。以"1-网络约束指数"来衡量网络中第 i 个企业所占结构洞数量，其值越大，说明该企业在网络中结构洞数量越丰富，其计算公式如公式（1）所示：

$$C_{ij} = \left(P_{ij} + \sum_q P_{iq} P_{qj} \right)^2, \ q \neq i, j \tag{1}$$

其中，i 和 j 为网络中任意两个节点，q 为 i 和 j 之间的任意中间者，C_{ij} 表示网络成员 i 受到成员 j 的约束程度，P_{iq} 表示 i 在所有其他中间人的投入关系占总关系的比例强度，P_{qj} 表示所有其他中间人在 j 身上投入的比例强度。

2. 网络密度：指创新网络各节点间关系的紧密程度。密度越大，表示网络中各成员间的关系越紧密，其计算公式如公式（2）所示：

$$\rho = \frac{2m}{n(n-1)} \tag{2}$$

其中，n 为创新网络中所有节点数，m 为创新网络中连接的所有边数。

3. 接近中心度：指创新网络某一节点与其他所有连通节点的距离之和。其值越小，表明该节点经过较少的中间环节，就能够完成信息的传输，及时有效地获取到最优质资源，同时降低信息在传递过程中的"失真"程度，从而有助于提升创新绩效，其计算公式如公式（3）所示：

$$C(i) = \sum_{j=1}^n d_{ij}, \ i \neq j \tag{3}$$

其中，d_{ij} 是网络节点 i 到 j 最短路径的个数。

4. 中介中心度：指个体在创新网络中作为"媒介"的程度。其值越高，表明该个体越有可能占据创新网络中知识流动的关键枢纽点，获取到更多的机会、接触到更有价值的创新资源，从而为其持续创新提供便利条件，其计算公式如公式（4）所示：

$$B(i) = \frac{\sum_{j}^n \sum_{k}^n b_{jk}(i)}{n^2 + 3n + 2}, \ i \neq j \tag{4}$$

其中，$b_{jk}(i)$ 代表网络节点 j、k 之间经过节点 i 的最短路径个数。

3.2　创新网络构建

本书以宁德时代作为研究对象，政府、大学以及科研机构都是影响企业核心层、合作层，以及联盟层创新网络的重要主体。首先，从数据库中提取宁德时代的专利信息，若与其他企业、政府等同时申请某一项专利，那么在关系矩阵的相应位置标为 1，否则标为 0，得到宁德时代核心网络层的相邻矩阵；同理，从宁德时代官网、招股说明书、Wind 数据库中搜寻数据，得到其合作伙伴，记录下其合作次数，并通过专家评分法，构建宁德时代合作网络层的相邻矩阵；最后，从互联网上得到近几年宁德时代所加入的联盟，企业、政府、大学等组织两两合作，构建宁德时代联盟网络层的相邻矩阵，随后将相邻矩阵输入 Gephi 绘制出宁德时代三层创新网络图，如图 3-1 所示。

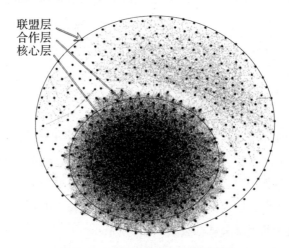

图 3-1　宁德时代三层创新网络图

根据图 3-1 所示，宁德时代的创新网络已经形成并呈现出复杂网络特征。总体来看，该网络明显地从内到外分为三个层级：核心层、合作层与联盟层。处于核心层的节点密集，点与点之间联系频次最高；合作层的节点次之，点与点之间的联系比核心层少；联盟层处在最外层，节点之间联系较为稀疏，点与点之间联系相对较少。在不同层之间，核心层与合作层的分界线并不清晰；但合作层与联盟层之间的界限较为清晰，在合作层与联盟层之间存在明显的空白地带。在不同点与点之间，表现出相互联系的随机性，处在核心层的节点与合作层、联盟层的节点均有随机性联系；合作层的节点也与核心层与联盟层的节点有随机性联系。以上特征所隐含的机理需要利用结构洞量化指标的进一步计算来阐释。

4. 实证分析

4.1 数据来源与变量选择

本书从 2019 年初至 2020 年 10 月份收集数据，利用 Python 语言编程采集方法与手工比对方法收集样本。数据首先来自宁德时代官方网站、年报，同时查询中国专利信息网与国际专利网，采集国内外核心期刊、权威网站新闻、各类论坛以及研究报告上关于宁德时代的创新合作信息，通过手工初次核对，共收集数据 300016 条。在此基础上，再经第二次手工筛选、核实与分类，共留存 21136 条与专利创新等有密切关系的数据作为分析数据库，并以此计算创新网络的网络变量。为研究演化性，本书将宁德时代进入稳定发展时期的 2012 年至 2019 年共 8 年的数据作为研究数据库，按年分为不同的时间窗口，利用 Gephi、Matlab、R 语言等软件完成数据清洗、可视化、统计描述、回归分析与检验。本研究具体变量名称如表 3-1 所示。

表 3-1 主要变量描述表

变量	缩写	描述
研发投入	R&D	企业内部用于创新的 R&D 投入
研发人数	Persons	企业内部用于创新的人员投入
结构洞	Structure-Holes	创新网络两节点间的非冗余联系
网络密度	Density	创新网络各节点间的关系紧密程度
接近中心度	Cen-Closeness	创新网络某节点与其他节点距离之和
中介中心度	Cen-Betweenness	创新网络某节点位于其他节点相连的最短路径的程度
专利数量	Patents	企业专利获批数

4.2 描述性统计分析

根据公式（1）~（4），利用编程计算得到结构洞、网络密度、接近中心度、中介中心度等变量，并计算各变量之间的相关性，得到主要变量相关分析结果表，如表3-2所示。经相关分析可判断研发投入与研发人数存在共线性，只保留研发投入变量；结构洞与中介中心度存在共线性，只保留结构洞变量。其余主要变量之间的相关系数均小于0.5，说明这些变量之间基本不存在多重共线性，也初步说明变量选取和理论模型具有一定的合理性。变量之间进一步的因果联系分析将通过下文回归分析加以验证。

表3-2　主要变量相关分析结果表

变量	研发投入	研发人数	结构洞	网络密度	接近中心度	中介中心度
研发投入	1					
研发人数	0.993016	1				
结构洞	0.186221	0.144849	1			
网络密度	0.363402	0.357254	0.0632045	1		
接近中心度	-0.418720	-0.66973	0.3058475	-0.013905	1	
中介中心度	0.227937	0.229893	0.5646714	-0.073081	0.0153435	1

4.3　模型设计

根据戚湧的方法，本书将卢卡斯内生增长模型 $Y = A K^{\alpha} (uhL)^{1-\alpha} h^r$ 作为基础模型，对其进行修正和扩展，得到公式（5）：

$$\log Y = \log A + \alpha_1 \log K + \alpha_2 \log (uhL) + \alpha_3 \log (h^r) + \varepsilon \tag{5}$$

将回归分为两步走，第一步，只包含控制变量，如公式（6）所示：

$$\log (Patents_{it(t+1)}) = C + \alpha \log (R\&D_{it}) + \varepsilon_{it} \tag{6}$$

第二步，含有解释变量和控制变量，如公式（7）所示：

$$\log (Patents_{it(t+1)}) = C + \alpha \log (R\&D_{it}) + \beta_1 \log (Structure\_holes_{it})$$
$$+ \beta_2 \log (Density_{it}) + \beta_3 \log (Cen\_Closeness_{it}) + \varepsilon_{it} \tag{7}$$

其中，$Patents_{it(t+1)}$ 表示企业在 t 时间滞后一年专利获批数，α、β 分别为系数，ε_{it} 为误差项。

4.4　实证结果分析

本书因变量为宁德时代 2012—2019 年近八年专利获批量。由于专利的申请有一定的滞后性，在处理因变量时，本书将滞后一年的专利获批量作为当年专利。本书将创新网络结构洞作为主要自变量，同时选取创新网络结构特征值包括网络密度、接近中心度作为自变量，将宁德时代科研项目研发投入作为控制变量。本书对主要变量进行回归分析，结果如表3-3所示。

表3-3　主要变量回归分析结果表

分层创新网络变量	核心网络层	合作网络层	联盟网络层（非适当规模联盟网络层）	联盟网络层（适当规模联盟网络层）
模型	模型1	模型2	模型3	模型4
常数	0.55*** (43.466)	0.221* (4.294)	0.412 (5.499)	0.459** (8.846)
R&D投入	0.468*** (42.505)	0.64*** (32.284)	0.521 (6.128)	0.437* (6.877)
结构洞	0.102* (5.85)	0.003 (1.138)	−0.004 (−1.123)	0.121* (4.280)
结构洞平方	0.019 (2.932)	−0.147* (−4.601)	0.082 (2.162)	0.043 (1.963)
网络密度	0.022* (1.287)	0.207 (1.507)	0.202 (2.840)	0.193* (3.456)
接近中心度	0.005* (−1.053)	−0.036 (−1.881)	0.080 (3.829)	0.107* (2.316)
R^2	0.992	0.996	0.990	0.838
Adjust R^2	0.9965	0.991	0.970	0.773

注：＊＊＊表示 $p<0.001$，＊＊表示 $p<0.01$，＊表示 $p<0.05$，括号内为t值。

通过回归分析，本书得出以下实证结论：

1. 假设H1成立，即在核心层中核心网络结构洞与创新绩效正相关。本书构建模型1对核心网络层结构洞与创新绩效关系进行检验，结果表明创新绩效与结构洞、网络密度、接近中心性均呈正相关关系，假设1成立。宁德时代通过构建核心网络层，将两个或更多本无联系的企业、高校桥接在结构洞中而受益，成为潜在有用的创新外部知识以及信息优势来源，获取保证核心竞争力所需要的新技术、新知识，共同分担技术创新中面临的社会风险，促进知识交流，获得知识产出。

2. 假设H2成立，即在合作层中合作网络结构洞与创新绩效呈倒U型关系。本书构建模型2对合作网络层结构洞与创新绩效关系进行检验，结果表明创新绩效与结构洞呈倒U型关系，假设2成立，与近期学者们得出的结论具有一致性。原因在于在宁德时代合作网络前期，企业通过合作网络结构洞获取外部丰富无形资源和关系资源，但到网络后期，占据过多结构洞的组织反而更容易失去同行信任，遭到网络其他成员的抵制甚至排挤，从而对其自身创新造成不利影响。随着时间演化，创新者为保证其在创新网络中的核心竞争地位，防止模仿者等跟随企业以较低成本模仿该创新，对合作网络层其他成员极有可能采取技术保密策略，双方合作因而受到限制。

3. 假设 H3 不成立，即在联盟层中联盟网络结构洞与创新绩效呈负相关的假设不成立。联盟网络层需分为非适当规模与适当规模两种情况讨论。本书构建模型 3、模型 4 对这两种情况下的结构洞与创新绩效关系进行检验。其中，模型 3 表明，当存在较大的联盟时（联盟成员为 216 个），创新绩效与各变量呈不相关关系；而模型 4 表明在去掉较大的联盟后即创新网络为适当规模时，创新绩效与结构洞以及控制变量呈正相关关系。综上，假设 3 不成立，联盟网络宜保持适当规模，在不超过适当规模之前结构洞与创新绩效呈正相关，超过适当规模后，联盟网络结构洞与创新绩效显现不出相关性。"新基建"行业属于开发周期较长的新兴行业，在开放式创新背景下，企业联结的外部网络数量较多，则企业获取有价知识资源、进行资源管理的难度增大，小企业因难以取得在网络中的话语权而逐渐缺乏创新主动性，导致联盟网络连通性产生不足；反之，当网络规模适中时，则意味着企业所联结的外部网络数量较少，企业同联盟其他成员可在适当网络规模范围内较迅速地精准获取并内化互补性知识、资源。因此，保持适度的网络规模是企业获取效率与质量进行知识资源互补，进而提升创新绩效的关键。

4.5 稳健性检验

本书采用工具变量法进行稳健性检验与分析，用创新网络的有效规模代替结构洞来做稳健性检验。有效规模反映了节点间存有的非冗余关系的数量，通常网络中有效规模越大的节点，其结构洞特征越强，二者具有较强的正相关关系。因此，本书采用有效规模作为结构洞特征的替代变量对回归模型进行稳健性检验，若多层创新网络结构洞特征对组织创新绩效的影响具有稳健性，则将其替换为有效规模后，回归模型应得出相同的回归系数。

每个节点有效规模（用 ES 表示）表示该节点的个体网规模减去网络的冗余度，即有效规模等于网络中的非冗余因素。节点 i 的有效规模计算公式为：

$$ES_i = \sum_j \left(1 - \sum_q p_{iq} p_{jq}\right), \quad q \neq i, j \qquad (8)$$

其中，j 代表与自我节点 i 相连的所有节点，q 是除了 i 或 j 之外的每个第三者。括号内的乘积项 $p_{iq} p_{jq}$ 代表自我节点 i 与节点 j 之间的冗余度。其中，p_{iq} 代表自我节点 i 投入 q 的关系所占比例，p_{jq} 是节点 j 到节点 q 的关系的边际强度（等于 j 到 q 的关系取值除以 j 到其他点关系中的最大值）。利用 R 语言编程可以得到计算创新网络的有效规模数值。

表 3-4　工具变量法检验

分层创新网络变量	核心网络层	合作网络层	联盟网络层（非适当规模联盟网络层）	联盟网络层（适当规模联盟网络层）
模型	模型 1	模型 2	模型 3	模型 4
常数	0.702 *** (60.505)	0.216 * (−4.586)	0.431 (−6.269)	0.641 ** (13.481)
R&D 投入	0.489 *** (54.236)	0.513 *** (31.606)	0.445 (−6.404)	0.499 * (9.607)
有效规模	0.093 * (8.822)	0.023 (1.321)	−0.005 (−1.387)	0.062 * (3.764)
有效规模平方	0.004 (1.631)	−0.054 * (−4.914)	0.086 (2.121)	0.004 (1.796)
网络密度	0.029 * (1.941)	0.212 (1.744)	0.221 (3.507)	0.282 * (5.706)
接近中心度	0.008 * (−1.478)	−0.042 (−2.026)	0.099 (4.401)	0.177 * (3.559)
R^2	0.983	0.850	0.783	0.834
Adjust R^2	0.9997	0.868	0.815	0.923

注：＊＊＊表示 $p<0.001$，＊＊表示 $p<0.01$，＊表示 $p<0.05$，括号内为 t 值。

本书稳健性检验结果如表 3-4 所示。在模型 1 中，宁德时代核心层网络有效规模的回归系数为 0.093，且在 $p<0.05$ 的显著性水平下显著。模型 2 中，宁德时代合作层网络有效规模的平方回归系数为 −0.054，且在 $p<0.05$ 的显著性水平下显著。模型 4 中，宁德时代适当规模联盟网络有效规模的回归系数为 0.062，且在 $p<0.05$ 的显著性水平下显著。在各模型中，有效规模均与表 3-3 中对应的结构洞特征回归系数符号相同。因此，利用工具变量进行稳健性检验

可知多层创新网络结构洞对创新绩效的影响研究结论具有一定的稳健性。

5. 结论和启示

本书通过梳理创新网络结构洞与创新绩效相关文献，以"新基建"龙头企业之一宁德时代为研究对象，构建宁德时代核心层、合作层、联盟层分层创新网络并对网络结构特征进行统计分析，主要得出以下三点结论：

一是核心网络层结构洞与企业创新绩效呈正相关关系。在与核心网络层合作伙伴进行专利共同研发时，企业深知核心网络层合作企业互补创新资源及自身创新发展瓶颈资源，通过同其他合作组织分享知识与技术，从而达到快速打破技术壁垒的效果。二是合作网络层结构洞与企业创新绩效呈倒 U 型关系。在合作创新网络后期，合作伙伴对占据过多结构洞的企业开始逐渐失去信任，继而对相关技术进行保密，不愿进行技术共享。三是联盟网络层对企业创新绩效的影响取决于联盟的规模。联盟规模的大小，反映企业拥有网络资源的丰富程度。本书研究发现适当规模下联盟网络层结构洞可显著提升企业创新绩效，而大规模联盟网络层结构洞对企业创新绩效影响不再明显。这主要是由于联盟网络规模适中时，意味着企业所联结的外部创新网络成员数量较少，从而可较好地管理联盟网络，获取最大化的有价知识。

本书对"新基建"企业启示如下：一是企业在核心网络层应占据较多结构洞，加大人才和资金投入以提高创新能力，确保企业拥有持续创新所需的知识存量及知识增量，不断增强自身在核心网络层中的话语权。二是企业在合作网络层应占据适量结构洞。当企业占据较少的结构洞时，应努力发展和改善与大学、政府以及科研院所等创新主体多元合作的协同关系，构建多样非冗余的合作网络。反之，企业应适当减少结构洞的数量以增进企业之间的相互信任，吸引各组织成员主动参与合作网络创新。三是企业应参加适当规模联盟组织，基于组织成员共同的战略使命以及创新目标，及时发现、评估、选择、更新创新伙伴以进行创新资源互补，调动创新网络企业创新积极性，形成有利于企业分层创新网络高效运行的良好氛围。

本书的创新点如下：首先，从研究视角上，与当前创新网络研究不分层的研究不同，将宁德时代创新网络分为核心层、合作层以及联盟层三层创新网络，从分层角度研究宁德时代创新网络结构洞与创新绩效的关系，对当前创新网络不分层的研究是一种补充；其次，从研究方法上，综合运用复杂网络、非参数回归等方法，对宁德时代各层级创新网络进行实证分析，摸索了一种处理多维非线性变量之间关系的研究方法；最后，本书实证得出各层级创新网络对创新绩效的影响机理不同，对当前联盟网络层结构洞与创新绩效的影响关系从规模角度进行了阐释。企业在建立分层网络时，在核心层应占据更多的结构洞而在合作层占据适量结构洞，同时避免参加大规模联盟，以免造成资源管理难度的增加。本书针对新基建领域头部企业的创新网络分层进行研究，研究对象以宁德时代创新网络为主，未来在量化分析技术进一步成熟后，可采用大数据样本对多核心创新网络做进一步验证分析。

第四章　独角兽企业创新网络演化[①]

麻省理工学院以培养孵化独角兽创始人著称。产学研合作创新网络是创新的重要模式，当前研究视角主要聚焦于区域等宏观网络之上，并且关于创新网络密度如何影响创新绩效存有学术争议。本书针对争议，以微观组织麻省理工学院为研究对象，通过对 1998 年以来不同的时间窗口进行产学研合作创新网络密度演化的特征研究，对产学研合作创新网络密度与创新绩效的关系做了统计、分析，采用 MRQAP 模型对微观组织的产学研合作创新网络密度与创新绩效关系做进一步实证剖析。结果表明其创新网络密度在 6 个不同阶段呈现先增加达到阈值、后缓慢下降的趋势；实证显示两者之间关系显著，在以麻省理工学院为核心的产学研合作创新网络中，创新网络密度与创新绩效并不是呈现假设中的倒 U 型，而是表现出"反 C 型"的特征，即当创新网络密度达到阈值后，创新网络将呈现出明显冗余性，造成资源分配不合理、信息重复获取、沟通成本增加以及网络活性降低等负面效应。只有优化创新网络、降低创新网络密度才能使创新绩效继续增加。本书启示产学研合作的微观组织不可盲目追求过高的创新网络密度，而是要科学识别并主动优化合作创新网络关系，使创新网络密度保持在临近阈值的状态下，以求创新绩效最佳化。本书对微观组织的产学研合作创新网络如何优化、提高创新绩效具有一定的指导意义。

1. 引　言

科技创新引领世界发展。针对科技创新，十九届四中全会在《决定》中明确提出要完善科技创新体制机制，促进科技成果向企业核心竞争力转化，驱动经济

---

① 吕波、齐美茹、谷巧玲

社会迈向高质量发展。产学研合作创新网络是科技创新体制机制改革关注的一个重要维度，其背后反映的是创新合作资源的整合与优化，创新网络的构建成为微观组织用来提升创新绩效产出的重要法宝。在这一背景下，一个不容忽视的现实是产学研合作创新网络演化日益复杂化，再加上区块链、大数据等新兴技术的快速发展，更加深了创新网络的进一步复杂化。学术界一直存有复杂化是否引发网络冗余与创新绩效下降的争论，由此提出产学研合作创新绩效是否受制于创新网络密度的影响，什么样的创新网络对于产学研合作才是最适合的等问题。关于创新网络密度与创新绩效之间的联系，学术争议由来已久。有的学者认为创新网络密度与创新绩效正相关，有的学者认为是负相关，有的学者却认为呈现倒 U 型或 S 型，这些争议需要进一步进行验证（余谦等，2020）。

2020 年新冠疫情暴发，再次助推"创新网络"成为学术关注的热点词汇。在疫情背景下，很多企业或组织的技术创新面临巨大挑战，因疫情原因而不得不陷入停顿。但一些具有丰富创新网络的微观组织在面对突发的疫情危机时，却显得从容不迫游刃有余，这些微观组织依靠发达的产学研合作创新网络独善其身，柔性化地协调创新网络组织间的交流合作，使得知识与技术创新并没有因疫情的阻隔而陷入被动局面。拥有创新网络成为这些微观组织在这次突发疫情中获得差异性竞争优势的重要手段，此举吸引了全球创新组织的关注。于是与上述学术争议几乎雷同的两个问题又被提了出来：一是产学研合作创新网络密度越密集越好吗？二是产学研合作创新网络密度如何作用于创新绩效的，即它们之间的影响关系如何表现？对以上这两个问题进行分析与实证已经成为学术界亟须科学解释的一项任务。

为此，本书从动态演化的角度去探究在不同时间窗口与不同阶段下创新网络密度演化的规律，以及演化中的创新网络如何影响绩效产出，以此指导产学研合作创新微观组织优化创新网络，去除冗余以提升创新竞争力，从而提高创新绩效产出。

2. 研究综述与研究假设

2.1　文献综述

"创新"这一概念自从被美国管理大师熊彼特提出后，就有许多专家学者着手开展研究。近年来其研究方向与角度主要分为以下领域：

第一，产学研合作创新网络与创新绩效。麻省理工学院（以下简称为 MIT）开创了校企合作的先河，在知识转换、价值创造上发挥了巨大作用。袁剑锋提出产学研合作利于促进知识、技术、资本等资源要素的流动，加快科技成果转化，进而推动创新系统的不断演化。李明星等人通过分析产学研合作对创新绩效的影响因素，确定了能促进产学研合作高度融合的发力点，继而更利于促进创新。龚雪等人通过对 MIT 的研究，发现项目合作利于知识共享与人才培养，促进创新思维与能力提升。沈蕾娜研究了哈佛大学和 MIT 的跨校合作，发现大学之间通过"结构洞"方式建立密切合作，提高信息密集化，打破了孤立状态下的环境制约。张铭慎通过考察技术联盟对中国汽车产业技术创新带来的直接效应和间接效应，发现合作确实能够促进创新，核心企业获得的正净效应来自其他组成主体的正向间接效应。马涛发现在超网络中处于少数核心的关键节点有助于提升整个 ICT 产业的专利。普福腾豪尔·塞巴斯汀（Sebastian M. Pfotenhauer）通过使用系统方法对 MIT 与英国、葡萄牙、阿布扎比和新加坡政府进行深入的案例研究，认为复杂的国际伙伴关系已经成为许多国家政府在外国伙伴的帮助下用来提高国内科学、技术和创新能力所选择的政策工具。

第二，知识交互流动与创新绩效。有学者认为企业需要投入多种要素才能带来创新，其中资源投入和知识投入是重要因素。资源投入是物质保障，知识投入是维持其持续提升和新成果积累的基础，在原有的知识储备上创造出 1+1>2 的价值趋向，促成知识流动，继而提升创新。提升后的创新能力反过来又促进新知识产生，这种知识交互反馈作用驱动着企业的创新绩效不断提升。在资源共享的基础上技术与知识的高度融合促进联动效应。Emily Bacon 认为在知识交换过程中要对创新网络进行有效管理，根据每一种关系的竞争性质调整知识流动，在知识传递的过程中，实现创业主体与创业环境融合交互。

第三，生态系统网络与创新绩效。Xuemei Xie 等人运用扎根理论提出了校院合作、企业间合作、企业中介合作、企业用户合作、资产剥离和技术转移等六种主要的创新生态系统模式。Leonardo Augusto 认为商业生态系统主要涉及价值获取，而创新生态系统主要涉及价值创造。朱丽娅·霍夫迈斯特·卡尔（Júlia Hofmeister Kahle）和吉列尔梅·布里特斯·贝尼特兹（Guilherme Brittes Benitez）分别以案例和访谈的方式从价值创造的视角发现，像智能产品这类高尖端的技术生产更需要复杂的设计与研发能力，而这些能力恰恰是单一技术提供商所欠缺的，颠覆性创新往往源自生态系统层面，远非一家公司提供就能满足生产的要求。如果不把发展重心放在由需求推动的创新和技术升级上，而是集中于单个企业的合作方案，则结果不利于企业未来的发展，也无法形成系统化的解决方案。创新生态系统中微观企业通过整合资源、优化协调、共同构建良好的合作伙伴关系促进了生态系统的良性运转。魏芬芬（Wei Fenfen）指出伙伴选择是创新生态系统合作成功的一个重要因素，但很少有人以生态系统中伙伴的选择视角开展研究。熊英和张俊杰研究了 MIT 创新生态系统的构成与演化规律，认为功能互补的结构相互作用有利于形成边界不断扩展的可持续发展网络，区域创新网络的多赢关系也有利于整个生态系统。从可持续发展的角度设计、创建具有特色的创新生态系统，有利于产生创新绩效。

经由文献梳理发现，学者们关注产学研合作创新网络密度与创新绩效的关系研究，主要从宏观组织入手，以创新网络合作、知识交互流动、生态系统网络的视角去探究复杂网络的创新绩效等问题。当前的研究存在以下特征：学者们的研究偏向使用定性方法，而定量研究的比例相对偏少；针对宏观经济的量化研究较多，但对微观组织的相关量化研究还较少；当前研究主要集中于科技行业等营利性企业，对于非营利性组织的创新网络研究有待加强；同时对于如何在创新生态系统中科学地优化结盟伙伴数量，网络密度以及结构嵌入水平对创新绩效的具体影响，构建有效的创新网络，在网络组织中如何避免因内部进行知识整合而引发的冗余关联以及所带来的负面效应作用于企业绩效等问题上，还需要引起中外学者的关注。针对现实中提出的问题以及文献研究中的不足，本书将以微观非营利组织为研究对象，对创新网络演化规律以及如何优化创新网络密度、提高创新绩效等进行定量分析与实证研究，以丰富目前文献研究的不足。

2.2　研究假设

针对创新网络密度对于创新绩效是否产生影响以及影响的程度，学者们各抒己见。争议性的学术观点是本书形成研究假设的基础。

奥蒂高·桑帕约·喜乐（Ortigão Sampaio Schiller）等提出创新网络有利于促进合作伙伴之间知识交换与新知识增长，特定的路线减少了复杂的手续与工作的误差，缩短了信息传递时间，促进了知识转移，进而促进创新。张振华和李昂发现社会关系网络确实能提升企业的绩效，网络密度对于企业绩效的改善发挥着重要作用。随着社区网络中主体增加，网络密度也随之扩大，网络中成员互动频繁，较之初始状态，关键路径信息与知识流动速度加快，促进了联动与创新。丰超等人从社会网络的视角研究了渠道网络结构，认为网络密度增大，经销商主体间联系越密切，越有益于出现"抱团"行为，网络密度能正向影响群体交流。对于高度嵌入的中央网络，创新网络特征将对企业的产品和流程创新产生积极影响，高密度的社交网络更能提高绩效。根据以上研究，在创新网络建设初期，网络内主体少，仅与少数家企业交流，网络密度比较低，网络结构疏松，在网络结构中占据结构洞位置的主体发挥优先优势，利用信息控制高地更快获取信息资源和网络异质信息，在网络间建立起关键性通道获取和传播知识，有益于创新主体与外界间共生出知识流动与信息交互，进而对创新力与绩效具有正向的影响结果。故本书提出假设 1 如下：

H1：初级化的网络密度与创新呈现正向关系。

基伦·马尔（Meagher Kieron）等人通过建模方式验证了创新溢出的性质取决于网络密度，并提出网络密度对溢出创新的边际影响是非单调的。伴随网络密度的进一步提高，过于密集的网络出现了对网络主体创新增长的负效应。相较初级化的密度，中级化的高密集网络密度为了维持现有的关系网，无形中会导致网络主体过度嵌入，使得主体在接受联盟伙伴信息共享时也增加了对自身的约束，使得创新活力降低。刘蕴认为过度嵌入会对企业创新产生负影响，并且对于组织行为也会产生约束和限制，网络结构中的企业要保持一个适度的社会网络关系嵌入。张晶晶（Zhang JingJing）等人基于社会网络理论对 2005 年至 2014 年之间的风能专利数据进行了研究，发现专利演变趋势呈现先增加后减少模式，竞争网络密度会影响企业的技术竞争力和创新绩效。禹献云等人研究网络密度对技术创新网络的影响机理，发现网络密度对创新网络并不是起到正向促进作用，而是整体呈现出倒 U 型关系，这说明网络密度具有阈值特性，过高或过低都不利于技术创新网络的知识增长。王海花等人认为整体网络密度对绩效起到一个反向调节的作用：在低密度下，网络间未形成固定的合作关系，会促进资源流动，关键位置独享资源优势；而在高密度下，规模扩大带来的增速放缓，中心节点非对称资源优势减弱，不利于创新。根据以上研究，可知随着新企业的加入，网络密度达到中级化。这一时期知识转译的宽度和深度增加，信息流动速度加快。相较于初级化，中级化的网络主体与外界联系程度加深，建立起更多的关键信息传输路径，提高了知识流动的速度，也提升了信息共享的频次，促进整个网络的知识扩散。但这种信息交互与互动频率的增加，减少了网络成员信息的异质化，不利于创新。由此，本书提出假设 2 如下：

H2：中级化的网络密度与创新呈现倒 U 型关系。

Feng Jianyuan 认为创新网络密度会导致网络的功能下降。贾维·丹妮尔（Danielle Jarvie）通过分析美国棒球大联盟球队的网络，认为网络密度与团队等级呈负相关，长期合作的队员关系并不能提高团队的绩效。康门（Cowan，2004）研究了网络结构和扩散性能之间的关系，认为在网络密度增长的演化中伴有抑制创新效果的负效应现象，过于密集的网络密度会产生信息与知识冗余，而这种冗余加重组织的负担使网络结构嵌入深度加深，消息冗余造成网络可达性变低，节点消耗高，不利于创新绩效。随着网络内新知识的增加，吸引了更多的企业"入团"，网络主体与外部环境进行更大范围和更高层次的交流，逐渐演化成高级化的网络密度。网络密度高的网络成员之间合作关系更趋稳定，成员之间建立起高信任的合作共享机制，减少了机会主义带来的风险，更利于复杂缄默知识转移和集中。本书认为这种高级化的网络密度相对于初级化和中级化的网络密度演化程度来说，更大程度上减小了因网络异质性增加带来的协作问题，使得网络成员间吸收、联动、创新的流程更加顺畅。但是随着网络架构的进一步扩大构建，主体间产生负担性的过度依赖，整个创新网络为了维持庞大的网络间正常运转和"日常交流"，势必造成资源分配不合理与浪费以及加大网络间信息重复率，使过度嵌入的不良反应在网络中发挥效应，限制节点间的创新发展。再增加网络之间的联系度，数据过载造成信息冗余，增加了网络主体与成员之间交流的障碍，势必会影响网络创新性，其嵌入创新网络程度也进一步加深，进而对创新产生抑制作用，故而整体创新程度呈现出负增长的态势。基于此，本书提出假设 3 如下：

H3：高级化的网络密度与创新呈现负相关关系。

综上分析，在复杂的创新网络结构中，非冗余网络密度使得主体间建起更加关键性的知识共享和知识流动通道，为关键技术的产生与创新提供了土壤与发展空间，直接促进创新结果在品质与数量上得到质的提升，同时也提高了工作的效率与质量，减少了因知识重复造成的信息复杂错乱而引起网络成员的时间成本与管理成本的增加。创新组织要剔除冗余联系，可使自身的创新网络将重心与精力放到核心的联系链上，减少不必要的信息管理成本与时间成本，同时非冗余网络密度将令网络保持最佳的交互能力，在资源分配、各类信息共享平台上实现效益最大化。

3. 创新网络密度的计算与描述

创新网络密度是体现各个节点间的亲密程度的指标，越大说明网络内的交互关系越频繁密集，反之越稀疏零散。在生态网络中，网络密度的大小是采用一切连接数目以及包含的节点数目两个数之商来进行衡量。设其大小为ρ，节点数为n，边数为m，则创新网络的网络密度为：

$$\rho = \frac{2m}{n(n-1)} \tag{1}$$

ρ越大，说明网络间的关联关系越多，组织间的连接程度以及信息交流的速度及效率越高，相互影响也越大，同时还表明网络中任意点之间的依赖关系程度更强。ρ的取值在0~1之间，ρ为0，表明复杂网络的节点之间不联系，整体处于零散状态；ρ为1表明形成一种完全耦合网络，说明网络中的每个主体相互都认识，且节点间直接相连，这是两种极端情形。

为描述网络密度演化阶段，本书将创新网络的演化过程按照时间变化每5年视为一个阶段，共分为六个阶段：第0~5年为第一阶段，此时系统呈现出初级化的网络密度。第6~10年，视为第二阶段，网络密度随着节点与节点之间创新合作的增多而增加。第11~15年为第三阶段，节点间出现局部融合。第16~20年为第四阶段，网络间各节点高度融合，系统网络呈现出成熟特征下的网络密度。第21~20年为第五阶段。第26~30年为第六阶段，网络演化为更高级别的网络密度。

为说明创新网络密度的演化，本书以因创新闻名世界的MIT作为研究对象描述创新网络密度的演化情况。本书选取了MIT在1988年、1998年、2003年、2008年、2013年、2018年6个时间窗口代表创新网络密度演化的6个阶段，对其创新网络进行可视化，得到网络密度图如图4-1~4-6所示。

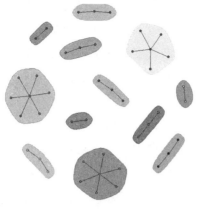

图 4-1 第一阶段

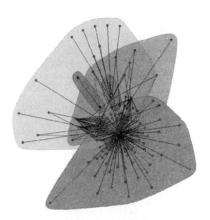

图 4-2 第二阶段

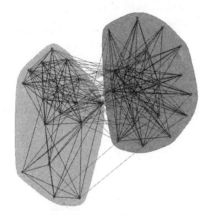

图 4-3 第三阶段

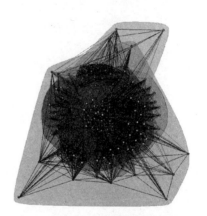

图 4-4 第四阶段

图 4-5 第五阶段

图 4-6 第六阶段

创新网络的密集程度可通过图示与分模块化情况较为直观地进行初步观察。由图 4-1~4-6 所示可知，网络密度的演化在总体上经历了先疏再密后变疏的过程。在第一阶段，模块化分散且保持疏远，创新密度呈现疏松状态。在第二阶段，节点增多，创新网络密度增加，节点之间的闭合性还处于起步阶段，节点之间的合作有待增加。在第三阶段，创新网络密度继续增加，同时演化成更大的组团，组团之间虽然保持一定距离，但组团之间连接线较多，说明组团之间将趋向于融合。在第四阶段，模块进一步融合，节点与节点之间闭合性明显增多，说明创新网络密度进一步加大。在第五阶段，结点与结点、模块与模块之间的融合程度达到极高的程度，可见创新网络密度已经趋向于极值。在第六阶段，模块出现分化，结点与结点之间的密集程度降低，创新网络密度呈现下降趋势。由直观的观察可以预知，MIT 创新网络密度的演化已经历了一个从疏到密、再到疏的完整周期，但背后机理需要进行量化分析与验证，下文将进行深入的实证研究。

4. 实证分析

4.1　数据来源与变量

本书从 2019 年 7 月至 2020 年 9 月份，历时 1 年 2 个月利用 Python 语言编程采集方法与手工比对方法收集样本。数据首先来自 MIT 官方网站，该网站提供了历年 MIT 的研发经费、课题、研发人员、专利以及单位合作情况等数据，对缺失信息则查询国际专利网，同时还采集国内外核心期刊、权威网站新闻、各类论坛以及研究报告的创新合作信息，通过手工初次核对，共收集 17010 条创新合作数据。在此基础上，再经第二次手工筛选、核实，共留存 4336 条与专利创新等有密切关系的数据作为分析数据库，并以此计算创新网络的各类网络变量。为提高准确性，对于专利数据，本书除了收集 MIT 专利申请与国际专利批准数据，同时参考了世界产权组织 WIPO 公布的国际专利排名等榜单，若 MIT 官方网站与第三方公布的排名数据有冲突，则以第三方数据为准。对 MIT 的经费投入、人员数量等相关数据，则以其官方网站为准。为研究其创新网络演化，本书将 MIT 自 1988 年至 2020 年共 32 年的数据按年代划分为不同的时间窗口，再利用 R 语言、MATLAB 等工具对数据进行清洗、分析、描述与检验。

本书被解释变量为专利相关的变量。在处理被解释变量时,虽然用 MIT 当年申请专利数量作为被解释变量更为适合,但收集到的数据缺失值较多而放弃使用。因为专利的申请有一定的周期,故本书采用的方法是用延迟一年的专利获批数量作为衡量创新成效的被解释变量。本书选取创新网络密度作为主要解释变量,同时选取了创新网络的典型特征值包括网络主体个数、度、集聚系数网、平均路径长度、平均结构洞等同时作为解释变量,把 MIT 科研项目个数、总人数、总经费作为控制变量。具体变量名称如表 4-1 所示。为消除量纲化影响,本书对所采集的量化指标进行标准化处理,制作变量描述统计表(见表 4-1)。

表 4-1 变量统计描述表(标准化处理后)

变量	数量	标准差	平均值	最小值	最大值	缩写
科研项目个数 x1	32	0.835853	0.528028	0.483604	0.130475	pronum
网络主体 x2	32	0.751255	0.646072	0.349431	0.190556	netsub
度 x3	32	0.879997	0.447911	0.489256	0.329999	degree
集聚系数 x4	32	0.896269	0.413267	0.388265	0.399209	CC
平均路径长度 x5	32	0.971631	0.159625	0.195992	0.766729	PL
总人数 x6	32	0.909065	0.38333	0.503332	0.210751	totpeo
总经费 x7	32	0.819837	0.553341	0.327462	0.276088	totexp
平均结构洞 x8	32	0.915186	0.36799	0.261562	0.529264	ave_ strhol
网络密度 x9	32	0.97215	0.156328	0.201646	0.692406	density
专利数量 y	32	0.891067	0.42472	0.310677	0.413923	patents

4.2 模型、方法与估计

(1) MRQAP 模型

本书采用的是 MRQAP(Multiple Regression Quadratic Assignment Procedure)模型,即多元回归二次指派模型。该模型可研究网络变量之间的关联度,其中网络变量可分为两部分,一部分可以用作参数检验,另一部分可以进行非参数检验,且自变量与因变量均可以用矩阵形式。多元回归二次指派模型还可以动态分析不同时间窗口下的截面数据。基于此,本书在分析创新网络机制时,将关系变量设为以年为时间窗口进行回归分析,以体现动态性特征,同时引入了非参数变量以体现非线性关系，用于真实反映两种不同系列的自变量对因变量的影响关系。设创新网络的 MRQAP 基本模型为：

$$Y = \alpha X + \gamma Z + E \tag{2}$$

其中 Y 为创新绩效变量，X 为参数估计变量，Z 为非参数估计变量，E 为残差部分，上述变量为 n 维矩阵，α 为参数估计系数，γ 为非参数估计系数。

根据变量设置以及对解释变量与被解释变量之间的关系初步拟合，本书最终构建实证模型设计如下：

$$Y_{it(t+1)} = F(\sum \alpha X + \sum \beta Z + U) = F(\alpha_1 \frac{x_9^2}{x_9^4 + 1_{it}} + \alpha_2 x_{2it} + \alpha_3 x_{3it}^3 + \alpha_4 x_{4it}$$

$$+ \alpha_5 x_{5it} + \alpha_6 x_{8it} + \beta_1 x_{1it} + \beta_2 x_{6it} + \beta_3 x_{7it} + u_{it}) \tag{3}$$

其中 t = 1988，1999，……，2020

上式中，$Y_{it(t+1)}$ 表示企业 i 在 t 时间滞后一年的获批专利数；α，β 分别为参数与非参数系数；U_{it} 为误差项；F 表示函数符号。对于创新密度与专利的关系，本书将使用非参数估计方法。

（2）影响机理公式

如表 4-2 所示，经回归分析可知，与专利这一创新绩效呈显著性关系的变量包括合作项目个数、网络主体数、度、集聚系数、平均路径长度、总人数、总经费；而平均结构洞数量并没有通过显著性检验。

表 4-2　估计结果

变量	含义	Estimate	Std.	t value	Pr（>｜t｜）
（Intercept）	常量	2.2975	0.11	20.89	0***
X1	合作项目个数	0.0026	0.0012	2.085	0.04947**
x2	网络主体数	−0.024	0.01	−2.425	0.02441**
x3^3	度	0.008360	0.002915	2.868	0.00921***
x4	集聚系数	0.0596	0.0166	3.585	0.00174***
x5	平均路径长度	−0.018	0.0079	−2.245	0.03563**
x6	总人数	0.010578	0.0058	1.81	0.08460**
x7	总经费	0.13011	0.05154	2.524	0.0183**
x8	平均结构洞	0.08094	0.05547	1.459	0.1570
x9^2/（x9^4 + 1）	网络密度	0.4461	0.2543	1.754	0.0116**

注：*、**、***代表的是在10%、5%和1%的显著性水平下显著；各个变量回归系数下括号内的数据为 t 值。

根据表4-2，作为本书主要研究变量的网络密度通过了显著性检验。根据数据拟合结果可得创新网络密度模型对创新效果的影响机理公式如下：

$$Y = 0.4461x^2 / (x^4+1) \qquad (4)$$

在初期阶段时，随着创新网络密度的增长，代表创新绩效的变量专利数量呈较快速上升趋势。当创新网络密度增加到一定程度时，创新绩效虽然仍然上升，但增长速度放缓，这是因为冗余性造成创新成本增加，从而影响创新绩效增长速度。创新网络密度与创新绩效专利的关系在总体上呈现为"反C型"，如图4-7所示。

创新网络密度值演化（数据标准化处理）

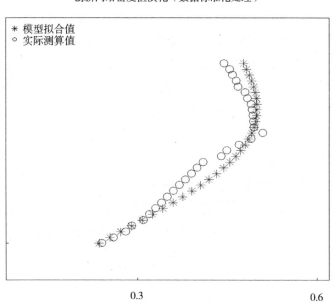

图4-7 网络密度与专利数量的关系图

4.3 实证结论

根据回归分析与检验，本书对假设得出以下三个结论：

一是H1成立。由图4-1与图4-2可知，创新网络构建初期网络信任度不高，节点间仅仅建立起少数的"小团体"，团体之间联系稀疏不紧密且处于相对独立的离散状态。小团体内部组织成员少，沟通渠道短缺且单一使得信息与知识无法实现异质性交流与转化，创新网络整体优势没有发挥出来，对整体创新绩效提升效果不明显。随着创新网络规模扩大吸引了大量新成员加入，网络密度随之增加，节点间沟通渠道增多呈现多样化，促使新知识流动速度加快和创新成果凸显，从图 4-7 中观察出专利数目具有明显增长趋势，初级化的网络密度对于创新具有正向作用，假设 1 成立。

二是 H2 不成立。原假设为在中期阶段网络密度与创新绩效呈现倒 U 关系，但是实证研究结果表明呈现"反 C 型"。由图 4-3、图 4-4 和图 4-5 看出，当前阶段网络密度明显增加，节点间联系密切且沟通渠道复杂交错，创新网络实现高度融合使得网络复杂性特征凸显。随着网络主体增加，各主体间建立起相对发达的合作伙伴关系圈，建立起更加复杂的交流通道，促使知识流涌现，产生大量的增值附属品，增加适量网络密度对创新绩效起到促进作用。如图 4-7 所示，随着网络密度增加，专利数目增长速度加快，但随之再增加，超出网络密度的阈值，却造成抑制反向结果，但创新绩效不是假设中的下降关系，而是表现出上升关系，故 H2 的倒 U 型假设不成立，实为"反 C 型"。

三是 H3 部分不成立。由图 4-6 可知再增加网络主体达到更高级阶段的网络密度，网络密度不升反降。这是因为节点的过度增加超出了整个创新网络的承受范围，大量节点间无效关联产生信息冗余与障碍堆积，关键线路通道被占据，阻碍了信息的传播和交流，直接作用在创新网络上使主体间往来信息与知识流动速度与频次受限，继而对创新绩效负向影响逐步凸显。虽因冗余性增加而使创新效率降低，但如果通过优化网络结构精减节点数目而降低创新网络密度，则创新绩效仍将表现为增加。即 H3 所提出呈负相关的假设成立，但 H3 中所述的创新绩效将呈下降的假设是不成立的。

4.4 似然比检验

由图 4-7 可知，模型拟合效果较好，其中决定系数 R^2 为 0.9478，修正后的决定系数为 0.9457，均表明模型拟合效果良好。对创新网络密度与创新绩效做线性回归分析，形成线性回归模型，并对此模型与本书所提的非线性回归模型进行似然比检验，以确定本书模型的适宜性。从 F 检验的结果来看，F 统计量为 11825，对应的 p 值近似为 0，说明两个模型的差异非常明显。从似然比的计算结果与模型拟合图来看，本书所提出非线性回归模型拟合效果较好，似然比值更大，说明本书所构建的非线性回归模型更为适合。

5. 结论与启示

本书在综述产学研合作创新网络密度对于创新绩效作用机理的文献基础上，对 MIT 创新网络下的网络密度做了分析，借助软件对样本数据进行描述与回归分析，并针对研究假设做了检验验证，结果证实部分假设成立，部分假设不成立，主要得出如下结论：

一是在产学研合作创新网络发展初期，创新网络密度与创新绩效呈正向作用关系，创新绩效正效应来源于创新网络密度增加，促使创新合作增加，故而对创新绩效起到正向调节作用。二是随着创新密度的增加，创新的协同效应持续增加，创新增长速度加快，在一定时间点上达到极值状态。创新网络密度存在阈值效应，不宜太低也不宜太高，它有一个界限范围，在此范围内网络密度能最大限度地发挥网络活性，刺激知识流动，知识异质性程度保持在合理水平，组织间交往广泛而繁多，内部成员间合作与协调增加，共同建立起高水平的信任机制形成良好的合作伙伴关系，整个网络持有高度凝聚力及团结力，资源整合效率更高，沟通及知识交流更加通畅，更好地促进创新成果产生与转化，进而提升创新绩效。三是在创新网络密度达到阈值后呈减少趋势，因信息重复率增加，沟通成本上升以及资源分配的不合理而造成负面效应，创新主体会选择优化创新网络，精简网络使创新网络密度减少，创新网络得到优化，创新绩效继续增加。创新网络密度与创新绩效之间呈现典型的"反 C 型"曲线关系。

根据本书结论给微观组织带来以下启示：区块链、大数据时代，信息交互、资源共享、协同合作是当前最为明显的特征，创新网络成为谋利益协调、求合作共赢的重要资源，同时也是带动各方经济发展与促进创新成果显现的重要媒介。创新网络密度是衡量创新网络是否陷于冗余的重要标志。在产学研合作创新网络构建起始与发展阶段，组织成员通过创新合作与协同，增加信息渠道，以组织交流学习的方式，不断加强协作创新，以达到提升全局创新水平和绩效水平的目的。但创新网络密度并不是越高越好，当超过一定阈值后，微观组织要意识到创新冗余性的负面效应，有意识地优化创新网络格局，有选择地重新配置创新资源与投入比例，对网络实行断链或重组以适当减少网络密度，增强创新过程的可控度，降低创新合作风险的不确定性，更快、更高效地应对不断变化的创新环境，更快、更经济地提升创新绩效的增长率。

本书主要创新点在于：一是在研究视角上从当前的以宏观组织为主转到微观组织上，并聚焦于微观组织的产学研合作创新网络密度演化上；二是在研究方法上将创新网络演化特征研究与实证研究相结合，构建了微观组织的产学研合作创新网络密度与创新绩效的机理模型；三是得出了产学研合作创新网络密度与创新绩效呈"反C型"关系的结论，即创新网络密度并非越大越好，而是存在一个阈值。为了防止创新资源过度投入、降低创新信息重复率以及节约创新成本，创新网络密度不能超过这一阈值，这与假设中呈倒U型的观点不同。鉴于创新网络研究方法以及样本取样的复杂性，本书的研究对象选取了微观组织MIT，其产学研合作创新网络属于典型的体现大学科研特征的产学研合作创新网络，所得结论是否适用于其他类型的微观组织还有待做深入的验证。

第五章　独角兽联合创始人社会关系网络^①

新经济推动我国经济高质量发展，作为新经济风向标与创新代表的独角兽企业备受关注。独角兽企业扎堆于区域融资活跃区域、区域融资活跃区域集聚联合创始人、联合创始人纷纷被引入独角兽企业现象引起研究者兴趣，三者之间存在内在关联性吗？本书选取我国独角兽企业全样本，采取独角兽估值作为因变量进行实证研究，结果表明：引进联合创始人已成为独角兽企业的典型特征，联合创始人的不同社会关系网对独角兽企业估值产生部分调节作用；联合创始人作为参股、任职和法定代表人所形成的三类关系网与独角兽企业估值分别呈倒 U 型、正相关、负相关关系；区域融资活跃度指标并非均与独角兽企业估值正相关。利用工具变量替代法和 Tobit 模型进行稳健性检验后结论依然成立。本书针对独角兽企业估值与联合创始人社会关系、区域融资活跃度的关系进行了实证研究，对政府如何优化营商环境，以及独角兽企业如何利用联合创始人关系网、选择区域环境来提高企业估值具有理论指导性。

1. 引　　言

2013 年美国著名风险投资人 Aileen Lee 在 techcrunch. com 网站上首次提出了"独角兽企业"一词，它专指创立时间较短、市场估值超 10 亿美元且接受过私募投资的公司。独角兽企业自提出后便因其爆发式增长、市场估值高、创新能力强等特点备受关注，近年来 IT 桔子、TechCrunch、CB Insights、华尔街日报等多家著名研究机构均统计并公布独角兽企业排行榜单。独角兽企业在全球科技信息化发展和创新浪潮的背景下应运而生，是新经济的集中体现，已经逐渐

---

① 吕波、刘竟瑶

成为考量国家创新水平和经济发展能力的重要指标，成为新经济高质量发展的重要推动力量。2021 年全球范围内的独角兽榜单显示，独角兽企业主要集中于美国和中国，两国独角兽企业数量占比高达 73.6%，估值排名也是世界前两位。

根据 IT 桔子统计，至 2021 年中国已有独角兽初始样本 225 家。中国独角兽企业集中于汽车交通、文娱媒体和电子商务等行业，同时也带动相关上下游产业的发展，是经济发展重要引擎。根据 CB Insights 的统计榜单显示，中国自2016 年以来独角兽企业数量持续增加，在全球范围内具有一定的领导力。根据恒大研究院发布的《中国独角兽报告：2020》统计结果可知：中国的独角兽企业同样具有显著的区域分布特征，主要集中于"北、上、深、杭"四个城市，数量占比为 82.7%。其中北京独角兽数量居全国第一，杭州独角兽平均估值是全国最高（连一席，2020）。

在独角兽企业这一特殊种群中，其明显不同于其他类型企业的发展特征是联合创始人群体的出现。在上述 225 家独角兽对外公布的数据中，有 135 家独角兽拥有联合创始人，占据了总数量的 60%；还有部分可能拥有隐含的联合创始人但未对外公布。初创阶段的有潜力的独角兽企业缺乏影响力和知名度，日益激烈的市场竞争增加了经营风险，裂变式成长的商业模式又需要不断融资，因此快速发展阶段的独角兽极其依赖专业且熟悉资本市场的合作伙伴。原始创始人多是技术或业务出身，对资本市场缺乏了解。在这一背景下，联合创始人作为原始创始人的最佳合作伙伴受到追捧，他们带有原始创始人所不具备的关系网络，可以给独角兽企业带来融资渠道、专业信息和人才资源，从而大大地降低了运营风险和融资风险。联合创始人已经成为独角兽种群发展的典型特征，联合创始人弥补了原始创始人在资本运作、品牌运营或科研管理等方面的不足，提升了独角兽企业估值，这一独特特征引发市场与学术界的关注。

独角兽企业在北京市等区域集聚，估值与区域融资活跃度密切相关；独角兽企业还体现出快速成长特性，即使账面亏损严重也能获得高溢价估值。但是目前我国对独角兽企业的概念、特点、风险等内容研究较多，深入对估值的量化分析与实证研究偏少。独角兽企业的成功离不开联合创始人的关系网，离不开联合创始人背后的资本市场支持，多轮融资会激励独角兽企业研发创新与商业模式创新。经本书调研发现，独角兽联合创始人呈现区域集聚特征，比如，长期居住于北京市的联合创始人占比达到 43%，与北京市的独角兽数量占我国独角兽总数的 41% 比率相近，这似乎意味着独角兽企业估值与联合创始人数量有一定联系。在这些调研数据的基础上，本书针对联合创始人关系网、区域融资活跃度、独角兽企业估值，这三者之间疑似存在的内在关系提出如下疑问：一是联合创始人作为创始人团队中的必要组成成员拥有丰富的关系网，其关系网对独角兽企业的估值有多大程度的影响？二是联合创始人与区域融资环境是否存在交互或调节作用？三是两者又是如何共同作用影响独角兽企业估值的？基于以上三个问题，本书在统计数据和榜单的基础上，利用 R 语言进行回归分析，实证研究联合创始人关系网、区域融资活跃度与独角兽企业估值之间的关系并得出结论，为独角兽企业健康发展提供理论依据。

2. 文献综述与研究假设

2.1　文献综述

1. 区域融资活跃度与独角兽企业融资

资本是企业成立和进行生产经营活动的基础条件，资本市场是筹集资金的主要渠道，许多学者对我国资本市场与区域融资进行研究：有学者提出我国资本市场"牵一发而动全身"的作用决定了资本市场的稳定健康发展对企业融资产生重要影响（王擎等，2021）；有学者在对我国资本市场进行研究时发现区域资本市场存在明显差异，其中各区域资本市场融资总额的差异程度最大（陈刚等，2003）。区域融资能力的差异对当地企业融资会产生一定影响。陈金勇等基于我国沪市上市公司和各省区域金融发展面板数据，实证研究发现区域经济发展不同、区域资金的充裕程度不一是影响区域企业融资方式选择和缓解区域企业融资约束的重要因素（陈金勇等，2020）。邹国平等通过比较区域环境因素、信息获取和智力资本等指标，具体研究区域环境对科技型企业产生的影响发现：东部地区和中部地区的企业融资渠道日益多样化，信息获取等能力较强，科技型企业发展良好；相比之下，西部地区因融资渠道单一，科技型企业发展受限。

许多学者对区域经济发展和区域融资的关系进行深入研究。赵天翔等创新的采用耦合理论研究我国六大区域经济发展和区域融资活跃度的关系，发现东北地区经济发展和融资活跃度相互作用程度较差，其余五大区域经济发展和融资活跃度相互作用程度都较好。我国政府近年出台的一系列财税支持政策促进私募股权、风险投资等迅速成长。陈工孟和蔡新颖分别从风险投资机构数量、风险投资金额和风险资本额等不同方面对我国不同区域的风投现状进行比较考察，发现区域间存在严重不均衡现象。我国风投主要集中在上海、北京和深圳三市，而且多数风险投资机构更偏向于投资临近地区的企业。这些学者的研究与我国独角兽企业分布特点大体相符：郑健壮等分析独角兽企业成长关键因素时发现创新创业环境等区域因素对独角兽企业的成长有显著的正向影响作用。楚天骄等发现我国独角兽企业高度聚集北、上、深、杭四个城市，以及城市中的国家高新区，这些区域吸纳和整合优质资源的能力极强。这些学者的研究都表明，新经济发展迅速、创新环境好的区域更吸引独角兽企业。Bock 通过 Logit 模型分析以硅谷为代表的技术创新集群与独角兽企业的关系发现：发展潜力好的初创企业更有可能在运作良好的创新集群中筹集到足够的资金以促使自己成为独角兽企业，创新集群通过支持独角兽来促进自身成功。

2. 独角兽企业融资与企业估值

企业融资对资本的投资与科研投入均会产生抑制效应，最终影响企业生产效率的提高，从而影响企业价值（戚聿东等，2018）。作为新兴经济形式，快速裂变成长的创新商业模式是独角兽的显著特征（Daniel et al., 2019），这一特征注定独角兽的发展离不开资本的投入，充足的资金才能保障独角兽企业的研发和扩张。风险投资明显促进企业的创新意愿，当风险投资占股比例相应提高时，企业创新动机增强，信息透明程度对创新动机起到调节作用，但这种调节作用对国企与民企的影响不同（姜双双等，2021）。独角兽企业创新能力强的特点相应地带来较高的风险，李冲和钟昌标在分析我国融资结构与企业技术创新的关系时指出，虽然股权融资与债权融资都能促进企业的技术创新，但相对来说创新带来的高风险意味着债权融资往往不能很好地解决技术创新项目的融资问题，股权融资结构更适合企业技术创新的需要。

股权融资中包括种子基金、天使基金、风险投资和私募等构成的创业融资体系，这一体系为初创企业的发展提供了条件。独角兽企业发展过程中普遍具有对资金需求大的总体特征，通过查看相关统计数据可以发现独角兽企业初期主要通过"天使轮、种子轮、Pre-A 轮"等融资模式获取启动资金，进而通过科技研发、技术创新等活动迅速发展扩张，吸引更多"A 轮、B 轮、战略投资"等融资，不断提升企业估值。Paik 等通过研究发现风险投资者在投资期限方面的时间限制较少，这有益于独角兽企业花费更多的时间用于创新研发，提升自身水平，助推企业可持续健康发展。

对于独角兽企业与融资之间的关系，学者们对此持有不同意见。一种观点认为，融资会提升企业估值水平。孟韬等将专利申请数和创业融资作为驱动独角兽企业估值水平的两大因素进行回归检验，其中创业融资选取当年的风险投资和私募股权投资数额，回归结果表明二者均与企业估值存在正相关关系：独角兽企业专利申请数和创业融资越多，企业估值越高。Rungi 等发现由于独角兽企业的特殊性质，在后几轮融资中估值超过 100 亿美元的独角兽企业往往在第二轮融资中企业估值就已经显著高于其他普通企业。另一种观点则认为，融资不一定会促进估值提升，伯格曼（Bergemann）等认为企业最初接受融资时的估值较高并不代表着在之后几轮的融资中企业仍旧能保持较高的估值水平。此外，维尔（Will）等创建了估值模型应用于独角兽企业在融资时的估值，评估发现所有独角兽企业的估值都被高估，且高估程度存在较大差异。由此可见，独角兽企业的融资与估值备受专家学者关注。

3. 联合创始人关系网

随着社会经济的发展以及国家各项支持政策的不断完善，物质基础已经难以让企业拥有直接优势，此时企业家作为企业的核心资源，企业家的关系网络逐渐成为学者们研究企业持续发展时考虑的关键因素之一。赵文等认为社会关系网络在低于一定阈值时会对探索式创新跃迁与企业失败关系产生负向调节作用。蔡宁提出关系网络可产生正向效应也会产生负面效应。虽然段海艳发现包括联合创始人在内的企业家关系网络并不会显著影响企业的债务融资能力和企业融资结构的财务弹性，但是更多的专家学者认为企业家关系网络有一定的影响力。陈玉梅研究发现创始人与联合创始人工作的实质就是用心经营企业内和外部的社会关系网络，拥有精良的社会关系网络可以在节约交易成本的同时促进企业内部、外部资源互通，提升企业经营绩效，有利于提高企业核心竞争力等。魏虹等探讨创始人与联合创始人等的社会关系网络时发现，关系网络结构越丰富，越有利于企业战略共识程度的加深，进而改善执行效果，推动企业发展。许金花等认为风险资本等社会资本对创始人控制权与企业社会责任之间的关系起到"桥梁"作用，企业社会责任对创始人与联合创始人控制权产生的作用机理受外部制度因素的影响与制约。张怀英等认为联合创始人在内的关系网络正向影响资源拼凑；资源拼凑对关系网络与中小企业创新绩效影响机制起到中介作用；环境变化与动态发展在资源拼凑与绩效之间产生明显的正向性调节作用。

　　李·艾琳（Aileen Lee）在提出独角兽企业这一概念时表明：大多数独角兽企业并非仅由一位创始人建立，而是拥有联合创始人，大多数联合创始人和创始人有着多次合作经历。创始人和联合创始人之前所拥有的管理经验和关系网络资源与企业获得的外部投资之间存在正相关关系。结合该特征进一步分析关系网的作用，创始人利用关系网寻找到合适的联合创始人，联合创始人积极调动自身资源，成为独角兽企业创始人与更丰富的社会关系网之间的桥梁。一方面，联合创始人关系网的直接作用是给企业家带来及时有效的信息传递。企业家关系网络可以帮助创业者开拓思路，接收新观点，在确定未来事业发展方向时有更多新想法。田宇等的研究显示包括联合创始人在内的创业者其关系网络对包容性商业模式的构建产生明显影响，这种关系网络除了直接影响构建包容性商业模式，还会对本地能力与包容性商业模式构建产生调节作用。另一方面，联合创始人关系网有助于整合有效资源。约翰森（Johannisson）表示，企业家的个人网络是使其获取资源和信息的重要方式。其中最明显的一点就是企业家可以通过关系网络为企业融资带来更多资源和机会，例如结识更多的风险投资人脉，提高企业的知名度或者筹集到比预期更多的资金，有利于支持企业发展。智勇等将企业家关系网络与企业经济业绩的关系解释为企业家基于自身偏好从关系网络中获取资源，为企业带来社会资本进而影响企业经济业绩。

　　综上所述，独角兽企业估值成为热点问题，已有研究为本研究奠定了基础，但传统估值要素框架无法解释独角兽企业估值与联合创始人网、区域性扎堆集聚之间的关系。当前对区域融资环境评估及区域融资能力研究较多，但还没有针对独角兽企业估值与区域融资活跃度之间关系展开的实证研究。本书选取"独角兽企业估值"作为核心研究问题，从区域融资活跃度这一视角出发，加入联合创始人关系网这一复杂变量，对区域融资活跃度对独角兽企业估值的影响、独角兽联合创始人关系网对独角兽企业估值的影响以及三者之间的相互作用关系进行研究，解决传统估值要素框架无法解释的上述问题，以期对我国独角兽企业的研究提供借鉴意义。

2.2　研究假设

　　对于区域环境与企业融资间的联系，田娟娟研究发现东部地区金融资源丰富，融资效应具有绝对优势。刘明等基于区域差异视角，提出改善区域金融生态环境，推动新能源上市公司合理优化自身融资结构，促进公司平稳发展的建议。由此可见，不同的区域环境对企业融资能力影响各异。

资本市场的发达影响融资水平和活跃度。独角兽企业主要涉及汽车交通、电子商务、文娱媒体等平台型新兴产业，要求大量资金投入，因此，区域创新环境良好、经济发展快速的地区更有利于培育和发展独角兽企业。赵天翊等将区域融资总额占 GDP 比重作为衡量指标之一，具体分析了 2014—2016 年间不同区域经济发展和融资活跃度耦合性，研究发现各区域经济发展水平和融资活跃度变化趋势不一，二者相互作用的协调状态更是千差万别。地区社会融资能够体现一定时期内实体经济可获得的金融体系资金支持总量，包括信贷、债券和股票等，地区社会融资占 GDP 比重可以反映地区融资规模。创新驱动是独角兽企业的特征之一，也是吸引融资的一个亮点。地区研发经费可以支持一定时期内科技等创新活动的开展，地区研发经费占 GDP 比重可以反映地区研发投入支持创新活动的强度。基于以上研究，本书利用地区社会融资占 GDP 比重和地区研发经费占 GDP 比重，将关注重点聚焦为区域融资活跃度，提出假设 H1：

H1a：地区社会融资占 GDP 比重与独角兽企业估值正相关。

H1b：地区研发经费占 GDP 比重与独角兽企业估值正相关。

企业家在公司中担任的职位及自身所拥有的关系网络对公司发展有一定影响。王营等研究发现无论是在中心位置还是结构洞位置，董事网络都能够通过信息效应和资源效应缓解企业面临的融资约束，这一研究结果有力证明可以将董事网络等关系网作为企业战略发展规划的关键点。袁勇志发现企业家与其他企业所形成的商业社会网络关系促进新企业的成长，使得企业获得各种资源和信息交换的可能性增加。Schott 等认为企业家拥有的自身专业等公共领域的人际关系网络，为企业创新带来了众多益处。对于独角兽企业来说，企业创始人大多拥有高学历，具有较高的文化水平和丰富的工作经验，所拥有的关系网络也较为丰富。大多数独角兽企业创始人从朋友、校友等关系网络中挑选经验丰富、理念合拍的联合创始人共同组建团队，在初创期可以迅速将市场潜在需求与自身专业知识相结合后确定合适的发展定位。联合创始人结合自身优势，分别承担着技术、信息等具体的不同任务，在原有基础上不断丰富着独角兽企业的整体关系网。联合创始人与其他企业间的关系网，可以通过查询其在其他企业中参股、任职和担任法定代表人的数据来初步评定，这三者代表了联合创始人通过在同行业或跨行业的其他企业中参与经营、管理等，形成了不同层面的关系网。基于以上研究，本书从联合创始人关系网角度出发，提出研究 H2 的系列假设：

H2a：独角兽企业联合创始人参股企业数量与独角兽企业估值呈倒 U 型关系。

H2b：独角兽企业联合创始人任职（除法定代表）的企业越多则独角兽企业估值越高。

H2c：独角兽企业联合创始人担任法人代表数量越多，企业独角兽企业估值越低，两者呈负相关。

何喜军等认为占据网络结构洞者对接供需双方以及不同社群，有利于网络的演化与新关系形成。黄灿等认为关系网络可更有效衡量大型社会网络并对企业产生重要影响。包晓丽等提出社会关系网络有助于增加人们进行财富与物质交易的机会。林南认为社会关系网络丰富化有利于得到工具性经济利益。张玉喜等认为社会关系网络丰富化有助于拓宽企业的融资渠道，打破融资约束增加多样性选择。陶锋提出组织间的社会资本关系影响企业的创新价值，社会资本关系还正向调节隐性知识溢出与技术创新的关系。王道娟等认为初创企业的企业家与潜在投资者等专业人士间的不同关系网络有助于整合多种资源产生协同效应，为初创企业形成融资与创新耦合奠定基础，有益于企业估值。龙静研究发现在企业初创时期，企业家不断发展社会关系网、建立信任的合作关系有利于节约获取商业机会的成本，跨入新发展领域，把握企业未来发展方向；企业成长时期，企业家只有处于中心化的网络位置才会对提升企业绩效、促进企业发展发挥更有效的作用。由此可见，在企业发展的不同阶段关系网可发挥的作用也有所差别。当前独角兽企业正处于发展迅猛的状态，但联合创始人自身能力及背景是独角兽企业成长的必要而非充分条件，还需要综合考虑独角兽企业所处环境等其他因素。基于上述研究，本书提出研究假设 H3 和 H4：

H3：联合创始人关系网正向调节区域融资活跃度对独角兽企业估值的影响作用。

H4：联合创始人关系网正向调节区域科研活跃度对独角兽企业估值的影响作用。

3. 研究设计

3.1 样本选择与数据来源

本书的独角兽企业样本主要来自 IT 桔子，同时参照了胡润大中华区独角兽指数、长城战略研究所和创新创业大数据平台等多家机构发布的独角兽统计榜单，截止到 2022 年。为消除数据异常可能造成的不利影响，对样本量做出一些调整：考虑到独角兽企业自身特性，剔除已经上市、并购重组或经营异常的独角兽企业；剔除融资与估值数据不全的企业；剔除联合创始人关系网数据不全的企业；考虑到我国经济区域划分，剔除所在地非大陆地区的企业，最终实际得到独角兽企业有效样本 220 家。根据国家统计局将我国经济区域划分为东部、中部、西部和东北四大地区的规定，这 220 家有效样本企业在东部地区共 206 家，中部地区共 5 家，西部地区共 8 家，东北地区目前仅有 1 家。样本具有全面性与代表性，同时也说明不同地区之间独角兽企业的生长环境差异较大。独角兽联合创始人网络的演化利用 R 语言编程可得如图 5-1 所示，图 5-1 的左图是第一阶段（2015—2016 年）独角兽联合创始人网络；中图是第二阶段（2017—2018 年）独角兽联合创始人网络；右图是第三阶段（2019—2020 年）独角兽联合创始人网络，由图可知独角兽联合创始人网络由简单到复杂不断演化，形成复杂性社会关系网络结构。

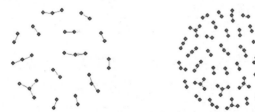

图 5-1 独角兽联合创始人网络演化图

3.2 检验模型与变量定义

1. 被解释变量

企业估值：用估值表示对独角兽企业内在价值的评估。独角兽的企业估值作为核心指标，成为备受学者关注的重点。本书将企业估值作为被解释变量，基于已有的可查询统计数据展开研究。

2. 解释变量

区域中有利于提升经济水平和创新活力的各种条件都可以提升该地区融资活跃度。地区生产总值是衡量某地区一定时期内生产经营成果，反映经济发展总体情况的关键指标。在此基础上引入地区社会融资总额和地区研发经费支出，前者反映该地区包括债权和股权的综合融资实力，后者体现地区对科技创新活动的重视程度。本书通过计算社会融资总额占地区生产总值的比重衡量融资规模，计算地区研发经费支出占地区生产总值的比重衡量创新投入规模，创新活动也具有吸引融资的能力。

3. 调节变量

本书将联合创始人关系网作为调节变量，该网络可以分别从联合创始人与有行业影响力的个人的关系、联合创始人与其他企业间的关系两方面进行分析。前者比较私密，联合创始人通过商业投资结识或由于交际圈的重合而联络，很难简单地归结于利益或人情，错综复杂，不容易全面挖掘。后者可以通过查询联合创始人是否有参股、任职等来初步评定与其他企业的关系，因此本书选取后者，分别从参股、任职和法定代表人三方面来衡量联合创始人关系网。为进一步揭示联合创始人关系网以及联合创始人引进的投资机构对独角兽企业估值带来的影响，本书利用 R 语言编程对关系网络的经典指标结构洞进行测算，所得到的结构洞数作为联合创始人网络演化的参考指标。鉴于结构洞是网络整体指标，故只作为观察变量且不引入回归分析中。

4. 控制变量

对企业估值产生一定影响的控制变量要素较多，本书重点研究五个控制变量。企业成立年限：衡量独角兽企业成立年限的长短对企业估值的影响。企业所在省份：衡量地理位置对独角兽企业估值的影响。融资轮次：随着公司的发展，融资轮次增多，对企业估值的影响随之增加。多轮融资也有利于吸引仍在观望的投资者的关注，分散投资风险。行业：独角兽企业所在行业的差异会影响企业自身对融资的需求，也会影响自身估值。本科院校数量：独角兽企业需要大量高素质人才资源，因此它所在地区的本科院校数量所代表的教育水平和人才资源集聚情况会对企业产生一定的影响。其余控制变量列入随机扰动因素 ε_i 中。

表 5-1 主要变量定义

类型	变量名称		变量符号	描述
被解释变量	企业估值		VAL	独角兽企业内在价值评估
解释变量	地区生产总值		GDP	地区生产活动最终价值之和
	地区社会融资总额		Financing	地区债权和股权综合融资存量
	地区社会融资占 GDP 比重		FP	衡量地区融资规模
	地区研发经费投入		R&D	地区用于科技创新的研发投入
	地区研发经费占 GDP 比重		RP	衡量地区创新投入强度
调节变量	联合创始人关系网	参股	Shareholdings	描述联合创始人拥有其他企业一定数量的股票
		任职	Appointments	描述联合创始人在其他企业中担任一定职位
		法定代表人	Legal Representative	描述联合创始人是其他企业的主要负责人
		结构洞	Structural-Holes	联合创始人关系网的结构洞
		叠加投资机构网络后的结构洞	I-Structural-Holes	联系创始人引进投资机构后的叠加网络结构洞
控制变量	成立年限		Age	独角兽企业至今成立年数
	企业所在省份		Province	独角兽企业所在地
	融资轮次		Rounds	独角兽企业已接受的融资轮次数
	行业		Industry	独角兽企业所在行业
	本科院校数量		University	独角兽企业所在地拥有的本科院校数量

本书的研究模型如图 5-2 所示，为假设进行验证，本书借鉴 Bock 研究独角兽企业估值因素时采用的模型：$\rho_i = PR(y_i) = 1(x_i) = \varphi(\beta_1 + \beta_2 x_i)$，在此基础上进行修正和扩展，得到模型公式：

$$VAL_i = +\beta_1\, FP_i + \beta_2\, RP_i + \beta_3\, NET_i + \beta_4\, NET_i \cdot FP_i$$
$$+ \beta_5\, NET_i \cdot RP_i + \theta_1\, CON_i + \varepsilon_i$$

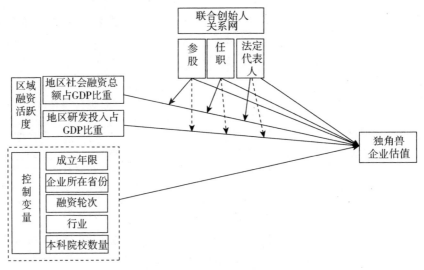

图 5-2 研究模型图

根据该模型，回归主要分为三步。

首先，只包含主变量和控制变量进行回归：

$$VAL_i = +\beta_1\, FP_i + \beta_2\, RP_i + \theta_1\, CON_i + \varepsilon_i \tag{1}$$

检验独角兽企业所在地区社会融资占 GDP 比重和所在地区研发经费占 GDP 比重对企业估值的影响以及独角兽企业成立年限、所在省份和融资轮次是否会对企业估值产生影响。

其次，增加联合创始人进行回归分析：

$$VAL_i = +\beta_1\, FP_i + \beta_2\, RP_i + \beta_3\, NET_i + \theta_1\, CON_i + \varepsilon_i \tag{2}$$

验证联合创始人与其他企业存在的参股、任职和法定代表人三种关系，以及是否能单独对独角兽企业估值产生影响。

最后，引入联合创始人关系网作为调节变量再次进行回归分析：

$$VAL_i = +\beta_1\, FP_i + \beta_2\, RP_i + \beta_3\, NET_i + \beta_4\, NET_i \cdot FP_i$$
$$+ \beta_5\, NET_i \cdot RP_i + \theta_1\, CON_i + \varepsilon_i \tag{3}$$

以此综合分析评估联合创始人关系网在对独角兽估值的影响中是否发挥了调节作用。上述模型中，利用下标 i 区分不同公司，FP 为地区社会融资占 GDP 比重，RP 为地区研发经费占 GDP 比重，NET 为联合创始人关系网，CON 为控制变量，包括独角兽企业成立年限、企业所在省份、企业已有融资轮次、公司行业和企业所在地区本科院校数量，NET·FP 和 NET·RP 两个交乘项检验联合创始人关系网的调节作用，ε_i 为随机干扰项。

4. 实证结果及分析

4.1　描述性统计分析

根据上述模型公式及变量，得到如表 5-2 所示的关于各个变量的描述性统计结果。由表 5-2 可知：独角兽企业估值的均值为 54.787 亿美元，最小值和最大值分别为 10 亿美元和 1538.46 亿美元，表明各独角兽间估值存在较大差异。地区社会融资占 GDP 比重的最小值和最大值分别为 0.24 和 0.498，说明各地的融资规模还是存在较大差异的，侧面印证了我国现有独角兽企业主要分布于北、上、广、深四大城市这一特征。地区研发经费占 GDP 比重最小值与最大值间差异明显，且最大值远高于均值，表明各地区间对于创新活动的投入强度明显不均衡，但均值与中位数十分接近，也表明大部分独角兽企业所在地区创新活动情况良好。通过划分为参股、任职和法定代表人来衡量联合创始人关系网，这三种关系的均值都高于中位数，说明样本独角兽企业的企业家普遍关系网络丰富。三种关系最小值都为 0，但任职和法定代表人的最大值情况却远高于参股的最大值，说明后两种关系可能更易建立。用于观察变量的联合创始人关系网结构洞与叠加投资机构网络后的结构洞采集 2015—2021 年期间的联合的数据并利用 R 语言编程计算得到，其结构洞数量范围分别为 1~25 与 25~701。选取的样本数据根据其成立时间少于等于 10 年为选择标准，因此独角兽企业成立时间最大值为 10 年，大多数独角兽企业符合成立年限较短，中位数集中在 6 年这一特征。融资轮次的均值与中位数相等，最小值与最大值相差较大，说明大多数独角兽企业根据自身发展进程逐步展开融资，但融资易受成立年限、企业发展等因素影响。独角兽企业所在地区的本科院校数量最小值为 26，最大值为 77，存有明显差距，但均值和中位数相差小且二者数值都偏高，说明独角兽企业对创新人才需求强烈，主要靠近高素质人才更集聚的地区。

表5-2　主要指标描述性统计

变量符号	变量	样本量	均值	标准差	中位数	最小值	最大值
VAL	企业估值	222	54.787	165.121	15.38	10	1538
FP	地区社会融资占GDP比重	222	0.403	0.082	0.461	0.24	0.498
RP	地区研发经费占GDP比重	222	0.014	0.006	0.015	0.005	0.064
Shareholdings	参股	222	6.874	8.678	4	0	49
Appointments	任职	222	17.665	32.823	10	0	422
LR	法定代表人	222	13.237	35.959	6	0	491
Structural-Holes	结构洞	—	—	—	—	1	25
I-Structural-Holes	叠加投资机构网络后的结构洞	—	—	—	—	43	701
Age	成立年限	222	8.191	4.135	6	2	10
Rounds	融资轮次	222	5	2.836	5	1	19
University	本科院校数量	222	60.260	12.612	68	26	77

4.2　回归分析结果

本书解释变量为地区融资活跃度，选取地区社会融资占GDP比重和地区研发投入占GDP比重两个指标衡量，将独角兽企业成立年限、企业所在省份和融资轮次作为控制变量，引入联合创始人通过参股、任职和担任法定代表人与其他企业间形成的关系网作为调节变量。本书对主要变量进行回归分析，结果如表5-3所示。

表5-3　主要变量回归分析结果表

变量符号	变量定义	模型1	模型2
Intercept	常数	12.7820* (1.9743)	67.9960*** (2.9120)
FP	地区社会融资占GDP比重	24.4410 (0.255)	16.4390 (0.162)
RP	地区研发经费占GDP比重	3319.6001** (2.119)	3432.8000** (2.162)
Age	成立年限	0.0011 (0.0102)	0.0027 (0.0328)
Province	企业所在省份	0.1793** (2.3211)	0.1428** (2.1852)

变量符号	变量定义	模型 1	模型 2
Rounds	融资轮次	0. 1495 * （1. 9729）	0. 1291 * （1. 9911）
Industry	行业	0. 0015 （0. 0482）	0. 0012 （0. 0345）
University	本科院校数量	4. 2854 *** （3. 4561）	3. 8710 *** （3. 1738）
Shareholdings	参股	1. 6600 （1. 234）	—
Shareholdings^2	参股^2	--	-0. 0913 ** （-2. 594）
Appointments	任职	3. 513 *** （3. 282）	3. 493 *** （3. 110）
LR	法定代表人	-3. 034 *** （3. 346）	-3. 041 *** （-3. 320）
R^2	R^2	0. 277	0. 279

注：＊＊＊表示 $p<0.001$，＊＊表示 $p<0.01$，＊表示 $p<0.05$，括号内为 t 值。

模型 1 对地区融资活跃度与独角兽企业估值的关系进行检验，检验发现控制变量的线性回归关系成立；地区研发经费占 GDP 比重的系数为 3319.6001，并且在 5% 的水平上显著，假设 H1b 成立。这一实证结果表明，随着创新驱动发展战略的不断推进，研发经费迅速增长，企业是我国科技创新的主力军，研发经费主要与企业有关，独角兽企业作为其中助推创新的新兴主力会受到积极影响。地区社会融资占 GDP 比重却没有通过检验，假设 H1a 并不成立。究其原因，地区社会融资主要涉及的金融机构为银行、证券公司和保险公司等。独角兽企业作为创新经济的代表，我国商业银行等难以按照传统估值方法有效评价其市场估值、经营风险等，无法给予较高的信贷授信额，因此在独角兽初创期时传统社会融资方式给予的实际支持作用甚微。独角兽企业可以带动资源互通，一旦打开市场获得成功，盈利会爆发式增长，给投资者带来高额回报，国内外的风险投资机构正是看重这一特点，使独角兽企业一直以来更受天使投资、种子基金等风险投资的青睐。风险投资机构所提供的资金促进初创企业快速成长，除了提供资金外风险投资机构也会提供一些专业知识、基础设施等非资金服务，这有助于提高独角兽企业的创新绩效，避免企业因缺乏经验导致失败。

模型 2 中，通过检验可知，企业所在省份、融资轮次、本科院校数量等控制变量符合预期，与企业估值间的线性关系成立。成立年限与企业估值间的线性关系不成立，充分说明了独角兽企业的快速成长的独特性，即并不是成立时间越长估值越高；行业与企业估值间也不存在线性关系。联合创始人在其他企业中参股所形成的关系网络与企业估值呈倒 U 型关系，假设 H2a 成立；联合创始人在其他企业中任职，与独角兽企业估值呈正向影响作用关系，假设 H2b 成立；联合创始人担任法定代表人越多越不利于独角兽企业估值，假设 H2c 成立。由此可见，联合创始人只有适当参股其他企业，才会对独角兽企业估值有明显提升作用。法定代表人是代表企业签字的负责人，需要投入足够的时间成本并承担相应的责任，但联合创始人如果担任过多企业的法定代表人，则将受精力影响而导致实际时间的投入不足，所形成的关系网并不能对独角兽企业估值产生积极影响。因此，独角兽企业联合创始人在建立关系网时可适当参股一些企业，也可以在其他企业中担任除法定代表人的非关键类型职务，但不建议担任过多的法定代表人，这样既能保证获取足够多资源又不会占用过多的时间成本。

为了检验联合创始人关系网在区域融资活跃度对独角兽企业估值的影响作用中是否有调节作用，本书通过构建模型 3 和模型 4 来检验。表 5-4 所示的模型 3 是针对地区社会融资占 GDP 比重这一指标，回归结果可知交乘项的系数均为正且影响显著，联合创始人的关系网在社会融资占 GDP 比重对企业估值的影响过程中发挥调节作用，假设 H3 成立。这一结果表明，在需要融资时联合创始人可以根据企业需要，与其他机构或人员积极协调建立关系网，促进资源的有效互通，正向提升独角兽企业估值。

表 5-4　地区社会融资占 GDP 比重与独角兽企业估值——
联合创始人关系网的调节效应检验

变量符号	变量定义	模型 3
Intercept	常数	67. 0583 *** （6. 3961）
FP	地区社会融资占 GDP 比重	57. 4299 （0. 5693）
RP	地区研发经费占 GDP 比重	3291. 1017 ** （2. 1087）
Age	成立年限	0. 0029 （0. 0613）
Province	企业所在省份	0. 1646 * （1. 9678）
Rounds	融资轮次	0. 1391 ** （2. 5481）
Industry	行业	0. 0014 * （2. 0490）
University	本科院校数量	4. 139 *** （3. 2319）
FP * Shareholdings^2	地区社会融资占 GDP 比重 * 参股^2	0. 2420 *** （2. 7792）
FP * Appointments	地区社会融资占 GDP 比重 * 任职	8. 2504 *** （3. 2401）
FP * LR	地区社会融资占 GDP 比重 * 法定代表人	7. 1223 *** （3. 1140）
R^2	R^2	0. 305

注：＊＊＊表示 $p<0.001$，＊＊表示 $p<0.01$，＊表示 $p<0.05$，括号内为 t 值。

在特定的区域环境下，企业是否获得外部融资机会是由当地环境因素所影响，只有在有利的区域环境下才会使金融机构对风险较高的企业敢贷愿贷。独角兽企业属于风险较高类型的企业，根据前述假设 H1b 成立可知，独角兽估值受到地区研发经费占 GDP 比重的正向影响，除此之外，是否还受到联合创始人关系网络的调节作用影响呢？由表 5-5 所示可知，在地区研发经费占 GDP 比重对企业估值的影响过程中，联合创始人关系网络与此并不具相关性，没有产生调节效应，因此假设 H4 不成立。产生这一情况的原因可能在于：研发经费投入强度主要受国家科技创新等相关鼓励政策的落实效果、地区政府指引和管理作用以及地区研发人员规模的影响，联合创始人的关系网络无法有效发挥作用。特别是地区研发人员规模这一因素，张欣亮等提出研发人员分布变化是影响研发经费的根本原因，地区研发人员的规模越大，获得科研项目机会越多，科研创新活动越活跃，研究经费的投入也会随之增加。

表 5-5　地区研发经费占 GDP 比重与独角兽企业估值——
联合创始人关系网的调节效应检验

变量符号	变量定义	模型 4
Intercept	常数	48.6727 *** （3.9518）
FP	地区社会融资占 GDP 比重	51.6847（0.5054）
RP	地区研发经费占 GDP 比重	1815.6275 *** （2.9557）
Age	成立年限	0.0021（0.0564）
Province	企业所在省份	0.1731 *** （2.6290）
Rounds	融资轮次	0.1289 *** （2.8491）
Industry	行业	0.0013（0.0387）
University	本科院校数量	5.2381 *** （2.9632）
RP * Shareholdings^2	地区研发投入占 GDP 比重 * 参股^2	13.2224（0.8866）
RP * Appointments	地区研发投入占 GDP 比重 * 任职	229.7891（1.4312）
RP * LR	地区研发投入占 GDP 比重 * 法定代表人	204.2970（1.1896）
R^2	R^2	0.352

注：＊＊＊表示 $p<0.001$，＊＊表示 $p<0.01$，＊表示 $p<0.05$，括号内为 t 值。

4.3　稳健性检验

根据独角兽企业样本分析可知 60% 的独角兽企业具有联合创始人。独角兽企业估值是由技术、市场与资本等要素综合驱动的结果，独角兽企业的创始人或董事长主要擅长技术驱动与市场驱动，联合创始人则更擅长资本驱动，联合创始人、创始人或董事长的有机组合直接影响独角兽企业估值。本书在发现联合创始人关系网在独角兽企业估值中发挥独特作用后，主要基于联合创始人关系网展开实证。借鉴林民书提出创始人的社会关系网为其建立企业、获得最初的成功奠定基础，而一些创始人会随着公司发展转为担任企业董事长，因此为保证实证结论的稳健性，本书首先采用替换变量法进行稳健性检验与分析，将董事长或创始人作为联合创始人的替换变量，如果假设仍然成立则说明结论具有稳健性。利用替代变量对有效样本数据再次进行回归分析，稳健性检验结果如表5-6中模型5所示。在利用OLS进行实证检验时，尽管采集了我国独角兽的全样本数据库，但是存在多家独角兽企业估值为10亿美元，致使被解释变量压缩在10亿美元这一个点上，在用OLS估计时存在一定量的偏差。为了进一步提高检验的稳健性，本书采用了另一种实证方法即Tobit法进行检验，以解决可能出现的偏差。结果汇总于表5-6的模型6中。

表5-6　稳健性检验

变量符号	变量定义	模型5	模型6
Intercept	常数	41.81122 *** （5.2382）	31.7622 *** （4.6301）
FP	地区社会融资占GDP比重	204.0186 * （1.8470）	179.1473 （1.2740）
RP	地区研发经费占GDP比重	209.6155 *** （3.4331）	186.7821 *** （3.4150）
Age	成立年限	0.0020 （1.0692）	0.0019 （0.9531）
Province	企业所在省份	0.1523 ** （2.3481）	0.1327 * （1.9178）
Rounds	融资轮次	0.1421 *** （2.7923）	0.1103 ** （2.3281）
Industry	行业	0.0017 （0.05689）	0.0013 （0.0230）
University	本科院校数量	4.3580 ** （3.1567）	4.0212 *** （3.0216）
FP * Shareholdings^2	地区社会融资占GDP比重*参股^2	−0.1094 * （−2.0809）	−0.0921 * （−1.9933）
FP * Appointments	地区社会融资占GDP比重*任职	5.7886 * （1.9361）	4.7582 * （1.9391）

续表

变量符号	变量定义	模型 5	模型 6
FP□LR	地区社会融资占GDP比重*法定代表人	−5.2239*（−1.9363）	−4.9245**（−2.2237）
RP*Shareholdings²	地区研发投入占GDP比重*参股²	1.5693（0.4955）	1.5311（0.3868）
RP*Appointments	地区研发投入占GDP比重*任职	−117.7811（−1.1257）	−97.238（−1.0083）
RP*LR	地区研发投入占GDP比重*法定代表人	117.96789（0.970）	103.28451（0.853）
R²	R²	0.396	0.560

注：＊＊＊表示 p<0.001，＊＊表示 p<0.01，＊表示 p<0.05，括号内为 t 值。

经替换变量法与 Tobit 法检验，检验结果分别如表 5-6 中的模型 5 与模型 6 所示。根据检验结果可知，验证结果大致相同，所得结论仍然成立，即地区社会融资占 GDP 比重与独角兽企业估值正相关未通过检验，假设 H1a 不成立，不成立的原因可能在于独角兽企业的高风险特征导致他们并不受银行等主流融资机构支持。地区研发经费占 GDP 比重与独角兽企业估值正相关，假设 H1b 成立。在其他企业中参股所形成的关系网与企业估值呈倒 U 型关系，适当的参股关系网对企业估值产生明显的促进作用；在其他企业中任职除法定代表人之外的非关键性职务所形成的关系网呈正相关；在其他企业中担任法定代表人所形成的关系网呈负相关，从而检验了 H2a、H2b、H2c 假设均成立。关系网在社会融资占 GDP 比重对企业估值的影响过程中仍然可以发挥调节作用，证实假设 H3 成立。在地区研发经费占 GDP 比重对企业估值的影响过程中，关系网无法产生调节作用，进一步证实假设 4 不成立。综上，独角兽企业联合创始人关系网已经成为独角兽企业的典型特征之一，类似于独角兽企业创始人或董事长的关系网，只有在满足上述的不同假设条件时才有助于独角兽企业形成有效的关系网络，为企业融资等带来更多的资源和机会。

5. 结论与启示

本书通过梳理联合创始人关系网、区域融资活跃度、独角兽企业估值相关文献，采集我国 222 家独角兽企业有效样本数据，探讨了联合创始人关系网对独角兽企业估值的直接影响，区域融资活跃度对独角兽企业估值的直接影响，以及联合创始人关系网在区域融资活跃度影响独角兽企业估值中所发挥的调节作用关系。具体研究结论如下：（1）引进联合创始人已经成为独角兽企业的典型特征。估值是独角兽企业成长的重要指标，独角兽联合创始人关系网络由简单到复杂不断演化，对独角兽估值产生影响。地区社会融资占 GDP 比重与独角兽企业估值并没有呈现线性相关性，而地区研发经费占 GDP 比重对独角兽企业估值产生正向影响。（2）联合创始人关系网对独角兽企业估值的影响具体表现在：联合创始人参股其他企业所形成的关系网与独角兽企业估值之间呈现倒 U型关系；联合创始人任职非关键性岗位的企业数量与独角兽企业估值正相关；联合创始人担任其他企业法定代表人数量与独角兽企业估值负相关。（3）地区社会融资占 GDP 比重影响独角兽企业估值，在这一过程中联合创始人关系网起到正向调节作用。以上实证研究结论利用变量替代法与 Tobit 法进行稳健性检验后仍然成立。

作为区域经济创新发展的风向标，独角兽企业估值是评价其健康、持续发展的核心指标。为了降低独角兽企业与生俱来的高风险性，保持独角兽企业估值的稳定性增长，建议采取以下应对措施：（1）政府在为培育独角兽企业打造良好营商环境时，要格外重视区域活跃度与联合创始人关系网这两类指标。区域融资活跃度是相对容易衡量的指标，要不断提高地区社会融资占地区 GDP 的比重。同时要有针对性地制定激励与引导政策，即适当控制联合创始人参股其他企业数量，限制联合创始人担任其他企业法定代表人数量，积极鼓励联合创始人在其他企业中担任除法定代表人之外的非关键职务。（2）根据区域融资活跃度指标之一即地区研发经费占 GDP 比重与独角兽企业估值正相关这一结论，独角兽企业要主动选择地区研发经费充足的地区作为发展环境。在这类区域发展有利于寻找匹配独角兽企业的创新资源，同时又能吸引更多创新资源集聚。各地区政府可以结合地区条件不断提高地区研发经费所占地区 GDP 的比重，支持本地的高校发展、引进高素质人才等优化创新环境，提升区域创新能力，鼓励本地独角兽企业不断增加融资轮次等。（3）独角兽企业要重视联合创始人关系网对企业估值的调节作用。有潜力成长为独角兽的企业创始人要积极引进联合创始人并且在选择联合创始人时应深思熟虑，寻找到适合的联合创始人作为合作伙伴以便稳定提高独角兽企业估值。

　　本书的研究贡献主要体现在：（1）独角兽企业自出现以来备受关注，但关于它的企业估值的影响机制的文献相对较少，本书将独角兽企业联合创始人关系网与区域融资活跃度这两个影响变量作为切入点与创新点，研究结果在一定程度上补充和完善了对独角兽企业估值的相关文献。（2）联合创始人作为独角兽企业独有特征，现有实证研究较少涉及。本书聚焦于联合创始人与其他企业间的关系网，根据参股、任职和法定代表人的不同细分为三类，丰富了独角兽联合创始人的相关研究。（3）在我国创新驱动发展战略的指引下，各地区政府应积极培育和发展独角兽企业，建立创新生态系统，助力地区经济发展，本研究能够为地区政府如何优化营商环境，采取有效措施提供思路，为独角兽企业如何选择最佳的联合创始人提供指导。

第六章　独角兽企业突破数字
"卡脖子"技术①

　　突破"卡脖子"技术是一项国家重要战略，作为数字技术领头羊、新经济风向标而备受市场青睐的独角兽企业，已经形成一个独特的创新种群。独角兽企业种群在突破数字"卡脖子"技术上是势如破竹，还是裹足不前？如何更好地发挥独角兽在技术创新上的引领作用亟须探讨。基于突破性创新路径优化理论，文章构建了一个创新网络嵌入复杂模型，探讨独角兽企业种群动态优化突破性创新路径机制。基于我国独角兽企业在 2010—2022 年间 1758 条样本数据、8780 条创投网络关系等进行分析发现：（1）高研发强度、高估值、快成长变量均对"卡脖子"技术具有正向直接效应，但融资总额变量对"卡脖子"技术突破的作用没有通过显著性检验；（2）科研创新网络、创业服务网络嵌入均对独角兽企业突破"卡脖子"技术产生中介效应，然而创投网络嵌入并没有起到有效促进"卡脖子"技术突破的中介效应；（3）企业家关系网络对独角兽企业估值、研发强度均有显著调节作用，但企业家关系网络对独角兽企业增长率的调节效应没有通过显著性验证。经过内生性与稳健性等系列检验，上述结论依然成立。文章提出了促进独角兽企业突破"卡脖子"技术的专项融资政策以及加强创业投资网络建设的专项支持政策建议，提出了企业家关系网络的双刃剑作用并加以有效约束的建议。文章拓展了如何突破"卡脖子"技术的理论研究范畴，为如何完善创新生态网络、支持独角兽企业种群发展提供了路径优化理论。

---

　　①　吕波、曹晓芳

1. 引　言

当今最显明的时代特征是从工业经济加速向新经济发展，在疫情防控放开的形势下，新经济成为经济复苏的重要增长点。在新一轮科技革命和产业变革的推动下，新经济加速产业重构，催生新的发展机遇并带来新的挑战。在此背景下以新技术、新业态、新模式为特征的新兴企业得到快速发展，备受市场青睐。其中快速成长且市场估值超过 10 亿美金的企业，因其独特性、创新性、领先性、全球化，尤其受到技术市场与资本市场的关注。这类新经济企业具有高估值、高投入、快成长的特征而被定义为独角兽企业，被看作是一种新经济的典型现象并逐渐成为衡量一个国家和地区新经济活跃程度的风向标，被认为是高新技术的代表（马腾等，2022）。

国家与国家之间的竞争特征之一是越来越表现为核心技术的竞争。核心技术是国之重器；不掌握核心技术，就会被卡脖子、牵鼻子；真正的核心技术是花钱买不来的、市场换不到的；要增强抓核心技术突破的紧迫感和使命感。在国家级工作会议中也反复强调：要强化科技创新，加快解决"卡脖子"难题。坚瑞等认为技术支撑是独角兽企业可持续发展的关键要点。卫晓君等认为要加强数字基础设施建设，培育数字型"独角兽"企业。在数字化背景下如何突破"卡脖子"技术，其路径优化研究是当前亟须探讨的一个重要命题。解决"卡脖子"技术，一方面要面向世界科学前沿加强基础研究，激励科学家从真正的科学问题出发，形成原创性课题并提出新理论；另一方面要凝练解决生产实践中的科学问题，发动社会各方面的力量探索新的路径，特别是发挥各企业在突破"卡脖子"技术中的作用。随着大数据、人工智能、区块链等技术的发展，数字化、智能化技术是目前应用最广泛、创新最活跃、研发投入最集中、辐射带动作用最大的科技创新高地，也是全球独一无二的技术创新竞争高地。

对于何为"卡脖子"技术目前存有学术争议。但无可争议的事实是一批独角兽企业已经在一些关键核心技术领域中领先。如动力电池市场占有率全球第一的独角兽企业宁德时代拥有全球领先的新能源电池技术，攻克了动力电池正极和负极材料等关键核心技术，率先开发出比能量（质量能量密度）达 304Wh/kg 的样品；字节跳动的核心算法是基于数据分析的个性化信息推送服务技术，即根据用户的喜好来推荐显示内容的算法，利用这种精准的推荐算法可吸引数亿用户；商汤科技专注于人工智能技术，被授予"智能视觉国家新一代人工智能开放创新平台"称号；还包括大疆创新科技等一系列独角兽企业。我国已经成为互联网、高端制造和高新科技等领域独角兽企业的集中地。

对于如何定义独角兽企业存有学术争议。独角兽企业是近年来伴随着新经济发展而产生发展的相对新生事物。李·艾琳（Aileen Lee）最早对独角兽企业做出定义，认为独角兽企业是新型软件型企业，其估值在公共或私人市场上达到 10 亿美元以上。黄群慧认为独角兽企业代表了发展速度超快、稀有而且在私募市场或者公开市场的企业估值达到或超过 10 亿美元的新兴创业企业。邵剑兵等认为独角兽企业是指十年内市值达到 10 亿美元（国内按 70 亿元人民币统计）且与软件、计算机行业相关的新兴企业。根据以上学者研究，本书将独角兽认定为数字经济下快速成长起来的新型企业，在国内估值超过 70 亿元人民币或在国际市场上估值超过 10 亿美元的新经济代表。独角兽作为新兴经济的代表极具研究价值。

对于独角兽在技术创新中的作用发挥存有学术争议。库克兹·安德森（Andreas Kuckertz）等认为独角兽带来对创业的偏见，这种偏见有利于独角兽的估值，但不利于价值创造与技术创新。独角兽所属行业类型呈现多样性，其所产生的作用是负向的（胡冬梅等，2021）。郑琼洁等认为一些地区的成长企业指数开始呈倒 U 型。被视作新经济风向标的独角兽企业群体是否能可持续发展并担当起攻克"卡脖子"技术的"领头雁"进入研究视野。独角兽企业在"卡脖子"技术突破上的发展现状如何？是势如破竹还是裹足不前？迫切需要从理论与实证上给予阐释并为实践给予路径指导。

独角兽企业群体已经形成一个重要的创新种群。根据国家创新创业大数据平台数据显示，2015 年时仅有 40 家列入中国独角兽企业榜单，2016 至 2020 年分别有 131、393、204、218、251 家上榜，分布在新能源、教育培训、互联网+、生物健康、节能环保、新材料、新能源汽车、汽车、文创体育、科技服务、装备制造、现代服务、电子信息、人工智能、大数据、军民融合、轻工制造、化工、建材、采掘 20 个行业或领域。麦肯锡公司公布的研究报告《数字化中国：全球竞争的重要力量》中所提供的数据显示，在全球的独角兽企业中，中国独角兽企业在数量上已经占据 34%，中国独角兽企业在估值总额上已经占据全球总额 43%，以新兴电子商务为代表的新商业模式在创新驱动上拉动了产业升级并推动了城市创业发展（谢智敏等，2020）。根据邵剑兵等的统计在国内注册并在国内 IPO 上市的独角兽企业，发现呈加速度发展的趋势。以 1999 年至 2018 年为时间段统计，这一期间平均一年约 2 家诞生。而以 2009 年至 2018 年为时间段统计，则这一期间平均每年诞生 9 家。按照 10 年为独角兽毕业期计算，2009 年至 2018 年国内上市的独角兽企业达 106 家。计划或已经在国内、国外上市的独角兽企业，已经形成为一个独特且具有一定数量规模的创新种群。根据商业信息服务提供商 IT 桔子等发布的数据库统计，至今我国已经产生 250 家独角兽企业。

　　本书聚焦的第一个问题是独角兽企业种群既然成为新经济的风向标，其突破性技术创新现状如何，以及在攻克"卡脖子"技术为代表的突破性创新领域是否起到了"领头雁"作用，存在哪些亟须破解的发展悖论？独角兽企业种群具有群聚性特性，且仅在北京、上海、广东等省市扎堆出现，与区域性创新网络存在着千丝万缕的联系，其背后的机理需要实证性检验。独角兽企业种群面临着以下发展悖论：一方面在大量风险资本集中投入下，要求独角兽企业保持理想的发展速度，鼓励在商业模式与技术上创新，以尽快完成上市并套现化解风险。在这种保持较快发展速度的要求下，有的企业采取"烧钱"营销或现金补贴的方式以求快速占领市场，但导致入不敷出以及行业竞争无序等后果。另一方面，投资者要求独角兽不断技术创新并与竞争对手形成绝对差异化，在知识产权上形成保护池。但攻克"卡脖子"等核心技术并非一蹴而就的事，需要持续性、长时期的投入，这种长期投入与快速见效是一种矛盾。在这种发展悖论下其实践效果如何，需要深度的理论分析与可靠的量化研究。

　　本书聚焦的第二个问题是独角兽种群如何动态性优化突破"卡脖子"技术路径？近年来美国当局为了阻止我国高科技领域内的技术发展，采取技术封锁、禁止合作等手段进行打压。根据本书的问卷调研与统计显示，独角兽企业的科技重要合作伙伴平均有 21.05% 来自美国，36.84% 来自美国之外的其他国家与地区，42.11% 来自国内企业与单位，这意味着上述技术打压手段所带来的影响范围最高可达到 57.89%。在这种背景下，独角兽企业种群需要根据形势发展动态性地调整突破性技术创新路径，根据自身实际情况找准切入点、优化关键变量。独角兽企业种群有自己的创新独特性，受到融资轮次、所处区域创新生态环境、所在行业等不同因素影响，独角兽企业种群突破性技术创新的路径与其他企业比较具有一定的差异性，因此需要结合经济、制度、技术等区域性环境，针对独角兽企业种群的突破性技术创新的路径优化进行专门性研究与设计。

本书聚焦的第三个问题是为支持独角兽企业种群发挥在突破"卡脖子"技术中的作用，政府部门应如何优化营商环境或出台更有效的激励政策？在实践中风险投资基金（VC）或私募股权基金（PE）等投资机构具有"轻技术创新、重模式创新"的倾向，他们特别重视被投资企业的快速增长率以及回报率等，而对需要长期性投入的突破性技术创新等关注度与支持度不够。突破性技术创新成果的产生"始于技术、成于资本"，政府相关部门应出台引导性政策鼓励各类相关利益群体共同关注与支持独角兽企业进行突破性技术创新（苏勤勤，2020）。为此，本书将围绕独角兽企业种群的突破性技术创新提出一系列政策支持建议。

本书的主要创新点有三点：一是针对独角兽企业种群的发展悖论，在总体上构建一个网络嵌入—中介变量—调节变量构成的复杂理论模型，梳理各相关利益群体相互之间的复杂网络并进行实证检验分析，明确关键性变量之间的相互作用路径，确定各变量的边界与评价方法，揭示各种变量之间隐含的相互作用关系。二是针对独角兽如何突破"卡脖子"技术，实证研究主要影响变量的有效性，检验企业估值、研发强度、增长率等变量所发挥的直接效应，明晰科研生态、服务生态、创投生态三类网络嵌入的影响机制，分析企业家关系网络所发挥的调节作用，为独角兽企业如何开展突破性创新提供路径指导。三是对如何进一步支持独角兽发展提出政策建议与关键措施，包括建议政府应支持推出并发布独角兽技术创新强度榜单，进一步细化并完善科研生态网、服务生态网、创投生态网嵌入的措施，鼓励建立创新联盟、完善联合创始人制度等，以进一步发挥企业家关系网络的调节作用。

2. 理论基础与研究假设

2.1 "卡脖子"技术与关键核心技术

我国在一些关键领域存在"卡脖子"技术。以"工业四基"为代表的产业基础能力以及产业链现代化方面，相当多的关键核心技术依赖国外，存在"卡脖子"问题（黄群慧，2021）。这种"卡脖子"技术不能有效突破，直接制约我国新发展阶段的经济高质量发展和我国现代化进程推进。2018 年中美贸易争端、2020 年新冠疫情冲击以及经济全球化强势逆流背景下，更加凸显了突破"卡脖子"技术的必要性和急迫性。造成"卡脖子"技术的原因，是由于国外企业在复杂产品研发网络和供应链网络中处于主导地位，相比之下我国复杂产品研制历程短，制造水平与国外企业存在差距，在"卡脖子"技术研发上缺乏主动权与话语权（王岚，2014）。对于"卡脖子"技术的研究与分析，主要聚焦在以下方面：

第一，"卡脖子"技术不同于一般性关键核心技术。一般性的关键核心技术是指对产业起主导作用的重要技术，而"卡脖子"技术除此之外，还涉及产业链、供应链的安全性，兼具技术性、公共性、社会性与安全性等多样性特征（陈劲等，2020）。学术界还关注到了"卡脖子"技术研究所存在的短板。有学者认为当前的研究主要集中在宏观层面（肖广岭，2019），但在"卡脖子"技术的来源、筛选与识别上，却较少立足于实际情况进行具体分析，对"卡脖子"技术缺少普适性的识别方法以及可操作性强的分析方法（汤志伟等，2021）。

第二，"卡脖子"技术从关键核心技术中识别。"卡脖子"技术来源于关键核心技术。判断是否是"卡脖子"技术可从垄断性、难度系数、价值地位三个维度进行，主要根据是否存在技术垄断，攻克难度是否很大以及该技术是否处于价值链的核心位置等来判断。根据"垄断性—难度系数—价值地位"的判别方法，有学者以我国电子信息产业为例提出"卡脖子"技术有 13 项，存在于集成电路领域、新型显示、智能终端、人工智能和信息网络行业，但在高端软件领域却没有（汤志伟等，2021）。还有的学者提出了卡脖子技术的评估指标体系，包括技术差距、关键核心技术、产业安全性与国家战略竞争性共 4 个一级指标，涉及 11 个二级指标以及若干个可衡量的三级指标（陈劲等，2020）。

第三，产业"卡脖子"技术与企业"卡脖子"技术存在差别。产业"卡脖子"技术包括 5G 技术、人工智能、量子信息、基因工程、新材料和新能源、分享经济等领域。随着中美贸易摩擦的升级，中国在芯片、高端材料及设备、传感器、系统软件、专用软件等领域显出"卡脖子"的被动局面（肖广岭，2021）。但根据本书的调研，受访的独角兽企业认为"卡脖子"技术不同于产业层面的界定，只要这种技术由主要竞争对手掌握并利用，对自身企业生存发展产生重大制约作用的技术就是"卡脖子"技术。独角兽企业"卡脖子"技术来自国外的技术威胁主要是指对关键材料、设备、工艺等的对外依赖性，这些关键核心技术受制于人，对独角兽企业创新形成"卡脖子"。

综上分析，可见对如何差别鉴定产业"卡脖子"技术与企业"卡脖子"尚没有形成公认的办法，学术界对"卡脖子"技术与关键核心技术的界定也尚未达成一致。本书主要研究独角兽企业在"卡脖子"技术中的作用发挥问题。根据前述文献研究与实际调研，本书认为：第一，企业"卡脖子"技术概念与产业层面"卡脖子"技术概念应有所区别，企业"卡脖子"技术是指那些决定企业生死存亡且又属于新兴领域内的关键性技术，在经大部分专家识别认可后可以认定为企业层面的"卡脖子"技术；第二，企业"卡脖子"技术创新突破路径与一般性核心技术创新突破路径在原理上具有一定的相似性，攻克"卡脖子"技术的研究方法可广泛借鉴国内外关于企业突破性的技术创新理论。为此，本书提出如下假设：

H1：独角兽企业聚焦新经济领域，提高关键核心技术研发强度有助于突破"卡脖子"技术。

2.2　企业投资估值与"卡脖子"技术突破

突破"卡脖子"技术属于突破性技术创新范畴，该领域是创新理论研究和实践关注的热点与焦点，对企业赢得可持续性竞争优势具有重要意义。在高科技行业中企业获取竞争优势的核心先决条件之一是新兴公司拥有大量用于科技研发的资金。近五年来，我国高科技行业被投资与并购的交易变得更加频繁，特别是对于数字化公司，这为新兴企业发展提供了资金支持与保障。研究企业估值或企业价值与技术创新关系的论文日益增多。

对于企业投资估值与创新的关系，不同学者发现风险投资对企业创新的影响不同。有的企业创新投入和产出并未因风险投资进入而出现明显增强，而是呈现出先强后弱的抑制作用；而那些具有技术创新传统且实际人为控制同行业专家的企业，可以有效缓解风险投资对创新投入的不利影响，并在风险投资进入的第二年后，逐步实现创新产出数量和质量的增长（Han Qiao et al.，2021）。有的学者认为当风险投资对处于初期阶段创新的企业投资时，因为这一时期较难评估新技术的前景，所以投资本身蕴含着巨大的风险。在技术创新与开发过程中，风险投资可能会集中在融资后介入，因为在这一阶段时，投资者可以更容易获得正确估值所需的科学知识和创新绩效报告。企业通过提供更多必要的信息来评估新项目，从而引导投资者在早期阶段支持创新。随着民营的风险投资者持股比例的提高,被投资企业的创新能力呈增强态势(Tao Xiaohui et al.,2020)。风险投资倾向于投资处于发展早期的新技术,这样可以获得更大投资回报。但为了降低投资失败的风险,投资公司会研究创新团队并根据团队表现进行投资,而且在决定投入巨资时往往喜欢不作为唯一投资商出现而是抱团进行投资。风险投资公司拥有越多的行业知识,越对创新失败具有更大容忍度(Chemmanur et al.,2014)。

根据现有成果所提供的理论与证据表明,风险投资以不同额度投资数字化新兴企业,促进了新兴技术开发,促进了新兴企业的快速成长(Forti et al.,2020)。同时,拥有突破性专利技术、得到投资公司青睐的企业在上市后更能表现出优异业绩,而且风险投资所投资的公司更具有创新性,其企业估值也更高(Zhang Yeqing et al.,2020)。基于上述研究观点,本书针对独角兽企业做出如下假设:

H2:独角兽企业估值正向影响"卡脖子"技术,估值越高越有利于突破"卡脖子"技术。

2.3 企业成长性与"卡脖子"技术突破

数字化背景下企业呈现快速成长特征,企业需要快速对动态关系进行分析,设计突破性创新路径来应对快速变化的新形势。突破性创新的英文专用词汇包括 Breakthrough Innovation 、Radical Innovation、Disruptive Innovation、Non-linear Innovation、Discontinuous Innovation 等(Scotto M.,2007;Akbar H.,2013)。最早对突破性技术创新做出定义的是熊彼特(Schumpeter),他提出突破性技术创新是指利用全新的生产技术对产品带来颠覆性改变的过程。突破性技术创新对传统的技术创新路径提出严峻挑战。有学者认为1997年拉坦(Ruttan)所提出的三种创新路径模型(诱导型、进化型和路径依赖型)中每一种都进入死胡同,需要提出一个新的模型来整合这三项理论并模拟创新来源(Soliman et al.,2020)。突破"卡脖子"技术要充分考虑新形势下企业成长性的特征:

第一,突破性技术创新与企业加速成长特征。有的学者提出,突破性技术创新路径并行是适应企业加速成长的有效手段,即科学与技术、市场与社会、商业与组织等多条业务线并行且协同进行突破性技术创新。如果有组织想进入或退出创新生态系统,可通过财务价值评估及转让手续实现(Bers J. A. et al.,2014)。有的学者以智慧供应链为研究对象,对数字化公司的三条智慧化成长路径进行对比,提出数字化企业的突破性技术创新路径呈多渠道性（Liu Weihua et al.，2021）。

第二，突破性技术创新与企业的网络化发展特征。有的学者提出要按企业网络的不同发展阶段来确定突破性创新路径。当技术网络与市场网络均不发达时，市场与技术均存在不确定性且利益相关者的网络关系复杂，要用网络跨界驱动颠覆性技术创新，并用网络治理创新全过程；当技术网络发达时，要用关系治理与内容治理促进突破性技术创新；当市场网络发达时，要用关系治理与价值治理促进突破性技术创新；当技术网络与市场网络均发达时，要使协同创新与综合治理手段促进技术创新突破的可持续性（李东红等，2021）。

第三，突破性创新与动态性优化特征。技术创新在准备时期、快速增长时期、成熟时期所需要的关键创新资源不同，需要对所需资源进行动态性整合与优化。在技术创新的准备时期，企业生存的关键是获得生存性资源以保障企业以创新求生存，包括积极争取政府的创新资金扶持、供应商的创新协助、科研院所的技术援助等。在快速成长期，突破性技术创新需要大量吸收突破性技术知识，有选择性地与关键合作者建立紧密合作关系，以快速聚集突破性创新资源，形成快速创新突破的能力。到了成熟时期，则需要建立互利互惠、协同共赢、长久合作关系，来巩固自身在创新资源网络中的核心地位，以保障自主创新所需要的创新资源（孙林杰等，2017）。

基于以上研究，本书认为在数字化快速发展的新形势下，独角兽企业种群突破"卡脖子"技术要考虑独角兽企业快速成长因素的直接影响作用，不断调整突破性创新路径，故提出以下假设：

H3：独角兽企业快速成长性正向影响"卡脖子"技术，独角兽企业在突破性技术创新驱动下向更高创新阶段迈进。

2.4 创新生态网络嵌入的中介效应

技术创新生态网络结构在企业创新绩效中发挥重要作用。在数字经济中，开放的创新模式、众包和平台无处不在，技术创新网络要采用新形式，这是当前设计突破性创新路径的起点（Gautam Ahuja，2000）。技术创新生态系统是以通过技术创新实现核心价值主张为目标、多边成员保持互动的一致性结构（Adner R.，2017）。技术创新生态系统包括核心企业以及能提供互补性技术的利益相关者（Jacobides et al.，2018）。对于创新生态网络嵌入问题的研究，主要研究观点包括：

第一，突破性技术创新是创新生态系统各个创新主体的共同目标，创新生态网络嵌入有利于提高创新绩效。创新生态网络嵌入，促进企业之间的合作频率以及紧密程度，会实现更大范围内的知识交叉创新，提升其掌握稀缺知识的可能，提高在位企业的结构性嵌入程度（Penttil，2020）。创新生态网络嵌入有助于信息共享，有助于范围经济效应的充分发挥，使得在位企业业务伙伴规模增加，影响力扩大，更加容易建立合作关系，提升在位企业的结构性嵌入程度。同时为开展联合研发提供了技术可能，使得企业之间合作关系更为紧密，能够联合攻克关键技术瓶颈，提升关系性嵌入程度（Tomás et al.，2020）。创新网络中各个伙伴的资源、知识与意见在企业之间发生频繁交换，使技术创新开发更为有效合理（Putz et al.，2019）。在开放透明的数字化创新生态系统中，不存在隐瞒关键信息的问题，合作伙伴之间是一种共生关系。这种透明度更高的创新生态系统，使基于共同利基市场的合作伙伴规模更大，联系也更为紧密，合作关系更为稳固，更容易面对不确定性带来的挑战，提升了关系性嵌入程度（De Clercq et al.，2018）。

第二，技术创新生态网络嵌入在企业与突破性创新技术之间起中介作用。创新网络嵌入带来创新节点的流入流出，体现出网络嵌入程度的变化，有助于合作关系以及生态位的巩固，进而为获取需求端的价值主张提供可能。数字化带来获取信息的便捷性与资源流动的快捷性，使得应对市场需求的价值设计更敏捷。风险共担机制的形成有助于降低单兵作战带来的失败风险，减少价值共创过程中的摩擦。信息孤岛的消亡使得创新生态系统的要素进一步集成，价值界面得到延伸，能够满足更大的长尾市场，使网络嵌入成为价值共创与创新绩效之间的桥梁（Newbert et al.，2013）。创新网络的中介作用对于整个技术创新系统非常重要，因为生态系统中介性创新作用缺乏，会削弱领先企业在技术创新上的技术优势，降低其创新绩效。核心企业要协调发挥中介性创新作用的成员共同创造价值（Adner R.，2016）。当中介性创新作用较为缺乏时，将引发创新生态系统的系统性风险。因此，企业在突破性技术创新时，要首先衡量中介性创新成员是否易获得（Kapoor Rahul et al.，2015）。生态系统中的各个参与者是利益共同体，当企业拥有突破性技术时，该企业更愿意将核心技术标准公开，以方便中介性成员共同参与技术创新，并使整个创新生态系统保持盈利与竞争力（Toh et al.，2017）。而越重视整个生态系统整体利益的企业，越有可能进行突破性创新，也越有可能被投资公司选中，并在技术创新中获得较大收益

（Saunila et cl.，2018）。

综上所述，在创新生态系统中价值共创行为较为活跃的节点，提升了关系性嵌入程度，有助于获得高质量合作关系，对市场做出更快速响应，获得先行者优势，进而提升企业创新绩效。嵌入创新生态系统并发挥中介作用的机构，可以是学研机构、孵化服务机构，也可以是创投机构，这些机构通过嵌入创新生态系统可以更好地了解核心技术和互补性技术的发展方向，有利于协同推进突破性创新。嵌入创新生态系统还会增加这些组织与生态系统内核心企业以及其他互补者建立联盟关系的机会，让各个成员更容易获取和协调互补性技术，让整个创新生态系统快速发展并保持良好健康度，从而使创新者更容易获取互补资源，快速提高创新绩效（Kapoor R.，2013）。基于此，本书提出如下假设：

H4：创新生态网络嵌入产生深度融合与技术互补，对"卡脖子"技术突破具有正向影响作用。

关于创新生态网络在独角兽企业种群与"卡脖子"技术突破之间如何发挥中介作用，本书提出以下 H5 系列假设：

H5a：科研网络嵌入在独角兽企业种群与"卡脖子"技术突破之间发挥中介作用；

H5b：服务网络嵌入在独角兽企业种群与"卡脖子"技术突破之间发挥中介作用；

H5c：创投网络在独角兽企业种群与"卡脖子"技术突破之间发挥中介作用。

2.5　企业家关系网络的调节效应

实施突破性技术创新既需要企业自身的技术知识存量以及整体技术创新开发能力，还要有激进式企业家创新意愿推动才有足够的驱动力（苏敬勤等，2011）。加强公司的研发能力，不仅依靠内部努力，还要发挥企业家关系网络的调节作用，学者们对此提出了以下观点：

第一，企业家具有主动创新的冒险意愿。从技术创新特征看，技术创新可以归类为产品创新和工艺创新两大类。无论是产品创新还是工艺创新，均是探索未知，具有一定的冒险性。在数字化技术快速发展的时代背景下，只有掌握核心技术的企业才能获得快速发展与超额回报。突破性创新与企业家密不可分，既需要企业家的冒险精神，也需要企业家利用关系网络对企业内外资源进行创造性配置。企业家的冒险意愿促使企业家倾向于在现有技术范式下主动寻找创新机会（Utterback J. et al. , 1994）。企业家关系网络越有价值，企业家本人越具有营销和研发经验，则企业家更有信心带领企业冒险，企业越有进行技术研发投入的倾向。如果企业家具有丰富的行业知识与工作经验，甚至还具有海外留学与工作背景，对技术发展趋势的判断以及对市场复杂程度的认知均会相应地提高，企业家利用关系网络从外部技术市场与环境中匹配资源的精准性也会提高，有利于主动进行技术创新以抢占新兴高端市场。因此，具有冒险意愿的企业家会主动开发与利用关系网络为企业带来急需的技术资源，这些资源将有利于技术研发与创新投入（Barker, Mueller, 2002）。

第二，企业家关系网络可以更有效地获得创新合作资源。企业家关系网络理论认为，无论从何种角度研究经济现象，都必须考察经济行动者所处的社会关系网络以及个人或群体之间的互动。因此，在突破"卡壳子"技术创新时创新想法产生、新产品开发、过程提升以及创新项目启动，这些创新行为要有效进行，不仅取决于企业自身，还取决于企业与创新互补者进行沟通与互动。企业家关系网络是获得合作伙伴互补性知识与技能的有效手段，有利于知识的转移与共享。公司提高技术能力的途径主要有以下三种，即依靠内部组织、建立联盟和外部收购，这些重要活动实施都离不开企业家关系网络。发挥企业家关系网络，有利于快捷有效地寻找合作伙伴或投资机会，推进实施复杂协作研发与创新活动（Daniel Nepelski et al. , 2011）。

第三，企业家关系网络对突破性技术创新行为产生间接影响。具有丰富关系网络的企业家对突破性技术创新行为产生间接动态影响，同时也会为突破性技术创新行为提供更有针对性的对策建议（刘业鑫等，2020）。企业家关系网络有助于合作伙伴之间建立互相信任、信息共享和协同攻关关系，为企业带来有价值的信息与战略性资源，这种信息与资源是网络外部竞争对手所难以获得的，有利于企业用于技术开发与创新（Kale, 2000）。

综上所述，企业家关系网络的调节作用对"卡脖子"技术突破至关重要。但目前尚无学者对企业家关系网络与独角兽"卡脖子"技术突破之间的调节作用进行深度分析。本书针对企业家关系网络调解独角兽创新特征与"卡脖子"技术之间的关系，提出 H6 系列假设：

H6a：企业家关系网络正向调解独角兽企业的研发水平；

H6b：企业家关系网络正向调解独角兽企业的企业估值；

H6c：企业家关系网络正向调解独角兽企业的成长性。

根据以上分析与假设，给出理论模型，如图6-1所示。

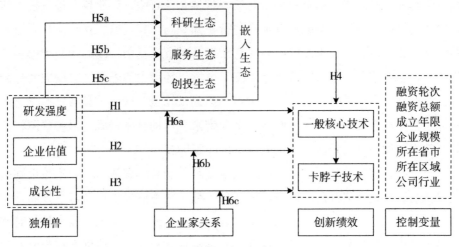

图6-1　理论模型

3. 研究设计

3.1　样本选择与数据来源

独角兽企业数据库主要来自《胡润大中华区独角兽指数》以及IT桔子独角兽企业榜单，同时参照了恒大研究院、新京报、长城战略研究所、创新创业大数据平台等不同机构发布的独角兽榜单。本书以三年及以上存续期的独角兽企业做全样本统计，并以2022年12月31日为截止日期，在对上述榜单进行综合对比、相互补充后，选定共256家独角兽企业，采集2010—2022年数据再过滤筛选，剔除经营异常或数据存有矛盾的独角兽企业，最终确定226家独角兽为研究对象，采集1785份样本。根据国家统计局将我国经济区域划分为东部、中部、西部和东北四大地区的规定，226家样本企业在东部地区共208家，中部地区共8家，西部地区共9家，东北地区1家。这符合我国独角兽分布现状，所选研究对象具有相对全面性与代表性，同时也说明不同地区之间的差异性，独角兽企业所赖以生存发展的生态网络差异较大。

3.2 研究方法

对于可能有争议的数据，根据伍威·弗里克的研究方法采用了三角互证及混合法，在以定量研究为主的同时，引入质性研究方法将定量研究与定性研究相结合，并采取电话访问、现场调研访谈、问卷、文件、观察、专家咨询等多元化的采集数据方式，相互验证数据的相符程度。邀请由创业服务处专业人员、独角兽企业高管、孵化器管理专家、众创空间专业人员、大学科技城专业人员、创新创业学研究方向博士与教授、数字领域研究专家、咨询公司顾问、创投公司专业人员等62人组成的专家小组对有争议的数据进行重新确定。由专家小组成员根据各自的专业性根据设定的评价表格独立进行打分，再由研究团队对打分数据进行统一整理，并验证合理性，审查逻辑关系，最终以真实可靠的定量数据为主确定数据库变量，以提高数据的科学性、准确性与可靠性，保证研究数据效度与可信度。最后进行数据信度检验与效度检验，使用克隆巴赫（Cronbach）系数公式进行检验，得到 alpha = 0.8177，说明数据具有较好的可信性；使用 Bartlett 球形检验，Chi 方为 3795.8161，P 值为 0，效度较好，通过效度检验；使用 KMO 检验，得到检验统计量 MSA 值为 0.8，进一步通过了效度检验。信度与效度检验的结果均较为理想，数据库可用于下一步的实证检验与分析。

3.3 变量测度

本书设置"卡脖子"突破技术变量、网络嵌入变量、企业家关系变量、中介变量与控制变量等五大变量系列组。"卡脖子"突破技术变量、企业家关系变量主要来源于第一手的现场访谈、电话访问、问卷、专家咨询等；其他变量来源于官方网站、各类榜单、文件、中外文献查询专、中国专利网、创新创业大数据平台、Wind 等数据库。

3.3.1 "卡脖子"技术变量

根据 Manish 等、陈劲等、汤志伟等的研究方法，由专家组对"卡脖子"突破性技术先进性评价指标进行设定。经研究确定将垄断性、难度性、价值性作为三个一级指标。在每个一级指标之下，又设二级指标维度，分为技术差距、专利被引次数、技术覆盖范围、技术复杂性、技术自控程度、价值链地位等6个二级指标。二级指标下再设置专利数量、专利质量、专利引用频次、专利年均引用频次、技术覆盖产业数、同一件专利在其他国家获得保护数量、同一件专利在主要竞争国家获得保护数量、专利增长率、研发成本、研发周期、依存度、技术标准的参与度、技术的跨国转移难度、技术嵌入价值链程度等15个三级指标，每个三级指标分别按1~10分进行打分，最后要利用信息熵加权处理成"卡脖子"技术变量组，作为衡量"卡脖子"突破性技术的指标（Shijun YU et al.，2011）。

在确定"卡脖子"突破性技术的同时，还确定了一般性关键核心技术。评价一般性关键核心技术的常见的方法是查询授权发明专利，并根据授权发明专利的数量、质量、引用分布等进行评价。在数字化经济下，企业数字化实践促进了企业研发投入与技术创新产出绩效提高（刘小花等，2020），与新技术相关的技术溢出效应等机制对我国经济发展产生积极影响（柳卸林等，2021）。基于此，本书采集独角兽企业与数字化相关的授权发明专利数量作为一般性关键核心衡量变量，并形成数据库变量以作为可替换变量在稳健检验时使用。

3.3.2　直接效应变量

数字化时代下带来与数字化相关的投入与估值明显上升，研发投入、企业估值与企业成长性等对创新效率存在正向直接效应，对于新兴企业技术创新，更要合理利用人力、财力、物力，以最少投入谋求最大效益（Xu X. L. et al.，2020；Qiao Han et al.，2021）。Masanori Fujita 等认为独角兽成长在创业生态系统中得到支持非常重要，风险投资在其中发挥着非常重要的作用。再参照前述的相关文献研究结论，本书把研发强度、独角兽估值与企业成长性作为独角兽企业对"卡脖子"技术产生直接效应的主要研究变量。企业的研发强度在影响企业未来发展潜力的同时，也带来一定创新风险和不确定性因素，本书借用李想等的研究成果，用研发费用占营收收入的比重来衡量研发强度。独角兽估值已经成为比较成熟的衡量指标（Zhang Yeqing et al.，2020），多家机构每年发布这一指标体系，本书将企业估值作为主要研究变量之一。

3.3.3　网络嵌入变量

突破性技术常常是专利组合组成，而且是由来自不同领域的专业知识形成，需要网络嵌入各类创新生态变量（Henderson et al.，1997）。突破性创新属于真正原创的创新，这些创新来源需要跨行业、跨部门支撑，而且是基于"市场新鲜度"形成的，要由对突破性创新感兴趣的多部门共创才能形成（Colombo et al.，2015）。创新生态变量要由科研、服务、创投等多个维度支撑并且采取激进措施，才有可能形成关键性技术创新（Chandy，Tellis，2000）。基于上述观点，本书将创新生态变量分为科研生态、服务生态、创投生态三个二级变量，根据我国技术创新生态的实际情况，再分为高等院校、科研院所、创新平台、新型研发机构、孵化器、众创空间、专业化众创空间、大学科技园、创投机构等共9个三级变量，从不同角度利用信息熵加权方法共同衡量创新网络嵌入效果（Shijun YU et al.，2011）。

3.3.4　企业家关系网络变量

企业家的创业经验、技能多样性与知识多样性均与创新绩效正相关（Anne Spanjer，2017），企业家在企业中担任不同角色，在关系网络中互动层次和谈判交流方式不同，导致了不同创新结果，对创新绩效产生不同影响，企业家如何与他们的利益相关者进行交流对企业家来说非常重要（Sabrina Artinger et al.，2015）。此外，企业家在与风险投资商以及其他行业打交道所积累的经验对风险产生影响；企业家的乐观情绪与风险投资绩效呈负相关关系（Keith M. Hmieleski et al.，2009）。鉴于数字化时代下独角兽企业家在多家企业中交叉任职，本书将所有企业中任职数量作为企业家关系网络的衡量变量。

3.3.5　控制变量

数字化时代下独角兽企业种群在实际创新研发过程中面临着各种变量制约。根据贾兴平等研究，企业成立年限与企业规模是技术创新绩效重要的控制变量。企业所处省市、所在区位、所处行业均对突破性创新有所影响，这些因素也影响了企业的研发投入（Barry Baysinger et al.，1989），本书将这三个变量列为控制变量。融资轮次与融资总额对企业创新有积极而显著的影响，随着时间的推移显著降低（Martin Falk，2012），本书将这两个变量也纳入控制变量。有的学者认为影响创新路径的因素包括各类环境指标（Liu Weihua et al.，2021），要关注环境变量的影响。这些变量主要是地区生产总值、人均地区生产总值以及地区研发总投入这三个指标，它们对创新效率存在正向调节作用（Xu X. L. et al.，2020），故本书也把这三个变量作为控制变量来进行研究。独角兽企业还具有快速成长的特征，成长性二级变量需要由多个三级变量指标共同组成。参照张金涛等的方法，利用营收收入的同比增长率作为衡量指标。同时，企业成长性反映在营收收入与利润的大小变化上，这两个变量有的学者认为能推动突破性创新（Luo Zhengying, et al.，2016），故本书将营收收入与利润作为企业成长性的参考性指标列入控制变量。各个变量的中文名称、英文命名、解释、数据来源以及文献依据等详见表6-1。

表6-1　变量测度与数据来源

变量	维度	英文简写	解释	数据来源	文献来源
创新绩效	"卡脖子"技术	neck	带有垄断性、高难度性、处于价值链核心、事关产业链安全性的关键核心技术	组织专家组评定	Manish 等（2011）、陈劲等（2020）、汤志伟等（2021）
	数字型发明专利	patent	体现数字化技术并被授权的发明专利	中国专利网等	Hall 等（2002）、吴非等（2021）、刘建丽（2019）
科研生态	高等院校	university	科研合作的高等院校	中国统计年鉴	
	科研院所	institute	科研合作的科研院所	中国统计年鉴	
	创新平台	platform	为解决科技需求而创办的创新平台	中国科技年鉴	
	新型研发机构	studio	以研发技术为核心的独立法人研发机构	中国科技年鉴	
服务生态	孵化器	incubator	培育中小科技企业的服务机构	中国火炬年鉴	Henderson 等（1997）、Chandy 和 Tellis（2000）、Colombo 等（2015）
	众创空间	maker	顺应网络时代且目服务大众的创新创业服务平台	中国火炬年鉴	
	专业化众创空间	special	聚焦某一领域并进行专业化发展的创新创业服务平台	中国火炬年鉴	
	大学科技园	park	以大学为依托、服务科技企业的服务平台	中国火炬年鉴	
创投生态	创投机构	venture	为高科技创业企业融资的投资公司	网络搜索收集	
研发水平	研发强度	R&D	研发费用占营收收入的比重	现场调研、电话访问、问卷	杨洋等（2015）

续表

变量	维度	英文简写	解释	数据来源	文献来源
企业估值	企业估值（亿美元）	valuation	独角兽企业的总价值	胡润大中华区独角兽指数榜单等	Qiao Han 等（2021）、Zhang Yeqing 等（2020）
成长性	增长率	rate	独角兽企业营收入比上一年度增加的比率	官方网站、Wind	Luo Zhengying 等（2016）
企业家关系	企业家	entrepreneur	独角兽企业创始人、董事长、联合创始人、技术研发领导人	问卷、电话访问、百度搜索	Anne Spanjer（2017）、Sabrina Artinger 等（2015）、Keith 等（2009）
	法定代表人	legal	注册备案的企业主要负责人	问卷、电话访问、百度搜索	
	担任股东	shareholder	新成立企业的投资人	问卷、电话访问、百度搜索	
	担任高管	senior	在企业中担任高层管理人员	问卷、电话访问、百度搜索	
	所有任职企业	manage	有任职行为的所有企业且不重复计算	问卷、电话访问、百度搜索	

续表

变量		维度	英文简写	解释	数据来源	文献来源
		融资轮次	round	独角兽企业被股权投资的次数	桔子 IT 发布报告等	Martin Falk（2012）
		融资总额	total	投资公司为独角兽企业投资的总额	桔子 IT 发布报告等	
		成立年限	age	企业成立以来的年限	桔子 IT 发布报告等	贾兴平等（2014）
		企业规模	size	企业员工数量	网络采集与电话问询	
		所在省市	city	企业所在的省级行政区	桔子 IT 发布报告等	Barry Baysinger 等（1989）
		所在区域	area	国家统计局规定的五大区域	桔子 IT 发布报告等	
		公司行业	industry	独角兽所在的行业	桔子 IT 发布报告等	
控制变量		地区生产总值（亿元）	GDP	所在省市的 GDP	中国统计年鉴	
		人均地区生产总值（元）	GDP per capita	地区 GDP 与地区人口的比值	中国统计年鉴	Liu W. 等（2011）、Xu X. L. 等（2020）
		地区研发经费投入（万元）	research	地区用于科研研发的经费总额	中国统计年鉴	
		营收收入	revenue	独角兽企业的营业总收入	官方网站、Wind、调研	邵帅等（2015）
		利润	profit	独角兽企业收入减去成本	官方网站、Wind、调研	Luo Zhengying 等（2016）

4. 实证结果分析与检验

4.1 描述性统计与相关性分析

变量的描述性统计如表 6-2 所示。独角兽的平均年龄（age）为 8.376 岁，标准差为 3.932，最小值为 3 年，最大值根据我国实际设为 12 年，按企业注册年龄或开展数字化业务的年限统计。独角兽企业的创始人或董事长普遍在多家企业里交叉任职，平均达到 23.6 家；数字化授权的发明专利（patent）数量平均达到了 66.56 件，中位数为 7，最小值为 0，最大值为 1215，有 16.7% 的独角兽企业没有授权的发明专利，表明约 1/6 独角兽企业对数字化发明专利还没有足够重视，这类企业主要依靠商业模式创新而获得发展；"卡脖子"技术（neck）评价得分最高者为 10，最低者低分仅为 1，说明企业之间的差距较大；平均增长率（rate）普遍较高，达到了 136%，但最小的是负增长 50%，最高者达到了 30 倍，最高增长率是由企业开始大规模投产成功所致；研发强度（research-invest）平均为 2.75%，这一数值比期待中的理想值要低，进一步验证了较多独角兽企业把巨额融资主要投在了商业模式创新或市场快速扩张上，而不是投在了技术研发创新上；独角兽平均利润（profit）仅为 0.56 亿元，验证了众多独角兽企业不盈利或暂时经营亏损的传闻；投资者关注独角兽企业独特的商业模式、价值与快速增长率，给予较高估值，平均估值（valuation）达到了71.435 亿美元；融资轮次（round）平均为 4.7 次；融资总额（total）平均为3.86 亿元人民币。其他变量的描述性统计情况如表 6-2 中所示，不再赘述。

表 6-2 变量的描述性统计 （N=1758）

变量	变量英文代码	均值	标准差	中位数	最小值
规模	size	626.7120	323.5612	670	125
成立年限	age	8.376106	3.932221	7	3
高等院校	university	118.6991	30.87995	115	71
科研院所	institute	202.1018	189.1671	104	2
创新平台	platform	4429.872	2140.31	5306	290

变量	变量英文代码	均值	标准差	中位数	最小值
新型研发机构	studio	73.38053	102.6226	29	0
孵化器	incubator	267.9956	137.8422	247	11
众创空间	maker-space	358.3142	169.5987	399	29
专业化众创空间	special	5.00885	1.756236	6	0
大学科技园	park	17.52212	10.23727	14	2
创投机构	venture	2115.487	867.4356	2157	49
企业估值（亿美元）	valuation	71.4358	311.3316	15.38	10
融资轮次	round	4.707965	2.606595	5	1
融资总额	total	9.538186	22.62855	3.86	0.1
地区生产总值（亿元）	GDP	53346.76	27825.75	38155.32	12311
人均地区生产总值（元）	GDP-pe-capita	135536.4	34736.4	157279	46433
地区研发经费投入（万元）	R&D	8751362	7684495	5906504	910206
法定代表人数	legal	12.56444	24.70625	7	0
担任股东	shareholder	7.226667	8.088086	5	0
担任高管	senior	17.05333	24.13257	11	0
所有任职企业	manager	23.62054	49.54116	15	0
发明专利	patent	66.45615	97.48258	7	0
卡脖子技术	neck	1.774336	1.501838	1	0
营收收入	revenue	105.3712	281.365	21	0.0184
利润	profit	0.766554	40.01053	0.56	−147
增长率	rate	1.368193	3.137885	0.7	−50%
研发强度	research-invest	0.020916	0.025572	0.0275	0.008

　　表6-3为相对重要的部分变量 Pearson 相关系数以及检验 p 值情况。可见，科研生态变量、服务生态变量嵌入变量、创投生态嵌入变量以及企业家关系网络变量与"卡脖子"技术具有相关性。各个变量对应 VIF 值都小于10，说明不存在严重的共线性问题。

表6-3 主要变量的 person 相关性分析

	variables	1	2	3	4	5	6	7	8	9	10	11	12	13	14	15	16
1	university	1															
2	institute	-0.09	1														
3	platform	0.54*	0.43*	1													
4	studio	0.85*	-0.37*	0.30*	1												
5	incubator	0.42*	0.75*	0.72*	0.18*	1											
6	maker-space	0.61*	0.28*	0.89*	0.45*	0.77*	1										
7	special	0.48*	0.41*	0.20*	0.47*	0.60*	0.26*	1									
8	park	-0.19*	0.91*	0.19*	-0.35*	0.66*	0.13*	0.53*	1								
9	venture	-0.15*	0.76*	0.19*	-0.28*	0.38*	-0.11*	0.48*	0.79*	1							
10	research-invest	-0.04*	-0.17*	0.12*	-0.02	-0.10*	0.12*	-0.24*	-0.22*	-0.21*	1						
11	valuation.	-0.07*	-0.02	0.06	-0.05	-0.03	0.08*	-0.18*	-0.07*	-0.11*	0.12*	1					
12	rate	-0.02	0.17*	0.06	-0.08	0.10*	0.01	0.08*	0.16*	0.17*	-0.06*	-0.04	1				
13	round	-0.07*	-0.16*	-0.12*	0.03	-0.14*	-0.07*	-0.10*	-0.11*	-0.13*	0.06*	0.13*	-0.17*	1			
14	total	-0.14*	-0.16*	0.06*	-0.08*	-0.16*	0.10*	-0.39*	-0.23*	-0.27*	0.14*	0.51*	-0.06*	0.38*	1		
15	manager	0.04	-0.06*	0.09*	0.00	-0.03	0.07*	-0.08*	-0.11*	-0.08*	0.18*	0.07*	0.12*	0.03	0.02	1	
16	neck	-0.03	-0.18*	0.14*	-0.01	-0.08*	0.16*	-0.27*	-0.22*	-0.24*	0.92*	0.06*	-0.08*	0.06*	0.17*	0.11*	1
	VIF	1.23	2.23	2.16	1.29	1.10	2.43	1.08	2.13	2.21	1.17	3.15	1.14	1.29	1.23	2.10	1.58

注：* 表示 $p < 0.05$。

111

科研生态网络、服务生态网络、创投生态网络、企业家关系网络嵌入独角兽技术创新网络中，形成复杂的网络结构。以创投生态网络为例，2010—2022年我国独角兽共形成 8780 对融资关系，如图 6-2 所示。由图 6-2 可知，投资网络关系连线在中心区非常稠密，游离在网络边缘的子网络为 12 个，表明大部分独角兽企业得到了多家不同投资机构的融资，而每家投资机构又为多家独角兽企业提供融资，形成融合发展网络体系，其中没有形成明显的对立性派系集团。创投生态网络的衡量指标包括度（Degree，表征每家独角兽企业与多少家融资机构有融资关系）、特征向量中心度（Pagerank，表征每家独角兽企业地位重要性排名）、接近中心度（Closeness，表征每家独角兽企业接近网络中心的程度）的分布情况如图 6-3 所示。由图 6-3 可知，度集中在箱形图底部，表明大部分独角兽企业的融资合作机构数量不算太高，独角兽企业融资机构合作超过 50 家的只占较小比例；特征向量中心度也集中在箱形图底部，表明排名明显领先的独角兽占比也较小；接近中心度指标集中在箱形图顶部，且数值很小，说明独角兽的行业分散，在创生生态整体网络中占绝对中心地位的独角兽企业并不存在。科研生态网络、服务生态网络、企业家关系网络与创投生态网络的特征具有相似性，本书不再赘述。

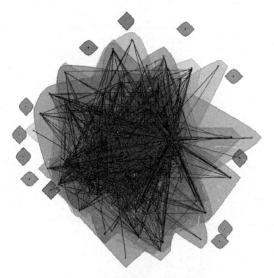

图 6-2 生态网络图（创投网络）

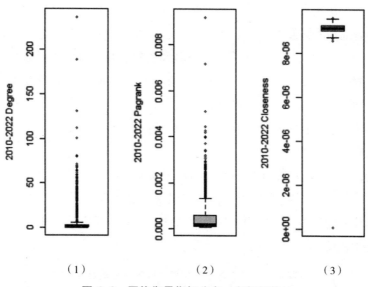

（1）　　　　　　　（2）　　　　　　　（3）

图 6-3　网络衡量指标分布（创投网络）

4.2　直接效应检验

采取 OLS 回归分析，表 6-4 为"卡脖子"技术直接效应检验结果，验证了研发强度、估值、成长性对"卡脖子"技术的作用关系。根据表 6-4 模型 1，研发强度对"卡脖子"技术呈正向关系，增加研发强度有利于"卡脖子"技术突破，H1 成立。根据表 6-4 模型 2，企业估值高有利于"卡脖子"技术突破，H2 成立。表 6-4 模型 3 说明，增长率对"卡脖子"技术呈正向影响关系，H3 成立。为了测定其他变量的影响，模型 4 把控制变量一起纳入进行了回归，回归结果显示 H1、H2、H3 仍然显示有稳健的正向关系，假设均成立。模型 4 的回归结果还显示出，营收收入、利润、成立年限、企业规模、所在省市、融资轮次、地区生产总值、地区人均生产总值、地区研发投入经验均对"卡脖子"技术产生影响，基本符合预期的判断。但有三个变量值得关注，即区域、公司行业、融资总额对"卡脖子"技术没有表现出显性关系。本书认为区域变量不相关，其原因可能是与区域不平衡有关，如东北地区目前只出现一家独角兽。公司行业这一变量对"卡脖子"技术没有显性关系，原因可能在于"卡脖子"技术目前对独角兽所处行业还没有表现出敏感性。融资总额对"卡脖子"技术表现不出促进作用，这一实证结论出乎意料。原因之一可能与独角兽种群目前存在过度"烧钱"行为将资金用在了非研发领域有一定关联性。根据所调研的独角兽企业，证实当前大部分巨额融资主要用在了客户引流、市场补贴、市场渠道开拓等非技术研发领域。另一原因可能与融资的追加效应有关，正如奥立弗（Oliver）等认为企业一旦获得第一次风险投资，则完善的资料与数据更有利于新的风险投资商参考，所以在未来发展中被投资过的企业有更多优先被访问的机会，同时新的风险投资商也更有意愿投资于已经被投资过的企业，这样导致投资不断被追加，使融资总额不断累加，但这并不意味着会带来"卡脖子"技术的突破。

总之，直接效应检验在表6-4所示四个模型表明，大部分创新投入变量表现出了对"卡脖子"技术的提升作用，但融资总额等并没有表现出对"卡脖子"技术应有的显著提升作用，表明独角兽企业的巨额融资并非主要投在"卡脖子"技术领域。

表6-4　"卡脖子"技术直接效应检验结果

variables	模型 1	模型 2	模型 3	模型 4
（Intercept）	1.196 *** (3.907)	2.092 *** (8.497)	2.187 *** (8.27)	5.899 ** (2.086)
research-invest	45.804 *** (4.989)			46.236 *** (4.129)
valuation		0.001 *** (2.885)		0.002 ** (2.096)
rate			0.073 *** (2.3651)	0.134 ** (2.076)
revenue				0.001 * (1.836)
profit				0.006 * (1.815)
size				0.001 *** (2.725)
age				0.003 * (1.761)
city				0.165 * (1.798)
area				−0.082 (−0.077)
industry				−0.001 (−0.049)
round				0.139 *** (2.548)
total				−0.005 (−0.454)
GDP				0003 ** (2.245)
GDP-pe-capita				0.002 * (1.910)
R&D				0.004 ** (2.177)
R2	0.262	0.106	0.150	0.451
P-value	0.000 ***	0.005 ***	0.030 ***	0.0006 ***

注：＊＊＊、＊＊、＊分别表示在1%、5%、10%水平下显著；括号内为t-value；n=1758。

4.3 中介效应检验

先对各变量归一化、标准化处理后，按平均加权法由独角兽所在省市的高等院校（university）、科研院所（institute）、创新平台（platform）、新型研发机构（studio）组成科研网络嵌入（innovation-net），由孵化器（incubator）、众创空间（maker-space）、专业化众创空间（special）、大学科技园（park）组成服务网络嵌入（service-net），并由创投机构（venture）形成创投网络嵌入（invest-net）。利用赵心树（Xinshu Zhao）等提出的中介效应分析方法，表 6-5 汇总了中介效应的检验结果。由表 6-5 模型 1 可知，科研网络嵌入、服务网络、创投网络嵌入均对"卡脖子"技术具有提升作用，假设 H4 成立。根据表 6-5 模型 2、模型 3、模型 4 可知，科研网络嵌入、服务网络嵌入对"卡脖子"技术之间的关系 p 值<0.05，即中介效应显著，分别达到了 4.8%与 9.7%，且通过了验证，即假设 H5a、H5b 成立。但是创投网络嵌入（invest-net）提升"卡脖子"技术的假设即 H5c 没有通过验证，其原因可能如托马斯（Thomas J.）等通过对 1500 个样本实证分析后得出的结论，即由风险投资网络支持产生的企业整体效率提升主要体现在改善销售上，而不是在技术研发领域。

表 6-5 科研生态、服务生态、创投生态嵌入性和"卡脖子"技术之间的关系

variables	模型 1	模型 2	模型 3	模型 4
（Intercept）	243.621*(1.837)	38.038(0.372)	263.458*(1.945)	263.458***(2.545)
科研网络嵌入	0.080**(2.173)	0.026*(1.977)		
服务网络嵌入	0.049**(2.121)		0.015*(1.901)	
创投网络嵌入	0.021*(1.991)			0.004(0.028)
research-invest	3552.779***(2.509)	3337.554***(2.824)	3545.693***(2.975)	3545.693***(2.775)
valuation	0.202**(2.226)	−0.231*(−2.125)	0.197**(2.215)	0.197**(2.115)
rate	16.677***(2.503)	0.011(0.332)	16.976***(2.979)	16.976**(2.179)
revenue	−53.181*(−1.904)	37.49*(2.006)	−48.972*(−1.991)	−48.972*(−1.991)
profit	2.099(0.07)	−0.311(−0.009)	−2.305(−0.072)	−2.305(−0.072)
size	—	—	—	—
age	3.524(0.527)	3.600*(1.989)	3.703*(1.921)	3.703(0.521)

variables	模型1	模型2	模型3	模型4
city	−0.651(−0.04)	6.163(0.107)	−1.470(−0.026)	−1.47(−0.026)
area	34.760(0.25)	34.905(0.234)	28.148(0.198)	28.148(0.198)
industry	0.388*(1.930)	−0.913(−0.278)	0.072(0.022)	0.072(0.022)
round	114.879(1.619)	58.736*(1.978)	119.653*(1.980)	119.653*(1.938)
total	−17.142**(−4.021)	18.344(0.341)	−24.897(−0.461)	−24.897(−0.461)
GDP	−0.012***(−2.999)	−0.200**(−2.074)	−0.012**(−2.086)	−0.012**(−2.086)
GDP−pe−capita	−0.001*(−1.899)	−0.010***(−2.598)	−0.013*(−1.938)	−0.015*(−1.936)
R&D	−0.030**(2.027)	0.030***(3.141)	0.014*(1.988)	0.020*(1.988)
ACME	—	149.012*	362.720*	−12.501
ADE		2955.321***	3370.820***	389.421***
Total Effect		3104.333***	3733.540***	376.928***
Prop. Mediated	—	0.048	0.097	0.334
R2	0.371	0.332	0.325	0.367
P-value	0.046**	0.045**	0.041**	0.125

注：＊＊＊、＊＊、＊分别表示在1%、5%、10%水平下显著。括号内为t-value；n＝1758；ACME：中介效应；ADE：直接效应；Total Effect：总效应；Prop. Mediated：中介效应比例。

4.4 调解效应检验

表6-6汇总了企业家关系网络的调节效应结果。企业家关系网络变量（entrepreneur-network）由独角兽董事长或创始人的关系网络来衡量，取值为他们所有企业任职数量（manager），其数据来源于担任法定代表人数量（legal）、担任股东数量（shareholder）、担任高管数量（senior）。表6-6所示的模型1、模型2、模型3分别检验企业家关系网络变量，分别对研发强度（resarch-invest）、企业估值（valuation）、增长率（rate）的调节作用验证，模型4是把所有调节变量纳入分析的综合模型。根据表6-6模型1、模型2以及模型4可得，企业家关系网络对独角兽估值（valuation）、研发强度（research-invest）均有显著调节作用，即假设H6a、H6b成立。但企业家关系网络对独角兽企业增长率（rate）

的调节效应没有通过显著性验证。相关的学者也关注到了这一现象，有的学者提出创业社交网络只对机会识别与企业发展阶段存在调节关系（Ruiz-Palomino et al, 2021）。企业家会根据社交网络中其他企业家的行动路径来优化自己企业发展的路径，当有更好的机会时，企业家会优先把资源投入更好的机会中。在新经济背景下，创业者会根据经验和对风险的认知调节企业发展质量与速度的关系（Guerrero et al, 2021），即企业家并不总是把发展速度放在第一位，有时会把质量放在更重要的位置。根据调研，独角兽企业的董事长或创始人同时担任其他法定代表人的企业平均为 12 家，担任股东的平均有 7 家，兼任高管的平均有 17 家，可知众多独角兽企业领导者并非只专注于一家独角兽企业的增长率，而是在关注一群企业的成长，经营企业数量越多，企业家的关系网络越庞大，这一特征是当前新经济背景下企业家关系网络的一个典型特征。访谈调研时发现独角兽企业家们承认面临着关系过于庞杂、精准决策受影响等问题。综上所述，目前企业家关系网络与个别独角兽企业增长率之间的关系具有不确定性，两者呈正向调节的关系假设不成立，即 H6c 不成立。

表 6-6 调节效应检验：企业家网络的调节效应

variables	模型 1	模型 2	模型 3	模型 4
resrach-invest× manager	34. 93 *** (3. 291)	—	—	-165. 042 * (-1. 967)
Valuation× manager	—	639. 710 *** (357. 502)	—	0. 007 ** (2. 167)
rate×manager	—	—	-1. 705(-0. 565)	-1. 269(-0. 438)
(Intercept)	115. 495 * (1. 939)	151. 099 * (1. 906)	-104. 844 ** (-2. 204)	120. 700(0. 243)
revenue	17. 403 * (1. 975)	39. 931 * (1. 953)	56. 051 ** (2. 121)	1. 362(0. 021)
profit	33. 832(0. 526)	69. 072 *** (2. 838)	117. 841 * (1. 924)	43. 833 * (1. 918)
size	0. 012 * (1. 919)	0. 002 * (1. 954)	0. 006 * (1. 899)	0. 031 * (2. 086)
age	2. 626 ** (2. 085)	0. 898 * (1. 928)	2. 801(0. 397)	2. 387(0. 354)
city	8. 948 * (1. 956)	5. 912 * (1. 955)	5. 363 *** (3. 309)	1. 536(0. 091)
area	67. 281 * (1. 959)	55. 265 * (1. 966)	104. 788(0. 684)	86. 535(0. 592)
industry	-1. 501 * (-2. 077)	1. 357(0. 431)	2. 267 *** (3. 701)	0. 926 * (1. 985)

续表

variables	模型 1	模型 2	模型 3	模型 4
round	53.737*(1.973)	56.783*(1.894)	65.279***(3.850)	73.013*(1.962)
total	31.153*(1.992)	43.125*(1.924)	49.146***(3.215)	25.369***(3.491)
GDP	−0.01**(−2.281)	−0.01**(−2.125)	−0.009***(−3.290)	−0.014*(−2.033)
GDP-pe-capita	−0.002*(−1.891)	−0.001**(−2.223)	−0.002***(−2.887)	−0.002*(−2.079)
R&D	0.01*(1.933)	0.03**(2.226)	0.083***(2.612)	0*(1.933)
R2	0.239	0.291	0.194	0.363
P-value	0.134	0.032***	0.0531*	0.073***

注：＊＊＊、＊＊、＊分别表示在 1%、5%、10%水平下显著；括号内为 t-value；n=1758。

5. 内生性与稳健性检验

5.1 内生性检验

考虑到创新生态变量与"卡脖子"技术突破可能存在反向因果的内生性问题。为此，采取工具性变量方法解决内生性问题。在工具性变量选择时，本书选择独角兽企业在同年度、同区域且属于同一行业的千里马企业。千里马企业在我国目前已经达到 5000 家，取样相对于独角兽容易。在采集完数据后，用千里马企业的相应变量作为工具性变量，使用两阶段最小二乘法（2SLS）解决可能存在的内生性问题。表 6-7 是内生检验的结果汇总表。经过对工具性变量检验，表 6-7 模型 4~6 结果对比模型 1~3 的结果，且两组结果在符号与显著性上表现基本一致，可知选取的工具变量是合适的，经内生性检验后，原假设 H1、H2、H3、H4、H5a、H5b、H6a、H6b 仍然成立，进一步证明了研究结论具有稳健性。解决内生问题后，R^2 达到了 0.601，解释性进一步增强。

表6-7　内生性检验：两阶段工具变量模型估计结果（2SLS）

variables	OLS model			2SLS model		
	模型 1	模型 2	模型 3	模型 4	模型 5	模型 6
科研网络嵌入	—	0.031**(2.327)	—	—	0.039***(3.001)	—
服务网络嵌入	—	0.037**(2.162)	—	—	0.038***(2.890)	—
创投网络嵌入	—	0.020(0.483)	—	—	0.027(0.511)	—
resarch-invest×manager	—	—	1.073*(1.903)	—	—	2.193*(1.981)
valuation×manager	—	—	0.001***(2.607)	—	—	0.015***(2.816)
rate×manager	—	—	-0.505(-0.229)	—	—	-0.421(-0.462)
(Intercept)	31.049*(1.754)	1.240**(2.260)	-74.831*(-1.980)	29.049*(1.807)	1.412*(2.315)	9.239***(2.887)
resarch-invest	616.016***(2.824)	757.929***(3.311)	—	675.078***(3.41)	800.219***(3.615)	—
valuation	0.026***(2.829)	0.026*(3.603)	—	0.033***(2.817)	0.032*(2.721)	—
rate	3.050(1.427)	3.059(0.329)	2.589(0.275)	3.625**(2.911)	3.175(0.421)	3.112(0.410)
revenue	-0.018*(-1.830)	-6.69*(-1.736)	10.218**(2.134)	0.009*(1.934)	-3.214*(-1.993)	15.617*(1.992)
profit	0.068(0.614)	2.091(0.447)	-0.108(-0.113)	0.081(0.921)	2.301(0.772)	-0.071(-0.219)
size	0.001(01853)	0.533(0.511)	-0.145(-0.061)	0.003*(1.992)	0.619(0.732)	-0.132(-0.117)
age	0.208(0.207)	-10.215*(-1.754)	—	0.311(0.563)	-1.228*(-1.921)	—

续表

variables	OLS model				2SLS model	
	模型 1	模型 2	模型 3	模型 4	模型 5	模型 6
city	-0.948(-0.383)	16.919*(1.809)	31.379*(1.81)	-1.231(-0.483)	19.213*(1.910)	36.248*(1.701)
area	18.077*(1.866)	0.035(0.072)	0.1(0.217)	19.739*(1.810)	0.062(0.089)	0.123(0.329)
industry	0.079(0.166)	6.061(0.545)	-3.091(-0.287)	0.0767(0.211)	6.777(0.870)	-3.001(-0.348)
round	1.031*(1.859)	1.972(0.249)	11.955*(1.930)	1.217*(1.832)	3.215(0.535)	13.101*(1.920)
total	-0.014(-0.072)	-0.002*(-1.832)	-0.002***(-2.950)	0.311(0.899)	-0.005*(-1.938)	-0.029***(-2.764)
GDP	-0.002*(-1.909)	0.001*(-1.992)	0.007*(-1.900)	-0.013**(-2.194)	0.021*(-1.732)	0.006*(1.821)
GDP-pe-capita	0.001*(-1.883)	0.043(1.810)	0.043*(1.967)	0.002*(1.967)	0.101*(1.870)	0.106*(1.829)
R&D	0.046*(1.905)	-6.69*(-1.799)	2.589(0.275)	0.084*(1.821)	-4.212*(-1.912)	3.005(0.423)
ACME	—	40.240***	—	—	60.192***	—
ADE	—	487.001***	—	—	563.791***	—
Total Effect	—	527.242**	—	—	623.983***	—
Prop. Mediated	—	0.046***	—	—	0.056***	—
R2	0.484	0.407	0.478	0.523	0.512	0.601
P-value	0.011***	0.015**	0.013**	0.000***	0.000***	0.001**

注：***、**、*分别表示在 1%、5%、10%水平下显著。括号内为 t-value；n=1758；ACME：中介效应，ADE：直接效应；Total Effect：总效应；Prop. Mediated：中介效应比例，合并表格时取均值。

5.2　稳健性检验

5.2.1　Tobit 模型检验直接效应

为了进一步检验结论的稳健性，采用了更换实证方法的方式进行检验。在利用 OLS 实证分析时，虽然拥有独角兽全样本数据，但是存在 37 个授权专利为 0 的样本数据，导致这些被解释变量被压缩在 0 这一个点上，导致可能无法通过 OLS 得到一致性估计。被解释变量要求均不小于 0，但在采集数据时存在 0 值问题，即被解释变量存在截堵问题。对此可使用 Tobit 模型来解决数据的截堵问题。本书进一步采用 Tobit 模型对假设进行检验，结果汇总于表 6-8 中。根据表 6-8 模型 1 的结果表明，假设 H1、H2、H3 得到支持，直接效应的结论具有稳健性。本书继续选取千里马企业作为工具变量。经过优化后的第二阶段回归分析结果显示，作为工具变量的千里马企业种群的 R^2 都大幅度提高，说明新回归的解释性大大增强，也表明千里马种群与独角兽种群相比，直接效应变量发挥作用更加充分。

5.2.2　用替换变量法解释直接效应

独角兽企业的"卡脖子"技术有别于一般核心技术。根据前述文献可知，一般核心技术可按授权发明专利来进行衡量。故本书用授权的发明专利为变量替代"卡脖子"技术变量回归分析，回归结果如表 6-8 模型 2 所示。可知各变量的符号与变化趋势与前文的检验基本相同，进一步说明直接效应回归结果是稳健的。

5.2.3　用替换变量法解释调节效应

独角兽企业已经广泛使用联合创始人制度，目前有 106 家独角兽企业采用这一制度。对没有采取联合创始人制度的，本书以其技术主管领导的关系网络来代替。技术联合创始人或主管技术企业的领导，其作用近似于独角兽企业的创始人、董事长。本书用技术联合创始人或主管技术领导的关系网络代替原变量进行检验，检验结果汇总在表 6-8 的模型 3 中。发现 H5a、H5b 仍然成立，H5c 仍然没有通过检验，调节效应的研究结论具有稳健性。模型 3 的 R^2 值达到了 0.702，说明解释性大大增强，表明独角兽技术联合创始人与独角兽的董事长或联合人相比，其企业家关系网络的调节作用更有效。

5.2.4　用安慰剂检验中介效应

"卡脖子"技术创新网络属于复杂网络，如果存在没有预测到的嵌入网络或者没有观测到的嵌入变量影响了"卡脖子"技术，则回归分析结果可能将不可靠。为了解决这一可能性，本书采用安慰剂检验法（placebo-test）做进一步的稳健性检验。借鉴陈钦源等的方法，将科研生态网络变量、服务生态网络变量、企业家关系网络变量分别在各独角兽企业间进行随机匹配，使"卡脖子"技术与之形成新的配对。对重新配对的企业数据，再按原来的操作步骤进行回归分析。如果"卡脖子"技术的中介效应只受假设的生态网络嵌入影响，则新数据回归分析结果将不显著。表6-8中模型4的结果显示，随机配对数据回归变量系数均不显著。因此，通过安慰剂检验可进一步证明"卡脖子"技术的原调节效应检验结果是稳健的。综合以上分析，中介效应研究结论具有稳健性。

表6-8　稳健性检验：Tobit 模型、替换变量检验与安慰剂检验

variables	模型 1	模型 2	模型 3	模型 4
科研网络嵌入	—	0.080***(3.873)	—	0.021(0.327)
服务网络嵌入	—	0.049**(2.121)	—	0.001(0.523)
创投网络嵌入		0.021*(1.991)		0.009(0.051)
resarch-invest ×manager	—	—	432.825*(1.967)	44.16(0.319)
valuation×manager	—	—	0.011*(1.902)	0(-0.51)
rate×manager	—	—	-1.113(-0.803)	-0.02(-0.236)
resarch-invest	46.236***(4.129)	60.521***(6.822)	—	44.16(0.319)
valuation	0.002**(2.096)	-0.002**(-2.102)	—	0(-0.51)
rate	0.134**(2.076)	0.124*(1.811)		-0.02(-0.236)
(Intercept)	5.899*(1.886)	2.385***(3.396)		33.219***(2.686)
revenue	0.001*(1.936)	0(0.645)	0.91***(3.019)	5.118(0.795)
profit	0.006*(-1.815)	0.006*(1.748)	-37.559***(-3.178)	-0.034(-0.018)
size	0.001*(1.725)	0.013	3.733***(3.805)	0.13(0.465)
age	0.003*(1.861)	-0.011(-0.738)	1.046***(2.887)	0.418(0.572)
city	-0.165*(-1.798)	-0.099***(-2.623)	-78.305***(-3.800)	-1.293(-0.218)
area	-0.082(0.077)	0.124(0.435)	0.049***(3.022)	0.015(0.11)

variables	模型 1	模型 2	模型 3	模型 4
industry	0.001(−0.049)	0.002(0.315)	96.942 *** (2.822)	−1.07(−0.332)
round	0.139 *** (3.548)	−0.003(−0.103)	−44.811 *** (−3.229)	−0.204(−0.093)
total	−0.005(−0.454)	0.007 * (1.839)	−0.004 *** (−3.948)	0(−1.158)
GDP	0003 ** (2.245)	0.001 * (1.816)	0.001 *** (3.155)	0(−0.723)
GDP-pe-capita	0.002 * (1.811)	0.001 ** (2.045)	0.167 *** (3.022)	0.009(0.896)
R&D	0.004 * (1.779)	0(0.556)	0.91 *** (3.019)	5.118(0.795)
ACME	—	—	—	2.240
ADE	—	—	—	789.001
Total Effect	—	—	—	891.241
Prop. Mediated	—	—	—	0
R2	0.689	0.580	0.702	0.215
P-value	0.002 ***	0.001 ***	0.000 ***	0.110

注: * * * 、 * * 、 * 分别表示在1%、5%、10%水平下显著。括号内为 t-value；n= 1758；ACME：中介效应；ADE：直接效应；Total Effect，总效应；Prop. Mediated：中介效应比例。

6. 结论与启示

6.1 主要结论

针对新经济的风向标独角兽企业种群能否担当"卡脖子"技术突破"领头雁"这一命题，本书采集我国独角兽企业全样本，经效度、信度检验，结合其高投入、高估值、高增长的特征，对独角兽企业种群"卡脖子"技术突破的现状与问题进行了分析，并对由直接效应、创新生态网络嵌入效应、企业家关系网络调节效应构成的复杂理论模型进行了实证研究，主要结论如下：

第一，独角兽企业种群在突破"卡脖子"技术方面进展不均衡，与整体发挥"领头雁"效应的期待还有差距。在新经济背景下，独角兽企业已经分布于22个行业领域，在人工智能、新能源等领域具备了一定技术优势，但从"卡脖子"技术突破角度来衡量，大部分独角兽企业在商业模式创新上体现得较为充分，但在科技创新上还存在巨大的提升空间。比如，授权的发明专利平均每家为 66 件，但中位数却只有 7 件，有 16.7% 的独角兽企业甚至没有一件授权的发明专利，谈不上拥有"卡脖子"技术。我国独角兽企业种群在商业模式创新、技术集成式创新上体现较为充分，但在源头技术创新、原始技术创新上存在差距，技术吸收能力、原始创新能力有待提高，"卡脖子"技术对独角兽诞生、成长、壮大的创新驱动还有待进一步提高，即虽然并不是裹足不前，但还达不到势如破竹。根据生态网络可视化图分析可知，从整体上看独角兽所处行业较为分散，在整体生态网络占据中心地位的独角兽企业并不存在，独角兽企业种群现存的"卡脖子"技术突破不足问题导致难以形成独角兽企业自身绝对差异化优势。若想让独角兽企业种群在突破"卡脖子"技术中整体发挥"领头雁"效应，还有待制定进一步的激励政策加以引导。

第二，通过构建直接效应—嵌入—调节复杂理论模型，并经过 OLS 回归、中介效应回归、调节效应回归以及稳健性检验等实证分析，得到以下三点发现：(1) 高研发强度、高估值、高成长特征对"卡脖子"技术有显著的正向提升作用。但高额的融资总额变量对"卡脖子"技术应有的显著提升作用并没有通过验证，表明独角兽企业的巨额融资并非投在"卡脖子"技术突破领域。(2) 科研网络嵌入、创业服务网络、创投网络嵌入均对"卡脖子"技术具有提升作用，且科研网络嵌入、服务网络嵌入对"卡脖子"技术突破具有显著中介效应，中介效应分别达到了 4.8% 与 9.7%。但是创投网络嵌入并没有起到有效促进"卡脖子"技术突破的中介效应，表明创投网络对独角兽效率的中介效应以及提升作用没有表现在技术研发领域。(3) 企业家关系网络对独角兽估值、研发强度对"卡脖子"技术突破均有显著的调节作用。但是，企业家关系网络对独角兽企业增长率的调节效应没有通过显著性验证。导致这一结果的背后现实是独角兽企业家同时担任其他法定代表人的企业平均有 12 家，担任股东平均有 7 家，兼任高管平均有 17 家，独角兽企业家关系网络驱动了一批企业的增长，但过于庞大的关系网与业务网也显现出负面效应，受访独角兽企业家承认目前面临着网络关系过于庞杂问题，给精准决策带来风险。

6.2　理论启示

第一，从研究框架看，本书构建分层次、分渠道、网络化特征的复杂模型，为如何建立体现独角兽企业种群特征的理论模型提供了新范式。被解释变量分为"卡脖子"技术与一般核心技术两层，解释变量分层次聚焦在高投入、高估值、高成长性等特征上。在稳健性检验时用一般核心技术作为"卡脖子"技术的替换变量使用，后者能准确地体现独角兽企业种群的特色。"卡脖子"技术突破来源则分为直接效应、中介效应与调节效应。科研创新生态网络、技术服务生态网络、创业投资网络、企业家网络关系等，体现了分渠道与网络化特征。借鉴马尔金·奥顿（Anton Malkin）的研究框架，在提出如何更有效地支持独角兽企业种群突破"卡脖子"技术的政策建议时，本书在有针对性地提出了税收减免、奖励与贷款等优惠措施的同时，还提出如何有效构建创新生态网络体系的策略，对后续研究提供了新研究框架。

第二，从工具变量看，本书所提跨种群法为独角兽企业这类新生事物的稳健性检验提供了新的思路。独角兽是新生事物，在我国独角兽企业数量只有 256 家，样本特征独一无二且个性鲜明，在解决内生性问题研究中，工具变量的寻找成为最难的一个环节。在研究过程中，本书注意到千里马企业在我国数量众多且便于取样，这一种群虽然与独角兽企业样本不同但却有一定相似性，该类种群也面临"卡脖子"技术突破问题。本书尝试从我国 5000 家千里马企业数据库中随机选取等量样本作为工具变量使用并最终完成了检验。由此启示在以后的同类研究中可以利用跨越种群法选取工具变量。

第三，从网络嵌入看，独角兽网络嵌入变量组的提出、定义与测算方法，对研究复杂且有交叉性的系列变量组提供了新方法。本书涉及科研生态网络变量组、服务生态网络变量组、企业家关系网络变量组，分别由不同分变量加权得来。高等院校、科研院校、创新平台、新型研发机构与作为与独角兽合作研发的技术变量，构成科研生态网络。孵化器、众创空间、专业化众创空间、大学科技园为独角兽企业相关业务提供科技服务支持，构成服务生态网络。企业家关系网络由联合创始人、法定代表人、担任股东、兼任高管等变量组成，形成复杂调节效应网络。在对单位不一致的变量组进行处理时，本书设计了适用于独角兽企业的归一化、去中心化、信息熵加权、网络可视化等专用程序与代码，有助于从技术手段上有效解决网络嵌入问题。

第四，从研究悖论看，根据一系列稳健性检验，发现独角兽企业只是具有投入高、融资高、成长快等典型外在特征，但在突破"卡脖子"技术的内在机理方面，仍然遵循与千里马企业种群相似的技术创新突破规律。投入高、融资高、成长快等变量对"卡脖子"技术的直接效应相比千里马企业种群来说要弱一些。独角兽企业种群面临着一方面是在巨额融资压力下要在较短时间内实现尽快成长，另一方面又面临着突破"卡脖子"技术需要较长时间的发展悖论问题。要破解发展悖论，实际上是独角兽企业自身如何选择的问题，即是选择速度还是质量，是选择短期绩效还是长期绩效，是选择短期市场占优势还是选择长期技术占优势的问题。独角兽如果把全部融资都投入做市场，片面追求做大市场，牺牲的将是失去突破"卡脖子"技术的机会，一旦竞争对手在技术研发上有所突破，则将面临立即被对手"卡脖子"的窘境。这些悖论与启示为后续研究拓展了研究方向。

6.3 实践启示

为了使更多独角兽企业成为"卡脖子"技术突破的"领头雁"，除了继续实施已有的促进政策措施外，建议根据本书实证结论制定并实施以下政策与措施：

第一，促进"卡脖子"技术突破的专项融资政策与措施。经实证分析可知高额的融资总额对"卡脖子"技术突破没有起到应有的显著提升作用，表明独角兽企业的巨额融资并非投在"卡脖子"技术。根据前述的文献与调研可知，融资总额不断累加的主要原因在于：（1）独角兽估值排名榜单起到了宣传作用，引起了投资者关注；（2）被融资过的独角兽，已经具有完整的基础台账与信息资料供查询，更方便新投资者查阅并赢得他们的信任，引来进一步融资的追加效应。基于此，建议政府可出台促进"卡脖子"技术突破的专项融资政策与措施：（1）在关注发布独角兽估值榜单的同时，也鼓励推出技术实力榜单或"卡脖子技术"突破榜单，并大力保护知识产权，进一步营造崇尚科技创新的氛围，引导独角兽企业种群担当起在"卡脖子技术"突破过程中的"领头雁"作用；（2）政府为独角兽企业提供信用信息、行业信息、发展趋势等专业数据，支持与鼓励独角兽企业建立更加开放透明的基础台账信息资料，以方便更多投资商查询与咨询；（3）风险投资和股权投资是创新发展的基础，2018年欧盟对风险投资基金的投资达到270亿美元，中国为1080亿美元（Francesca Ghiretti，2021），建议我国应继续维持并保护这一局势。政府可支持设立促进"卡脖子"技术突破专项扶持基金，经评估后可有条件地资助有潜力的独角兽企业在突破"卡脖子"技术上发挥"领头雁"作用。

第二，创业投资网络建设的专项支持政策与措施。在实证结论中发现创业投资网络对独角兽效率提升的中介效应没有表现在技术研发领域上，为此要围绕"卡脖子"技术突破，建议鼓励建立资本市场联盟、银行业联盟等以形成更有利于核心技术突破的创业投资网络。建议继续支持技术孵化基金，专注于投资技术研发，为"卡脖子"技术带来更多的资金支持。同时，建议政府多组织调研座谈活动听取独角兽企业的呼声，及时出台政策，禁止"烧钱"引流量、赔钱打压对手等不正当竞争行为，保护公平竞争及有序竞争，引导独角兽企业种群达成以突破"卡脖子"技术作为企业长期立身发展之本的共识，鼓励在突破"卡脖子"技术上形成你追我赶的良好氛围。

第三，充分认识企业家关系网络的双刃剑作用并进行有效约束。独角兽企业种群的企业家基于机会导向而担任法定代表人去创建更多企业，或者在相关企业中担任股东或者兼任高管等，有实际投入行为的达到了平均每人 23 家企业，形成了庞杂的关系网络与业务网络。但企业家的精力毕竟是有限的，经实证分析可知过于复杂、陷入信息冗余的企业家关系网络并没有起到促进独角兽企业健康快速成长的作用，继而影响独角兽企业的市场优势地位与技术优势地位的形成。对此，政府在树立独角兽企业家先进典型时，尽量避免把体现"大"或"多"的指标列入选择企业家典型的标准，要鼓励企业家做精做强，不鼓励做多与"虚胖"，以此影响独角兽企业家的行为；在政策优惠上制定措施，约束独角兽企业家过度投机、过多铺摊子、过度圈钱、盲目攀比等行为，提倡专注发展、持续发展与精准决策。

第四，鼓励地方政府与企业制定实施接地气的专项政策与措施。从地方政策层面来看，地方政府在培育独角兽企业种群时，要特别注重基础性建设与创新生态系统建设，而不是仅制定实施支持独角兽企业个体发展的政策。从独角兽企业层面上来看，要设计分层次突破"卡脖子"技术的路径。对于已具备突破"卡脖子"技术能力的独角兽企业，要从产业视角梳理出当前哪些是制约我国产业发展的"卡脖子"，坚持有所为有所不为的原则，从科研创新生态网络、科研服务网络、创业投资网络、企业家关系网络中广泛寻求最佳合作伙伴，成立重大瓶颈技术攻关小组，并且要在融资时设立专项研发基金规划，为技术创新提供专项资金保障，以吸引聚焦多方资源与人才协同突破"卡脖子"技术。对那些暂时不具备突破"卡脖子"技术能力甚至还没有一项授权发明专利的独角兽企业，要帮助其破除独角兽企业发展只需商业模式创新而不需要关键技术的片面思想，立足新经济组建技术研发与攻关团队，帮助这类企业先以获取授权发明专利为突破口，为未来突破"卡脖子"技术做好技术人才储备与创新资源积累。目前我国已经有 106 家独角兽企业设立技术联合创始人领导技术研发机制，这一机制经实证检验是有效的，可供那些技术研发存有短板的独角兽企业学习与借鉴。

6.4 局限与展望

本书还存在以下问题与不足需要在未来进行完善与突破。第一，直接效应—中介效应—调节效应模型的理论框架有待进一步完善。借鉴参考国内外现有文献，本书首次以"卡脖子"技术突破为视角针对独角兽企业种群量化分析了其技术创新路径，在大力拓展并丰富这一新领域研究的同时，也暴露出在新视角下的新问题。比如，在中介效应与调节效应之间是否存在着更为复杂的交互效应；或者是否还有没能发现的新变量组等。这类问题将是继续深度研究的方向。第二，不成立的假设有待进一步提出假说并进行实证检验。比如，企业家网络关系对发展速度的调节作用经检验不成立，但是否还存在新的假设，比如，是否存在阈值，企业家关系网络对发展速度的调节作用是否存在倒 U 型关系，类似这些假说也有待深入探讨。第三，研究方法有待于进一步突破。在研究过程中，细分了共 36 个变量且涉及若干相关利益群体，这些相关利益群体形成了复杂的技术创新关系网络，其中国际网络与国内网络尚有待于分别进行探讨与研究。

第七章　独角兽企业与"机会窗口"①

国家在"十四五"规划中提出要打好关键技术攻坚战后，如何解决关键技术"卡脖子"问题迅速成为当前学术研究热点。在数字化发展加速与美国大选后的中美贸易摩擦将出现变局的新背景下，联想、华为的不同技术跃迁路径引起广泛关注与争议，可供独角兽企业把握"机会窗口"、实现技术跃迁给予借鉴。本书首次提出了机会型与深耕型概念，它们代表这两家企业所采用的两种不同类型的跃迁路径。然后基于机会窗口预测模型对其进行理论研究并进行Matlab建模与数据拟合，发现两者均存在6次以上技术跃迁及多个关键机会窗口期。对比两种技术跃迁路径的起点、过程和效果，得出两者的主要差异表现在：机会型企业倾向使用资本并购手段获得新产品，通过占据机会窗口而获得短期利润，但存在机会窗口难控、路径易断、技术创新弱、人才流失等缺陷；深耕型企业走科技开发道路开发新产品，通过创造机会窗口而获得超额利润，虽然研发成本高，但有利于控制机会窗口、留住人才、持续创新、实现超额利润。最后，本书在智能化大数据新形势下讨论企业在优化技术跃迁路径时要注意提高占据或创造机会窗口的能力，重新优化路径，把握机会窗口的最佳时间点，利用共享经济模式实现联合跃迁。

1. 引　　言

国家在"十四五"规划中提出，要打好关键核心技术攻坚战，提高创新链整体效能；要强化企业创新主体地位，促进各类创新要素向企业集聚。上述规划目标与任务提出后，关于如何解决关键技术"卡脖子"问题迅速成为新一轮

———————

① 吕波

研究热点。当前我国高科技企业发展正面临前所未有的变局。一方面，大数据、人工智能等数字化技术的发展带来巨大的市场需求与政策支持发展空间，为科技企业带来全新的机会窗口，如果能乘势而上，可能会超越发达国家的科技企业，实现跃迁式发展。另一方面，我国科技企业作为新兴势力面临着复杂的国际市场环境，虽然正处在有望实现跃迁式发展的后来者位置上，但随着美国总统大选的结束，新任总统将会对中美贸易关系走向产生影响，我国科技企业面临着开拓国际市场的不确定性环境，实现技术跃迁式发展绝非易事。如果我国科技企业能设计好技术跃迁路径，在关键技术上有所突破，能解决关键技术的"卡脖子"问题，则有利于我国科技企业占据世界价值链的高端并引领技术发展潮流，否则可能会错失数字化技术发展所带来的新机会窗口。在面临各种不确定条件与重重阻力下，科技企业应如何抓住机遇、突破瓶颈、实现技术跃迁式发展呢？在过去一段时期饱经挫折的华为再次成为技术跃迁领域所关注的焦点，同时作为与华为起步时间相近、发展阶段相似、但跃迁路径迥异的联想，也同样引起研究者的兴趣。华为与联想所代表的是两种迥异的路径，这两种路径的本质区别是什么？在智能化、大数据发展加速以及国际贸易新变局的背景下，成千上万的科技企业如何设计优化自己的发展路径？本书将基于机会窗口理论模型对这上述学术热点问题做进一步的研究探讨，为科技企业突破"卡脖子"技术提供理论启示。

2. 文献综述

企业的机会窗口也叫机会之窗，是指某一产品在成长过程中会留有一个机会时间段，在这段不长的时间内，市场上拥有大量的客户，竞争却较少，只要企业利用这一机会提供满足客户需求的产品，企业就可以实现超额利润。但随着产品不断走向成熟，竞争会加剧，企业获得超额利润的机会不断下降，机会窗口将被缩小，直到彻底消失。当前从企业层面对机会窗口与跃迁（也有文献称之为赶超）进行的研究还较少。正如吴晓波等在文献梳理后发现，对机会窗口的研究可溯源到 1988 年，并在 2017 年时开始兴起，研究的视角主要是利用机会窗口理论来解释国家、产业层面的跃迁，目前还很少从企业角度来研究机会窗口与跃迁的关系。黄晗等对文献梳理发现，当前对机会窗口研究的理论基础呈现碎片化，而且主要集中在"是什么"及"怎么样"等基本问题层面。哈拉尔德·德格纳（Degner Harald）等认为技术变化带来机会窗口，但这种机会窗口为公司和部门带来的是繁荣的机会还是威胁，尚未进行调查。

机会窗口的成因与条件研究。郭磊（Guo Lei）等认为技术、政策和需求变化会带来不同的机会窗口。有学者提出数字化平台为汽车等行业带来新的机会窗口（Ferràs-Hernández 等，2017）。由于数字化和互联网的大众化为媒体等行业带来了机会窗口（Canavilhas，2015）。以跃迁为目标的机会窗口研究大多数基于演化经济学范式，采用三种理论视角进行研究：创新视角、能力视角和学习视角。而诱导出现机会窗口的因素是多维度的（Yusen Xu 等，2015）。

对机会窗口的应对策略研究。郭磊（Guo Lei）等提出为应对各种动态机会窗口，华为采取两方面协同策略：一是在技术能力上持续开发以实现持续赶超；二是寻找并满足在全球市场上的机会。基于技术积累的产业可以通过各种产业多样化活动实现积极的外部拓展策略，先要发挥技术创新的作用，再通过产业多元化有助于把握机会窗口（Kuramoto Gonzalez，2020）。企业在高速发展背景下，首先要能识别机会窗口，要具有敏锐的市场预见能力以及自信的技术选择能力；其次利用机会窗口，在技术集成、互补研发上加大投资，具有组织市场冒险并能有效控制风险的行动能力；最后要拓宽机会窗口，发挥好工业网络集成能力和快速市场拓展能力（Yusen Xu 等，2015）。

机会窗口与企业跃迁研究。跃迁最早是属于量子力学的术语，在 20 世纪初由玻尔（Niels Henrik David Bohr）提出，是指微观粒子从一条轨道"跳跃"到另一条轨道的现象。自从产业技术轨道概念被提出以后，跃迁这一概念被应用到管理学领域。跃迁分为根本性跃迁、随机性跃迁、改进性跃迁等类型。本书所研究的"跃迁"在概念上归属于根本性跃迁，是指企业从上一个产品转移到下一个产品即企业产品发生根本性改变的过程。企业要实现技术跃迁，须跨越技术研发与市场之间的"死亡之谷"。赵淑艳（Zhao Shuyan）等认为电动车行业存在与国际企业缩小差距的机会窗口，这一机会窗口的引入阶段是 2005 年，转化为成长阶段的机会窗口出现在 2015 年，要抓住机会窗口，需要依靠国际合资企业利用技术转让、政府支持、发挥廉价劳动力优势、企业自身创新积累，同时还需要管理人员预测变化，延长窗口机会。格利特（Gliedt）认为孵化器、加速器中心等创新中介机构、绿色方面的政策、企业家、倡导者等共同推动了绿色技术的技术跃迁，对绿色经济的可持续性转变起到了推动加速作用。郭磊

(Guo Lei) 认为华为在从 20 世纪 80 年代末至 2014 年电信行业发展过程中，充分利用技术、政策与需求变化带来的机遇，把外部条件与内部公司战略、部门业务紧密联系起来，实施双重策略，即一方面发展技术能力，另一方面开拓全球市场，成功地抓住了各个动态机会窗口并实现持续赶超。朱斌等认为创新升级与技术跃迁的思路源于新流创新，而新流创新是在主流创新的基础上孵化而来的。刘雪锋（Liu Xuefeng）等认为新兴工业经济体系中，新进入者的技术跃迁过程分为技术模仿、技术追赶和技术超越三个阶段，每个阶段均面临四个驱动因素，即能力驱动、问题驱动、窗口机会驱动与企业的意愿驱动。卡皮尔·纳鲁拉（Narula Kapil）认为航运业在激烈竞争、海上温室气体排放和污染控制制度等共同因素作用下，使该行业出现了以下机会窗口，即向可持续航运的范式转变。

通过上述文献综述发现，从企业层面研究机会窗口与跃迁具有较强的创新价值。现有的文献研究涉及了机会窗口产生的技术升级与政策驱动条件、机会窗口与跃迁的关系、跃迁的不同阶段等，这些研究为本研究提供了一定理论基础。本书将在此基础上对联想与华为的机会窗口与跃迁路径进行研究，以丰富企业机会窗口理论，为我国科技企业实现技术跃迁式发展提供理论借鉴。

3. 研究设计

为完成企业机会窗口与跃迁路径研究，本书重点进行量化分析，先提出机会窗口的测算公式，并对联想和华为的跃迁路径进行对比，在此基础上构造跃迁路径模型，最后将在采集数据的基础上完成不同跃迁路径的拟合与比较分析。

3.1　机会窗口测算公式

企业若想实现跃迁式发展，必须占据产品的机会窗口，设该产品为 Y，跃迁用 dY（t）/dt 表示，机会窗口用 t 来表示，则企业跃迁的表达式为：

$$dY（t）/dt = F（Y, t） \qquad (1)$$

企业若想实现跃迁，必须把机会窗口与有技术优势的产品有机结合，缺一不可。对机会窗口的正确预测是企业实现跃迁的基础。机会窗口是由产品的生命周期决定的。产品在经历了起步期后，将进入快速增长期，再到成熟期，最后走向衰落。企业能快速占领市场的时间段即机会窗口，这一机会窗口一般出现在产品生命周期的快速增长期。本书基于 Verhulst 模型构建机会窗口的预测模型，如公式（2）所示：

$$dY(t)/dt = gY(t) - h[Y(t)]^2 \qquad (2)$$

其中因变量 $Y(t)$ 表示产品供给量，自变量 t 表示时间，$dY(t)/dt$ 表示产品供给量的变化率，$[Y(t)]^2$ 表示需求的限制数，h，g 均为系数。

根据公式（2），可计算得出 $t_0 = 0.5g/h$ 时，此时 $dY(t)/dt$ 取值为最大。所以机会窗口的最佳时间点为：

$$t_0 = 0.5g/h \qquad (3)$$

其中系数 g 与 h 可根据需求、供给的数据拟合计算得出。

当 $t = t_0 = 0.5g/h$ 时，此时是需求相对最大、供给相对最小的时刻，这一时刻就是机会窗口的最佳时间点，也是企业的最佳跃迁点。以这一时间点为基准点，向前或向后推出一定的时间段即是机会窗口，企业利用这一机会可以全面占领市场，实现超额利润并实现跃迁。如果企业过早或过晚进入机会窗口，则均不会取得效益最大化。过早是指产品尚处在创新期，企业虽然早早地进入产品的初期研发阶段，但要承担作为先行者的各种失败成本；过晚是指产品已经成熟，市场需求基本得到满足，市场竞争对手已经得到充分发展，此时企业已经失去机会，如果企业这时非理性地强行进入市场则意味着产品投产之日就是亏损之时。

3.2 机会型与深耕型界定

根据上述文献研究，企业获得快速成长与跃迁式发展，需要至少具备捕获机会窗口或创造机会窗口的能力，本书以此为标准将企业分为两大类：

以捕获机会窗口为主要手段获得快速发展的企业称为机会型企业。它们对市场机会敏感，热衷于追逐市场热点，不断从一个产品生产经营进入到另一个产品生产经营中，以追求利润和发展空间，呈现出较明显的机会型色彩。机会型企业为捕获机会窗口，常常通过并购等形式获得产品，占据该产品的机会窗口，从而获得大量订单，创造短期利润。机会型企业以市场机会为导向。它们并不专注于技术，也不会只专注于某一类产品，而是专注于发现市场机会窗口，具有超人的市场嗅觉与判断是其核心能力，它们寻找产品发展规律与赚钱的机会，发现、发现、再发现是其前进的推动力。对机会型企业，目前有不少文献可以参照。机会导向性企业是指那些希望在最短时间内以"最小投入"谋求"最大产出"、一贯追求走捷径的冒险型企业。机会导向分为技术机会导向和市场机会导向，技术机会导向与市场机会导向是矛盾统一体，产生的作用像是双刃剑，当对新企业长期发展不利时，但可能对获得短期利润有利，反之亦然。对于企业机会导向行为，张闯等将自变量分为促进因素、抑制因素和不确定因素，将企业机会导向行为的结果变量分为三类：组织内成员的反应、经济绩效变量、关系绩效变量。对于机会导向的后果，方正等认为，技术和品牌是企业的关键性资源，虽然自主研发企业相比只引进产品的机会型企业更为费时、费力，但前者重视研发，会留住人才，有利于发展国内品牌；而后者忽视研发，会导致优秀技术人才流失，无法创建有市场竞争力的品牌。机会导向型最大的不利是可能会导致投机行为，并与市场波动、过度自信、并购等产生关联。贾利萨（Jalissa）等对市场波动和过度自信之间的关系进行了实证研究，证实两者之间具有显性关系；闫永海等实证发现过度自信的总经理，更愿意从事并购活动。对于抑制过度投机带来的市场波动，李瑞光认为实行动态性的惩罚机制是最有效的。当一个区域内企业家人力资源越丰富、市场化程度越高时，具有一定政治关联程度的企业越倾向于减少投机导向，增加长期技术创新投入。

　　以创造机会窗口为主要手段获得快速发展的企业称为深耕型企业。深耕型企业与机会型企业是完全不同的另一类企业。它们以创造机会窗口为主要特征，本书将之称为深耕型企业，它们主要依靠自身技术创新、合作技术创新或购买新技术等方式实现产品创新，使新产品具有更加吸引客户的性能，从而甩开竞争对手，创造出机会窗口，获得超额利润。深耕型企业的外在表现特征为严格遵守国家法律政策，注重技术投入，保持技术领先，并持续不断地在某一领域深耕细作，创造出新产品的窗口期以领先市场，再通过规范管理制度，持续挖潜改造以提升利润，同时这种企业重视塑造重技术、重市场、反投机的企业文化。深耕型企业以技术为导向，持续投入资金进行科研，不断地培育以技术创新为主的核心能力，专注于产品在市场上保持技术领先，在适应市场需求的前提下，创新、创新、再创新是其前进的推动力。而机会型企业常表现出急功近利，其典型的特征为：企业以追求短期利润为主，甚至没有一以贯之的中长期目标，没有长期技术积累的系列产品作为发展后盾，导致人才流失严重，个人英雄主义盛行，这些特征是企业当权者人格缺陷的集中体现，是一种缺失长期战略的表现。鉴于我国处在转型时期，智能化大数据进一步增加了环境的复杂性，信息不对称而攫取高额利润的机会窗口在大范围内存在，模仿和"山寨"技术也能抢占市场获得利润，再加上新商业模式层出不穷，创业神话不断出现，受这些因素影响，很多创业者寻求一夜暴富、一战成名，使新创企业具有较为明显的急功近利心态和短期行为特征，给我国很多新创企业打上了明显的机会导向标签。在这一特定情景下，尤其需要对机会型企业与深耕型企业的跃迁式发展路径进行对比性研究以便从两种路径比较中做出理性的判断与取舍。

3.3　技术跃迁路径与模型

机会型企业最看重的是机会窗口，这类企业主要通过对市场机会窗口的预判，再通过代理加工或并购等获得适合的产品，以占据机会窗口，寻求跃迁式发展。概言之，机会型企业是发现什么样的机会，再去找什么样的产品。深耕型企业最看重的是产品，它们对技术持续投入与沉淀，创造出领先对手的新产品，机会窗口是自己创造出来的，往往易于实现超额利润。概言之，深耕型企业造出什么样的产品，就带来什么样的机会。

在机会窗口理论下本书根据两者的跃迁路径不同，构造机会型企业与深耕型企业的跃迁路径模型，如图7-1所示：

假设机会型企业的跃迁路径表现形式为多波跳跃式。设第 n 个产品的成长周期分为起步、快速成长、成熟与衰落期，它的机会窗口存在于快速成长期。机会型企业在占据这一产品的机会窗口后，快速占领市场获取利润，同时企业开始寻找第 n+1 个产品，并用获得的利润以代加工或并购的方式获得第 n+1 个产品。当第 n 个产品处于衰落阶段时，企业迅速将重心转到第 n+1 个产品上，并占据这一新的机会窗口。以此重复，当第 n+1 个产品衰落时，再跃迁至第 n+2 个产品上。如此形成循环，形成多波跳跃式发展路径。

假设深耕型企业的跃迁路径表现形式为单波螺旋上升式。深耕型企业与机会型企业的跃迁表现形式其根本不同在于，深耕型企业的第 n+1 个产品是建立在第 n 个产品的基础上，新产品不是来自外部并购，而是来自持续不断地进行技术研发投入、进行新产品培育的结果。同理，深耕型企业的第 n+2 个产品是建立在第 n+1 个产品的基础上，如此形成单波式循环，最终呈现出单波螺旋上升式的发展路径，即跃迁路线是连续性的，没有断线。

机会型企业要从一个产品的机会窗口跃迁到下一个产品的机会窗口，主要依靠资本驱动，借助资本的力量实现跃迁，包括巨额投入营销推广费用、开展

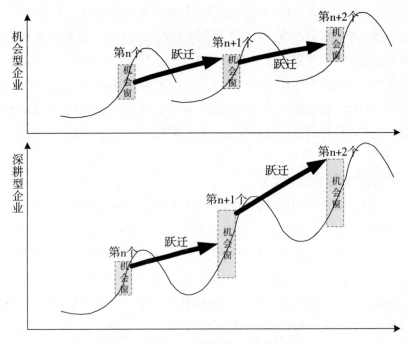

图 7-1 机会窗口下两种技术跃迁路径模型

企业并购等。在从一个产品到下一个产品的过程中，企业需要根据趋势，寻找到新的机会窗口，并且市场和客户均是全新的。因此，该路径属于完全转移阵地型，需要花费大量时间去寻找机会窗口，同时实现有效的衔接也需要大量时间，所以跃迁是非连续性衔接，产品与产品衔接之间有缺口。这种多波跳跃式跃迁的优点是可以不必投入大量研发经费来开发新产品，缺点是跃迁时易产生选错产品的风险，并且机会窗口何时关闭完全取决于竞争形势，企业难以预测与控制。

深耕型企业要从一个产品的机会窗口跃迁到下一个产品的机会窗口，主要依靠技术驱动，借助技术创新的力量来完成。为此，深耕型企业需要持续不断地加大投入开发新技术，在新产品机会窗口成熟时，则快速实行跃迁。依靠科技开发的优点是各代产品之间是紧密衔接的，企业会面对相同或相近的客户群体，企业可以一代接一代地进行技术积累，呈现单波螺旋上升特征，企业在寻求技术不断突破的基础上，不断创造新的机会窗口以实现跃迁，并且企业对于何时跃迁具有主动性，可以由企业自己来定。单波螺旋上升式的缺点在于需要企业拥有大量科研人员，投入巨额的研发资金，以不断开发新产品，持续创造出新的机会窗口。

4. 研究分析与发现

本书先采集数据，再对机会窗口与路径进行数据拟合，在量化分析的基础上，对联想与华为的跃迁路径进行起点、过程与效果的全方位比较分析。

4.1 数据采集与描述性统计分析

本书采取手工方式采集数据。数据采集于中国与多国专利审查网、联想和华为官方网站、2002—2019 年联想与华为的公开披露数据、世界产权组织 WIPO 公布的 PCT 排名、我国国家知识产权局专利排名榜以及相关参考文献。基于数据的完整性、可持续性，对于部分缺失数据利用插值法填充。根据对两者的营收、利润、研发投入与全球专利公开数据（同族归并后，营收等单位取亿元），得到联想与华为对比数据的描述统计表，如表 7-1 所示。

表 7-1 数据描述性统计表

类别	N	最小值	最大值	平均数	标准偏差
联想营收	18	160.0	3892.0	1757.944	1230.6392
华为营收	18	150.0	8588.0	2664.389	2535.6525
联想利润	18	−14.0	51.0	21.389	19.4789
华为利润	18	12.0	657.0	219.944	199.9307
联想研发	18	2.0	96.0	40.667	37.4904
华为研发	18	16.0	1317.0	363.222	392.5925
联想全球专利	18	200.0	9089.0	2942.056	3001.4095
华为全球专利	18	300.0	19465.0	9980.000	5952.5833

4.2 机会窗口与跃迁路径拟合与比较

根据本章公式（2），利用 MATLAB 建模、编程并对数据处理得到图 7-2，其中当前联想、华为面临的 5G 技术机会窗口采取的是模拟数据。对联想、华为的跃迁与机会窗口进行分析，再对这两家企业在跃迁点节点的专利领域进行分析，可以了解两家公司不同的技术发展动向与发生跃迁时的核心领域。

（1）行业技术升级换代、国际市场需求对机会窗口的影响分析

根据图7-2，经拟合可知联想跃迁路径中共出现了6次跃迁，分析业务销售额组成以及对应时间节点的专利群情况，可得出如下不同的跃迁节点：1984年，联想创立后，靠代理电脑为生存手段，专利数量从零起步，以代理赚取差价，度过生存期；1985年，研发推出汉卡；1989年，推出联想286微机；1994年，推出联想程控交换机，同年推出千禧电脑 ；1999年，推出联想微机；2005年，收购IBM的笔记本电脑业务；2014年，收购摩托罗拉手机，同年收购IBM的System X服务器。

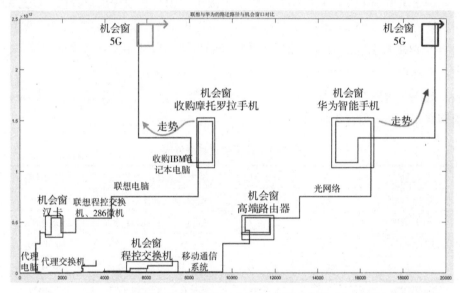

图7-2　联想、华为机会窗口与跃迁路径数据拟合与比较

华为跃迁路径中也出现了6次跃迁，分析业务销售额组成以及国家知识产权局的专利数量群，华为各个跃迁节点的事件分别为：1987年华为创立后，靠代理交换机赚取利润，专利数量也从零起步，后来进入电信制造业领域；1993年，研发推出芯片；1994年，研发推出程控交换机；1997年，研发推出移动通信系统；2012年，研发推出高端路由器；2013年，研发推出光网络；2014年，研发推出首款华为智能手机；2019年推出5G华为手机。

联想、华为的6次跃迁具有相近的机会窗口，均与行业技术发展所带来的机会窗口、国际市场需求满足等外部条件有关联。如芯片或汉卡、整机集成、系统开发、网络硬件、服务器、智能化手机等行业技术发展，为企业在不同阶段的技术跃迁提供了机会窗口。

（2）不同企业战略路线对技术跃迁路径的影响分析

对两家企业的技术跃迁路径比较可知，联想、华为跃迁起点相似。无论是联想还是华为，其创建时间均是在 20 世纪 80 年代中期，而且均是从代理产品起步的，这一段历程基本相同。后来，联想与华为均意识到拥有核心知识产权的重要性，组织研发属于自己的专利技术，不约而同地分别推出了自己的核心产品汉卡和芯片，两家企业如果没有这些专利技术作为核心竞争力，就没有在后期实现更大跃迁的机会。在后来的发展中，两者的路径选择开始根本不同，联想根据自身机制意识到研发的高投入与不确定性，提出走"贸工技"路径，即以贸易为先，技术为最后；华为走"技工贸"路径，以技术为先，贸易为最后，两家企业的战略选择从开始根本不同，这也导致了以后两家企业对机会窗口、跃迁路径选择的差异，发生的跃迁过程与结果也明显不同。

（3）不同业务组合策略对技术跃迁走势的影响分析

根据 2002—2020 年联想与华为的公开披露数据，对两者的营收、利润、研发投入与全球专利公开数据（同族归并后），得到联想与华为的主要数据对比图，如图 7-3 所示。

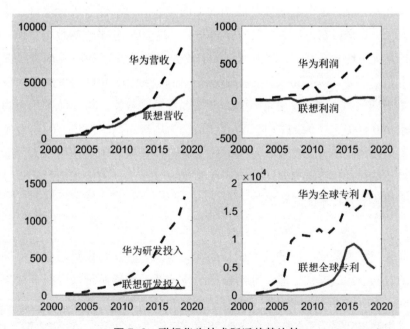

图 7-3 联想华为技术跃迁趋势比较

　　根据图 7-2 与图 7-3 所示可知，联想的跃迁路径虽然在整体上呈现缓慢增长的上升态势，但在数个节点出现了趋势下行或回转。联想平均每年的研发投入占销售额的比例仅为 2.09%，而华为达到了 12.03%。联想的主要投入用于销售推广费用以及并购。从研发投入占比看，两者的跃迁路径差别非常明显。联想的业务策略主要采用贸易、大手笔营销推广、并购等手段，力争先占领新一代产品的机会窗口再去占领市场。以联想近年的并购为例，无论是并购 IBM 笔记本电脑业务，还是并购摩托罗拉手机，实际上这些产品的技术已经明显属于相对落伍的技术，早已错过了该产品机会窗口的最佳时间点，所以其跃迁路径出现了因亏损而下行的现象。联想在 2008 年、2015 年其路径出现了两年明显下降，这是由当年企业亏损导致的，而且尚无法预测下一次亏损是在何时出现以及会带来何种严重后果。

　　华为的跃迁路径一直呈现上升态势，是相对更为理想的跃迁路径。华为之所以出现持续上升跃迁态势，从人才、品牌、技术这三类企业关键成功要素来看，主要原因在于华为是典型的深耕型企业。华为走的是典型的以技术开发创造机会窗口的跃迁路线，其产品主要集中在电信设备领域，新一代产品均是利用科技开发完成，是在上一代产品基础上的延续。为了创造机会窗口，华为的研发人员一直保持在占员工总数的 45% 左右。以 2020 年披露的数据为例，华为全球研发人员约 9.6 万人，已占到总员工数的 49%。华为 2019 年研发投入达到 1317 亿元，其中 20%~30% 用于基础研究，而联想近 18 年的研发总投入仅接近华为 2019 年一年的投入。根据美国证券交易委员会数据，2019 年苹果公司的研发费用 160 亿美元（约 1110 亿元人民币），为历史新高，但华为的研发投入仍高于苹果公司。华为以技术研发为主的发展路径更有利于留住技术人才、品牌增值以及持续进行技术创新。华为的这些优点克服了创新成本高的缺点，实现了单波螺旋上升技术跃迁路径。

（4）不同技术跃迁路径对跃迁效果的影响分析

　　联想与华为采取不同的技术跃迁路径，投入、过程与走势均明显不同，对两者的数据以比值方式处理，可比较不同技术跃迁路径所带来的跃迁效果。根据 2002—2020 年联想、华为公开数据得到联想华为的效果比较图，如图 7-4 所示，其中联想利润为负的年度按上限处理。由图 7-4 可得，在 2002 年及以前，联想与华为的营收收入接近，但目前华为是联想的 2 倍；在利润方面，之前也相近，但目前差距较大，华为是联想的 13.8 倍；在研发投入方面，最初联想与华为相差不大，目前差距已经拉大到 12 倍；在专利数量方面，原先差距也不大，但随着时间的推移，联想的增长趋势缓慢，而华为的专利数量逐年增长，至今已经较大幅度超过联想，华为全球专利数量是联想的 3.2 倍。

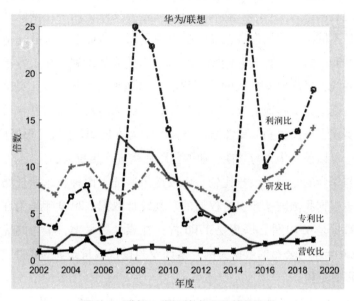

图 7-4　联想、华为技术跃迁效果比较

联想、华为的跃迁路径差异导致了它们的跃迁结果不同。尽管两家企业均取得了非凡的成绩，成长为知名企业，但因路径不同所导致的效果还是存有差距的，本书将两者的营收收入与利润率进行比较：

联想与华为的营收收入比较。根据图 7-4 可知，对 2002—2019 年两者的营收收入进行比较，可知在 2002 年时联想营收收入比华为营收收入稍高，联想是华为的 108%；但在 2018 年时联想营收收入已低于华为的一半，仅为华为的 48%。分析技术发展路径，可知 2008 年与 2015 年，两者在齐步发展中产生了两个拐点。第一个拐点发生在 2008 年，它是华为反超联想的拐点，从这一年开始，华为的营销收入开始高于联想。第二个拐点发生在 2015 年，它是华为快速拉大差距的拐点，2016—2017 年华为销售增长率分别为 32%、15.7%，而联想 2016—2017 年的销售增长率分别为 2.3% 与负增长。产生这两个拐点的根本原因在于，联想在 2008 年与 2015 年发生了亏损。2008 年联想亏损原因是联想个人电脑销售下滑了 8%，而这与三年前即 2005 年联想完成收购 IBM 的笔记本电脑业务有关联；2015 年联想亏损归因于联想智能手机业务出现亏损，而这与一年前即 2014 年联想完成收购摩托罗拉手机有关联。可见联想在两次大规模并购的第三年、次年均发生了亏损。由此本书认为联想的发展史上大规模的两次并购对其路径的影响总体是负向的，没有起到预期的跃迁效果。

联想与华为的利润率比较。2002—2019 年联想的平均利润率仅为 1.13%；华为的平均利润率为 8.62%。利润率指标的差异反映了两种不同跃迁路径所产生的效果是不同的，前景也有差异。联想的利润率指标近年来最高不超过 3%，两次为负利润，陷入一种低利润率、时有亏损的高风险路径中，亏损与盈利之间仅相差一线，提高研发投入的空间很小，亟须重新优化路径，突破这一不利局面。华为则坚定不移地走技术开发路径，自己创造机会窗口并自己掌握着机会窗口，实现了持续盈利的良性循环路径。华为推出 5G 手机，积极应对 5G 技术的布局，可以预见华为与其他企业的差距还将进一步拉大。

联想与华为的知识产权数比较。比较结果验证了两种技术跃迁路径的不同发展结果。根据我国国家知识产权局的专利统计数据，2019 年华为在国内发明专利统计数据是 4510 件，联想是 1706 件；在累计数量上，华为的优势较为明显，以 2020 年华为公布的数据为例，累计专利授权数量是 85000 件，并且超过90%是发明型专利。

（5）企业利润、技术跃迁、机会窗口之间的关联性分析

利用 MATLAB 测算联想与华为的研发投入、营收、利润与专利量之间的相关性，如表 7-2 所示。

表 7-2　联想华为的变量相关性比较

相关变量	营收	利润	专利
联想研发投入	0.9463	0.4904	0.9588
华为研发投入	0.9947	0.9648	0.8397

由表 7-2 可得联想研发投入与营收、利润、专利的相关系数分别为 0.9463、0.4904、0.9588；华为的结果分别为 0.9947、0.9648、0.8397。数据表明，联想与华为均按照销售额提取研发投入，研发投入与营收收入之间高度相关；研发投入与专利数量也高度相关，说明两者均是研发投入决定了专利数量的多少。唯一有差异的地方在于，华为的研发投入与利润之间高度相关，说明华为的研发促进了利润的产生或利润又反过来保障了研发投入，两者已经形成良性循环关系。这种良性循环更有利于企业进一步捕捉机会窗口所带来的发展机遇实现跃迁。但联想的研发投入与利润之间相关性较小，说明联想的研发投入与利润

之间还没有形成良性循环，联想利润与研发投入之间互相保障、互相促进的循环还有待建立，机会窗口与技术跃迁之间有机衔接与互相促进关系有待形成。

5. 结论与启示

5.1 结论

围绕国内高科技企业如何解决关键技术"卡脖子"问题，本书以联想、华为作为比较研究对象，针对这两家企业所代表的机会型与深耕型这两种不同技术跃迁路径，基于机会窗口进行了拟合、比较与分析，得出以下三点研究结论：

一是机会窗口的形成受外部条件制约。行业技术的升级换代、政府政策变化、国际市场的需求变化都会对高科技企业现有技术带来冲击，同时也会带来全新的机会窗口。高科技企业要密切关注行业技术发展变化趋势、政府限制性或鼓励性政策变化以及不同区域的国际市场新需求，及时识别机会窗口期，并根据外部条件变化来调整企业战略以及企业内部不同业务组合策略，选择适合企业自身实际的技术路径以及时实现跃迁。如果企业不适时组织技术跃迁，则将错失机会窗口，陷入技术落伍、市场份额递减甚至面临被市场淘汰的境地。

二是企业战略与业务组合策略的不同决定了实现技术跃迁路径与发展趋势的不同。通过分析比较可知，联想体现出以贸易为先、侧重营销推广、以并购为主要发展手段、不断转移产品等特征，这些均符合机会型企业特征，本书将其定义为机会型企业；华为体现出以技术研发为主要驱动力、深耕细作、依靠自身力量开发一代产品、销售一代产品、边开发边销售等特征，这些符合深耕型企业的特征，将其定义为深耕型企业。企业内部不同的业务组合策略决定了对机会窗口把握路径的不同以及未来技术跃迁趋势的差异。联想、华为均经历了6次明显的跃迁以及重要机会窗口期。在最近一次对智能手机机会窗口选择上，联想选择了收购落伍的摩托罗拉品牌手机技术，而华为则坚持了自主研发智能手机，这两种在关键节点上的不同跃迁路径选择，直接导致了两者在该领域大幅度地拉开差距。

三是企业利润、技术跃迁与机会窗口之间具有互相促进作用，高科技企业要在三者之间建立良性循环关系。华为的研发投入与营收、专利数量与利润之间高度相关，说明华为处于良性循环状态，更有利于捕捉机会窗口所带来的发展机遇；联想的研发投入与营收、专利数量高度相关，但联想的研发投入与利润相关性较小，说明联想利润与研发投入之间有待采取措施以建立良性循环路径。

5.2　启示

对联想、华为机会窗口与跃迁路径的拟合与比较研究，为其他企业预测与利用机会窗口、设计与优化跃迁路径提供了启示。近几年来智能化大数据的提出，使当前科技企业所面临的环境与联想、华为在实现历史跃迁时所面临的环境不同，科技企业在进行机会窗口识别与跃迁路径设计优化时还应考虑智能化大数据带来的影响。联想、华为跃迁路径的比较研究为企业优化跃迁路径带来如下深刻的启示：

（1）增强产品机会窗口的识别与预测能力，把握最佳时间点布局跃迁

本书对机会窗口理论研究得出启示，机会窗口的最佳时间点是企业的最佳跃迁点。为此，机会窗口能否成功预测成为后期跃迁能否成功的关键。建议科技企业应当建立专门机构来负责对产品机会窗口的研究与预测，把握市场需求趋势与产品技术发展趋势，超前预测不同产品在国际、国内市场上机会窗口的差异，并超前开始布局，不能过早也不可过晚地介入市场、推出产品，以赢得市场竞争的主动性。在科技企业发展到一定规模后，企业应学习华为每年保证持续投入足够的技术研发经费，在销售一代产品的同时，同步开发、储备下一代以及下两代产品，随时根据产品生命周期理论，在老产品走向衰落或竞争对手即将推出新产品之前，有能力迅速推出适应市场需求的新一代产品以领先竞争对手并占领市场，使产品机会窗口何时出现以及能延续多久等均能牢牢地控制在科技企业自己手里，在最佳时间点上谋求跃迁，使机会窗口的最佳时间点变成企业的最佳跃迁点。

（2）防止跃度过大、跃迁时间过长，寻求多波式路径稳健跃迁

机会型企业是以机会为导向，其成功的关键在于企业家能对机会窗口准确预判。企业家才能是这类企业的核心资源，依靠其独到、前瞻性地对机会窗口的判断，采用资本并购等手段迅速获得产品，投入巨额营销推广费或渠道拓展费进行孤注一掷式搏击，往往能迅速抓住机会窗口，在竞争对手采取行动之前就占领市场，实现科技企业跃迁。自信、冒险、机会导向、个人英雄主义是这类企业的典型特征，形成了典型的多波式跃迁路径。但带来的不良后果是只要当科技企业赌注式投机成功一次后，企业对投机式将产生路径依赖，不太愿意投入巨大成本在见效慢、风险高的研发上，而是更倾向于收购产品或垄断渠道。

所以当老产品在机会窗口消失、从成熟走向衰落时，机会型企业仍然倾向于把刚获得的利润投入对新机会窗口的寻找与占领上，导致机会型企业形成固有的一套跃迁模式，喜欢用并购、买断等形式获得新产品，带领企业从老产品整体转移，跃迁到另一新产品上，形成重机会、轻技术导向，重资本运营与营销人才、轻技术人才导向，导致技术人才流失，这类企业会逐步形成实用主义、冒险主义、机会主义等机制与氛围，形成多波式的跃迁路径。但是过度自信与过度投机具有高度相关性，过度自信的企业家、冒险投机的氛围，导致多波式跃迁路径断线、造成企业业绩快速下滑甚至一蹶不振的案例较为常见。从稳健经营更有利于企业可持续性发展的角度看，机会型企业要意识到多波式跃迁的弊端与风险，要构建防止过度投机的机制，防止科技企业因为跃度过大或跨度过长等问题带来衔接不畅，导致机会窗口识别与跃迁路径选择失败。

（3）重新认识研发对科技企业核心能力的决定性作用，利用单波螺旋式路径持续跃迁

智能化大数据背景下各种所谓的成功"捷径"带来诱惑，各种新模式和新概念层出不穷，充斥着各种浮躁风气影响着科技企业，让很多科技企业淡化了对科技创新重要性的认识，有许多企业把短平快、超速度作为追求目标，以赌注式"烧钱"赢流量，抱侥幸心理渴望被收购、被投资而一夜暴富，缺乏深耕细作的经营思想，对这种趋势需要加以遏制。根据机会型企业代表联想与深耕型企业代表华为的两种跃迁路径的拟合对比分析可知，深耕型企业在人才培养、技术创新、品牌增值、获得超额利润上均比机会型企业更具有优势。机会型企业以贸易为先，它们根据对机会窗口的预测，通过营销、资本并购等手段推广或获得新产品，再占据机会窗口以实现跃迁，其跃迁路径呈现出多波跳跃式。该路径的优点是减少了科技开发成本与风险，但从企业核心能力培育方面来看该路径存在产品链易断、机会窗口不受控制、技术创新沉淀与积累弱、研发人才易流失等缺陷。深耕型企业以技术研发为先，它们重视进行持续不断的科技开发投入，不断进行产品更新换代，不断创造机会窗口实现跃迁，路径呈现出单波螺旋式上升，虽然研发成本与风险较高，但具有易于留住研发人才、产出创新成果、能主动控制机会窗口、实现超额利润等明显优点。研发人才与技术是推动企业跃迁的动力，研发人才与技术成就品牌。科技企业要力戒浮躁之风，借鉴深耕型科技企业的跃迁经验，重新认识以技术为导向对科技企业核心能力培育的价值，从机会导向型转成持续创新型，从追求短期利益转变成追求长期

利润，在专注的领域内深耕细作，利用单波螺旋式路径实现不断跃迁。

（4）适应数字化新形势，借助新模式联合跃迁

智能化大数据背景使"互联网+产品"成为一种流行的商业模式。在"互联网+产品"下，使"跃迁=机会窗口+新技术产品"这一等式的内涵有所改变。在"互联网+产品"中，"+"的左边是"互联网"，"互联网"为所有企业共同使用，它所带来的机会是公平的，因此，"互联网"本身不应属于企业的核心能力；"+"右边是"新技术产品"，"产品"的内涵因智能化大数据而改变，在智能化大数据背景下企业可以使用众筹、众研、众包等共享经济模式，"产品"不必是占有而是共享的，这样机会窗口也是共享的，传统的以并购获得产品的方式将发生变化。同时，智能化大数据背景带来的产品种类更加丰富，机会窗口随之更多；产品生命周期变短，机会窗口变小，最佳时间点也发生改变，企业在选择优化跃迁路径时，要重视借力于共享经济模式和机会窗口共享模式，通过共享经济联合各种资源，克服企业自身在资源、资本、技术、人才上的各种瓶颈，谋求投入共享、产出共赢、联合跃迁。

联想、华为对跃迁路径的选择不同，受外部环境以及企业内部自身机会窗口预判、企业决策人风险偏好、研发机制、企业氛围等多重复杂因素的作用与影响，导致路径表现形式、驱动机制出现差异，在跃迁过程中的稳健性、持续性表现不同。在智能化大数据背景下，智能化大数据赋予"跃迁=机会窗口+新技术产品"这一等式新的内涵，科技企业在选择跃迁路径时需要重新认识外部技术、政策与市场环境对催生机会窗口的作用，重新设计优化企业自身的技术跃迁路径。企业只有具备占据或创造机会窗口、快速突破制约企业成长临界值的能力，才能不断获得超额利润，实现科技企业技术路径的跃迁。

总之，本书的最大理论贡献在于提出了机会型与深耕型这一组概念，它们代表了两种截然不同的技术跃迁路径。本书分别以联想和华为作为两者的典型代表进行了分析，从企业层面对机会窗口与跃迁路径进行模型构建、数据拟合与比较研究，得出这两种不同跃迁路径的企业如何识别外部条件、调整战略与业务组合、形成机会窗口与技术利润互促机制等建议。讨论了在数字化背景下企业如何实现布局跃迁、稳健跃迁、持续跃迁、联合跃迁的方法。本书所提的概念、模型与路径，有利于丰富微观层面的机会窗口理论。鉴于目前从企业层面研究机会窗口与跃迁路径进行量化研究的文献还较少，本书的理论系统性与完整性还有待提高，对机会窗口与跃迁路径的更深层次机理还有待于大家一起来研究探讨。

第八章　独角兽企业与元宇宙商业模式[①]

2023 年，由财联社创投通联合 IT 桔子发布了《2022 年全球元宇宙投融资报告》，提到全国有 15 个省市政府出台了 29 项元宇宙专项扶持政策，共涌现了 4 只独角兽，估值分别达到了 60 亿美元（Animoca Brands）、23.08 亿美元（小冰公司）、20 亿美元（Soul）、10 亿美元（魔珐科技）。大火的词汇"元宇宙"引发了社会关注，一个关键问题是在元宇宙中究竟如何赢利，涉及元宇宙商业运营新模式探讨。首先，本书提出元宇宙商业运营模式之所以新是因为建立在"B-BIGNET"技术上，称之为元宇宙商业技术七边体。其次，在虚拟技术与通证技术驱动下，元宇宙颠覆了现有商业逻辑，带来商业关系、交易规则与商业渠道重构，引起元宇宙商业运营链条创新。元宇宙数字化商业赢利来源于在虚拟空间中创新生成的 11 种数字化商业运营链条。最后，对元宇宙商业运营模式演化进行了探讨，认为新需求、新商品、新规则继续推动创新，演化生成"全运营链条一体化融合+虚拟现实双向商贸流通"双层模式。本书深度剖析元宇宙商业问题，将为后续元宇宙商业研究提供相应理论基础。

1. 引　　言

新冠疫情使经济向数字化加速转型，引导人民生活大规模地向数字化虚拟世界迁移。2021 年 11 月底，美国 Facebook 公司正式更名 Mate，宣布重点转向"元宇宙"，此举无意中引爆了元宇宙这一词汇。元宇宙勾勒出未来数字化生活的美好图景，开启了全球元宇宙的投资、研发与市场竞争热潮。元宇宙英文单词为 Metaverse，由前缀"Meta"（意为元、超越之意）和词干"Verse"（"宇

[①]　吕波、韩玉、张雯萱

宙"的后缀）共同组成。

元宇宙技术是人工智能、交互技术、虚拟技术、智能算法等发展到一定程度的必然方向，它将改变当前虚拟经济过度的泛娱乐化、社交化倾向，为整个经济社会数字化转型赋能。"元宇宙"一词在一夜爆红后，相关的研究快速跟进，创新企业开始不断涌现，政府也给予高度关注，相关的政策规划不断出台。

2022年1月，国务院印发《"十四五"数字经济发展规划的通知》，部署了八项重点任务，其中优化升级数字基础设施、增强关键技术创新能力、加快数据要素市场化流通、加快企业数字化转型升级、加快培育新业态新模式、培育转型支撑服务生态等规划措施与元宇宙发展方向相一致。元宇宙已引起了世界各地的关注并迅速开始超前布局。如韩国首尔宣布从2022年起分三个阶段在数字化上打造"元宇宙"生态，利用虚拟现实、增强现实和扩展现实相结合的技术升级管理。在消费数字化领域，将南大门市场、光华门广场、德寿宫等建设成为元宇宙首尔虚拟城市的特殊区域，促进数字化消费。在文旅数字化领域，游客可以乘坐城市观光巴士在元宇宙中游览，而首尔代表性节日，如首尔鼓节和首尔灯节，因疫情原因无法开展，未来将以3D沉浸式在元宇宙平台举行。这些规划与商业息息相关。在我国，工业和信息化部在召开的中小企业发展情况发布会上明确提出要培育一批进军元宇宙的创新型中小企业。无锡发布了《太湖湾科创带引领区"元宇宙"生态产业发展规划》，北京、上海、浙江明确提出要前瞻部署"元宇宙"，深圳成立"元宇宙"创新实验室，武汉、合肥、成都等地在政府工作报告中对"元宇宙"有所提及。对元宇宙商业规划与建设的需求异常强烈，零售商、运营商、集成商、硬件商、大数据机构、科研机构、地理信息与测绘、BIM（建筑信息模型）、建模仿真等企事业单位，纷纷集结精英人才，共同筹划建设元宇宙商业。

以大数据词云图分析元宇宙社会关注热点，排在前列的词是VR（虚拟现实）、市场、社交、场景、数字孪生等，这些均与商业息息相关。在商业领域，社会关注热点绕不开一个关键问题，即在元宇宙中商家是如何赢利的呢？该问题涉及元宇宙的商业运营模式剖析。在解剖商业运营模式之前，又涉及另一个问题，即元宇宙视域下其商业运营逻辑有何根本性改变？以上这两个问题成为研究元宇宙商业的两个至关重要命题，但目前理论研究刚刚展开，对其进行学术探讨极具研究价值。本书以元宇宙如何赢利问题为导向，利用文献资料法、专家访谈法与逻辑推导法开展探索与展望。

2. 元宇宙商业相关文献研究

一是元宇宙概念研究。国内外学者对元宇宙的概念定义不一。随着技术的不断发展，定义经历了从简单到复杂的过程。瑞特（Wright）等提出元宇宙是虚拟世界与现实世界重叠形成的，是一种增强现实的交互空间。阿拉纳（Alanah）等提出元宇宙概念是由技术能力、元宇宙、人或化身、行为、结果等五部分组成的。元宇宙是数字经济发展的产物，核心技术是以区域链作为基础，由数字货币与游戏等数字技术和硬件技术共同组成的虚拟世界，可把人类生活深度介入于其中。（袁园等，2022）元宇宙是互联网、大数据、区域链、人工智能技术等综合集成而成，人类可以在自然宇宙与虚拟宇宙这两个世界中自由穿行。（黄欣荣等，2022）

二是元宇宙商业与商业运营模式研究。元宇宙商业与商业运营模式研究是伴随元宇宙研究才刚刚兴起的。元宇宙商业作为虚拟新宇宙的重要业务活动，人类在其中成为新的"造物主"，带来新的商业认知观、商业伦理观与商业创世观。（黄欣荣等，2022）元宇宙商业建立在虚实相互融合的数字社会中，在元宇宙中消费者新的需求、新的体验与传统商业环境存在差异，可从消费者行为、信息、技术三个维度来构建元宇宙商业运营模式。（吴江等，2022）元宇宙商业运营模式需要建立起"技术+法律"的规制框架，即智能合约+法律程序自动执行、DAO 自治+依法治理、区块链技术验证+法律登记/认证，数字身份与数字财产借助于区块链技术验证，垄断行为由专门制定的国家标准来监管，活动内容要依据 DAO 自治与适用于虚拟世界的法则来审查，元宇宙商业规则要像现实社会中那样保证通证经济下的消费者平等以及创作所有者权益，防范通证价格波动，防范在虚拟空间的各种违法以及资本垄断等。（李晶，2022）元宇宙商业运营模式需要搭建与真实世界孪生的虚拟空间，供应链、销售、生产、能源、安全的信息，都时时能在数字孪生体与实体商业之间进行交互流动，商业人员利用可穿戴设备可实时接受信息流反馈，在虚拟空间中穿梭，随时进行检查、操作与决策。（郑磊等，2022）

三是元宇宙运营可行性研究。在大力发展数字经济以及疫情防控常态化交织背景下，元宇宙的支持者与质疑者并存。支持者认为元宇宙将是下一代互联网，即 Web 3.0 的主要形态。而质疑者则认为目前沉重而笨拙的沉浸式设备使得体验者很难长时间停留在元宇宙空间中，元宇宙是否具有可持续性，其技术场景何时真正落地，元宇宙如何实现商业价值等让人怀疑，不能把一个电视架在鼻子上就说是人类进入了元宇宙（Benedict Evans，2021）。元宇宙热点下不乏炒作乱象，元宇宙商业潜在的风险包括不健康的竞争格局、不自知的空泛噱头、不均衡的供需结构等，要防范远距离场景模拟等泡沫风险。（许鑫等，2022）元宇宙商业要防止滑入彻底虚拟化的陷阱，要加强元宇宙治理，处理好元宇宙商业与现实商业嵌套耦合关系，使元宇宙商业成为现实商业的有益补充和延伸，避免元宇宙商业成为完全虚拟的梦宇宙商业。（何哲等，2022）

　　根据中外现有的文献研究可知，元宇宙作为热词，从研究内容来看，在商业领域的相关研究已经展开，为后续研究奠定了一定的基础，但是研究深度需要加强，一些非常有争议性的观点需随着实践的进展不断地加以完善与验证。一是对元宇宙与元宇宙商业的概念研究有待达成共识，正如有的学者所指出，元宇宙作为 2021 年下半年起引起高度关注的词汇，其究竟是什么、技术本质与哲学意义是什么等问题，目前仍不明确（黄欣荣等，2022）。二是对于元宇宙商业一些规则的认知，存在的争议较多。比如，对于去中心化，有的认为元宇宙商业要基于区块链构建模型，体现去中心化（Ryskeldiev et al.，2018）。持相反观点者认为现实世界中很少有绝对地去中心化情况，不应把 100% 去中心化作为元宇宙的目标，并且去中心化的技术不局限于区块链技术，不必超前地追求去中心化。（郑磊等，2022）还有的观点虽然不反对去中心化，但认为元宇宙去中心化需要采取渐进式方法逐步达到，可能需要漫长的社会演变。三是在商业运营风险上，有的学者明确指出目前元宇宙连一个统一、公认的定义都还没有，尤其是一些关键技术如 VR/AR、NFT、DAO 等如何组合起来，对商业等活动产生什么样的风险与影响，这些目前来看都言之过早。（Evans，2021）此外，从国内外的研究比较来看，国外元宇宙研究虽起步略早、持续周期略久一点，但也是仍处于研究的初期，高质量研究成果不多。（张夏恒等，2022）无论是国内研究还是国外研究，主要集中在媒体、教育、图书馆等领域，对商业领域专门进行研究的成果较少，元宇宙商业的相关研究分散到元宇宙的概念界定、模型构建、关联技术分析等主题里面。本书正是在这一背景下启动，旨在丰富商业领域的元宇宙研究，为后续研究提供参考与借鉴。

3. 元宇宙商业数字化技术驱动

3.1 元宇宙商业的支撑数字化技术

元宇宙商业的相关技术引起了中外学者的广泛兴趣。元宇宙由 3D 以及消费者虚拟技术共同支持。(Eno et al.，2009) 元宇宙的定位服务技术是重要技术。(Cammack，2010) 元宇宙的主要技术是沉浸式体验技术，要求达到协同工作、任意切入、随时切入以及技术可扩展性，尤其是要达到工作协同，包括人机协同、硬件协同、算法协同，实现技术的可持续性改进。(Dionisio et al.，2013) 元宇宙的技术包括现实世界数字化表达技术、虚拟世界技术、捕获存储人物信息的技术（包括现实人或虚拟世界的数字人）、增强现实技术（包括抬头显示器、AR 眼镜等）。(肖超伟等，2022) 由上可见，对元宇宙商业相关技术的认识是随着现实技术的发展逐步加以完善的，较少有人能超前地创造一个技术名词或超前地发明一种商业应用场景。比如，最近才兴起的非同质化代币（NFT）技术，是在需求被提出后才发展起来的一种技术，主要是解决在虚拟场景中遇到的某一类商业问题。

综合文献研究与专家座谈意见，本书认为构成元宇宙商业的技术基础可以用 B-BIGNET 来概括，本书将之称为元宇宙商业数字化技术七边体，如图 8-1 所示。

B-BIGNET 分别指代以下含义：第一个 B 指区块链技术（Blockchain），其中包括了去中心化自治组织技术（Decentralized Autonomous Organization，简写为 DAO）技术；第二个 B 指脑机接口技术（Brain-Computer Interface，BCI），在 2014 年巴西世界杯上截肢残疾者已经利用脑机接口技术实现了开球；I 指人工智能技术（AI）；G 指电子游戏技术（Game）；N 指非同质化代币（NFT）；E 指扩展现实技术（Extended Reality）；T 指物联网技术（Internet of Things）。B-BIGNET 代表了元宇宙商业技术的集成性，视为集数字技术之大成者，共同形成了元宇宙商业的七大支撑技术。

3.2 元宇宙商业的驱动数字化技术

在数字化技术七边体中，本书认为对商业元宇宙起主要驱动作用的技术是

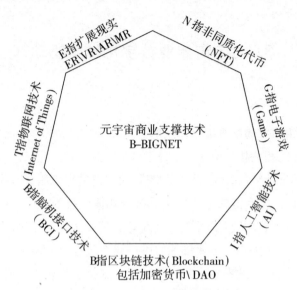

图 8-1 元宇宙商业支撑技术图

扩展现实技术（E）与通证经济系列技术（Blockchain & NFT），这两大前沿系列技术共同构成了元宇宙的图景，它们可视作元宇宙商业系统的两大主要驱动技术，如图 8-2 所示。

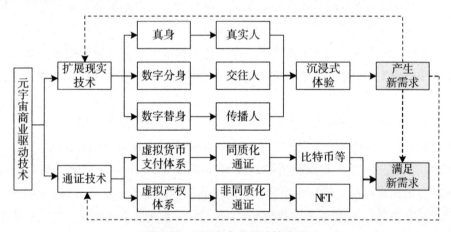

图 8-2 元宇宙商业驱动技术图

一是扩展现实技术驱动。扩展现实技术是指 VR（虚拟现实）、AR（增强现实）、MR（混合现实）等多种技术的统称。在元宇宙商业中，扩展现实技术将上述三种视觉交互技术相融合，把真实与虚拟相结合，打造成一个人机交互的虚拟空间，为体验者带来在现实世界与虚拟世界之间无缝转换的"沉浸式体验"。扩展现实技术被元宇宙企业视作核心技术并不断加以研发或收购，如脸书（Facebook）兼并收购的 Oulus VR。（Egliston et al.，2021）人类在扩展现实空间中产生交往，形成了数字分身或数字替身。数字分身或替身在虚拟空间代替真人起到传播人、交往人的作用，与真实人之间形成虚实相间、可接替、可联结的模式，形成跨空间、多分身、变维的生活模式与场景，形成一对多、先验与后验、虚拟与现实的统一，并产生现实世界中完全不同的沉浸式体验，刺激产生新的需求。这种分身性与统一性，定义了虚拟交往的认识论基础。（杜骏飞，2022）扩展现实技术的不断发展，使人类不断形成在真实空间中所无法替代的沉浸式新体验并随之产生新需求，新需求又反过来推动扩展现实技术的继续丰富与发展，形成商业不断循环演化的技术驱动力。

　　二是通证技术驱动。元宇宙商业经济的顺利运行需要搭建成货币体系和产权体系。（陈永伟等，2022）元宇宙中通证主要包括两类，即非同质化通证（NFT）与区块链加密币（如比特币），两者在元宇宙商业中扮演不同的角色。前者可扮演现实生活中的珠宝、房屋、车等财产，后者扮演现实中的流通货币。（毛云聪等，2021）非同质化通证技术与区块链货币支付技术正成为元宇宙体系的基础。非同质化通证技术 NFT，指非同质化代币，是近几年来才兴起的，可用于解决数字产品的产权问题。NFT 利用区块链技术标记了消费者对于特定资产的所有权，实现了虚拟物品的资产化，从而使得数字资产拥有可交易的实体，NFT 的价格反映了市场对于其资产价值和稀缺性的认可。NFT 应用于数字加密艺术作品、数字收藏品、游戏资产、电子门票、电子优惠券、文化代币（时尚代币）、虚拟世界以及其他场景。文化代币也叫时尚代币，是指用来彰显个性化的数字化物品，如虚拟服装等。虚拟世界中的土地可被视为在社交媒体平台上的网络空间，可以进行购买，当拥有这一空间后，消费者可以创建任何东西，再通过虚拟广告、虚拟租赁、数字商品销售而获利。NFT 之所以被看好，是因为以往无法交易的内容如游戏皮肤、杂志封面等都可以进行交易。利用 NFT，数字文化艺术品用智能合约形式在交易平台上交易，通过区块链以不可篡改、透明的形式将交易记录，再形成特定的基于 DAO（去中心化自治组织）技术的商业协议。（史安斌等，2021）

　　在元宇宙商业经济中，扩展现实技术驱动商业运营模式创新，以满足消费者沉浸式体验所产生的新需求。同质化通证技术驱动虚拟空间货币体系发展，非同质化通证技术驱动产权体系发展，使元宇宙商业的交易顺利进行。新需求的产生同时反过来带动扩展现实技术与通证技术的研发，并带来新一轮的需求的产生与满足，形成良性闭环的元宇宙商业生态系统。

4. 元宇宙商业逻辑重构

数字化技术驱动会带来商业全流程、全局性商业逻辑重构。（赵娴等，2022）元宇宙商业在数字化技术七边体的支撑下以及在虚拟技术与通证技术的驱动下，使元宇宙成为挖掘数字消费、塑造数字品牌的新战场。数字化技术的发展使元宇宙的商业主体、交易规则与商业渠道发生了重大改变，引起商业逻辑的重构，如图 8-3 所示。

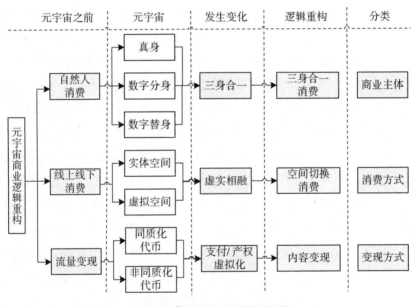

图 8-3　元宇宙商业逻辑重构图

4.1　由自然人消费到三身合一消费

数字生产与数字消费催生了多元丰富的数字商业生态，人类经济总体量得到极大扩充，生活方式得到扩容，并表现出与实体世界不同的规律与逻辑。（袁园等，2022）

元宇宙商业中消费者发生了改变。新的消费者被称为千禧一代与 Z 世代。

以亚洲为例，至 2025 年时千禧一代和 Z 世代的总数将超过亚洲总人口的半数。新一代的消费群体不再刻意区分现实世界的真实性与数字世界的虚拟性，他们认同商品的价值不仅由物理属性决定，更由稀缺性决定，他们希望在虚拟世界中能将实体世界的关系进行链接。元宇宙商业非常适合他们的消费偏好，千禧一代和 Z 世代将以现在大家无法想象的方式在虚拟世界中进行数字化消费，如数字品牌购买、数字内容消费、线上社交以及在元宇宙中进行游戏消费。

元宇宙商业还带来消费者关系的改变。消费者由原来的自然人变成真身、数字分身、数字替身，三身合一在元宇宙商业中将成为新常态，使元宇宙商业体系的互联网格局发生巨变，商业体系的底层逻辑发生重构。在现实世界中人类智力水平决定了能保持稳定社交的人数上限是 150 人。但数字替身与数字分身的出现，使人可以突破这一数字上限，人与人的关系发生了重构，商业逻辑也发生重构。在元宇宙之前消费者是自然人，在元宇宙之后，因为数字替身与数字分身的出现，改变了原先的这种人与人之间的消费关系。真身、数字替身与数字分身，为数字资产的消费和创造提供了新的经济模式。三身合一产生了新的沉浸式消费场景，刺激新的市场需求，产生更多的就业机会，并在虚拟空间与现实空间之间发生商业的双向流通。

4.2　由线上线下消费到空间切换消费

针对元宇宙的沉浸式消费，塞巴斯蒂安（Sébastien）提出三维虚拟世界更有利于消费的产生与需求的满足。元宇宙把虚拟化场景与虚拟场景以及虚拟化场景与实体场景进行充分融合，使当前的消费方式重构，从现在流行的线上线下消费模式转向空间切换消费模式。

元宇宙塑造了人与社会之间的新型关系。元宇宙与机器人大量应用所产生的消费结果不同，机器人替代了大量人力，使人的劳动机会减少。元宇宙借助于虚化的数字技术和高超的显示技术，通过多元虚拟社会创设，在虚拟世界中圈地、盖房、运营，发生买卖与交易，带来全新的元宇宙商业，提供了更多的劳动场所与劳动机会。在元宇宙中，人与社会关系数字化，原先消费者场景中的潜在消费者被元宇宙成倍地放大，给人以更多元、更丰富的生命体验。人与社会的关系，延伸到虚拟社会。元宇宙在虚拟空间中的虚拟文明以及虚实交融经济，重新塑造了全新的商业发展逻辑，带动了虚拟产业与实体产业的协同发

展，发生全方位联动式的深刻变革。（吕鹏，2022）

元宇宙使当前的线上线下消费模式转变成空间切换消费模式。消费者可以在未来的元宇宙中进行社交、交易，可以在虚拟空间之间无缝隙跳转，把数字货币、数字产权或数字藏品从一个虚拟空间带到另一个虚拟空间，形成空间切换消费，这种全新的消费模式与当前线上线下消费有本质的不同。当前的消费模式是非去中心化的模式。比如，在目前游戏世界中是中心化的，所购买的虚拟货币、道具、皮肤等只能在所属的虚拟平台上使用，不能带到另一个虚拟平台中。但在元宇宙中，区块链技术让消费者可以在一个第三方区域存储其数字化物品，并且是可以随身携带，即使有一天某个虚拟平台不再存在，但消费者仍然可以拥有这些物品，他们在虚拟世界中拥有所有权。无论是数字化的货币、道具、皮肤，还是一幅数字化画作或者其他所拥有的数字收藏品，只要经过去中心化认证的，都属于自己的数字物品。这些物品借助区块链技术，以可编程的智能合约形式证明了唯一性，并标注了所承载的权益，因此这些数字化物品是可以带到另一个空间的，也是可以出售的，从而方便于空间切换式消费。

4.3 由流量变现到内容变现

在元宇宙商业中，消费者或用户变成最重要的商业活动主体，他们既是需求者，同时又是生产者，即用户生产内容（UGC）。（陈永伟等，2022）元宇宙商业改变了移动互联网时代依靠流量变现的运营模式，把以流量变现为主转化成以内容变现为主。

移动互联网时代商业是以流量变现为主。在移动互联网的运营模式中，流量是价值链的关键环节，其实质是消费者流量总有一定比例转化为客户；流量还可以引来广告，由广告流产生现金流，可见流量是商家利润的重要来源。根据各数字巨头发布的年报，从 2011 年到 2020 年这 10 年，腾讯、谷歌、Facebook、阿里巴巴、亚马逊等数字巨头的流量类收入平均占到了总营收的80%以上，流量类收入年复合增长率平均达到 36.4%。移动互联网时代以专业生产内容（PGC）为主，内容不能代替流量成为变现主要模式的原因在于以下三点：一是内容变现需要首先确认原创性、版权以及不可复制性，但这方面的操作难度比较大。二是内容质量还达不到消费者愿意买单的要求。三是愿意为内容买单的消费者基数与规模还不够，潜在的需求还有待释放。

元宇宙商业使上述三个难点得以解决。一是区块链技术的应用，使内容不可复制性得到保证，特别是同质化代币与非同质代币技术的发展，使得虚拟化支付体系与虚拟化产权体系得以建立，变现手续简易可行，既保障了原创者的权益又能调动原创者的积极性。二是用户既是消费者也是创作者，即用户在消费数字内容的同时，用户也生产数字内容（UGC）。当单一消费者生产数字内容时，所形成的是单一数字资产。当多个消费者在既定融合场景中生产数字内容，就变成了丰富的数字资产。这种数字资产具有明显的个性化，而且设定了特定场景，数字内容的质量较高，能满足更加个性化的需求，达到了消费者愿意付费购买的水平。三是在元宇宙商业中所生产的个性化数字内容，一旦产生并开始传播，面对的消费者群体是所有消费者，所有消费者都有机会得到，使消费者基数大大增加，潜在的数字化消费需求得以释放。上述三大难点的解决，将使商家以流量变现为主转变成以内容变现为主。元宇宙的用户也是生产者以及去中心化等特性，使元宇宙中很多数字化产品是由消费者创造的。消费者可以出售自己生产的数字化内容来赚取虚拟货币，根据需要再把虚拟货币转化成真实货币，形成数字内容、虚拟货币、真实货币之间的流通。

综上，元宇宙商业相比于移动互联网商业，其商业逻辑发生重构，实现"三大"转变：消费主体由自然真实人转变成三身合一；消费方式由目前的线上线下消费转变成未来的空间切换消费；变现方式由靠流量变现转变成靠内容变现。

5. 元宇宙商业运营模式变革

建立在区块链分布式记账技术之上的数字化资产的产权以非同质化代币（NFT）形式得以确认，在元宇宙中利用加密货币如比特币、以太币等可以进行数字化资产交易，同时在真实世界中的货币与元宇宙虚拟世界中的货币可以互换，带来了元宇宙生产、流通、消费模式的重构，并引发一系列商业运营模式创新，部分数字化企业、商家已经进行实践并积累了初步经验。

5.1 元宇宙商业运营链条创新

根据对典型企业调研与专家访谈调研，本书认为元宇宙商业可行的运营链条有以下 11 类：

1. 元宇宙虚拟建筑构建。在元宇宙中可以创造出美轮美奂、比现实世界更具吸引力的虚拟空间，并具备与真实世界相似的、完整的商业功能。元宇宙商业体是建立在元宇宙土地之上，元宇宙土地的所有者通过虚拟产权进行交易与买卖。虚拟土地的价值与位置有关，处在入口位置与虚拟商业扎堆地段的价值相对高。在元宇宙土地上可以建设属于自己的虚拟商业设施、虚拟总部以及其他虚拟建筑。元宇宙虚拟建筑所用的材料不同于现实生活，虚拟世界建筑师一般将这种材料称为体素，即三维网格的数字值大小。在虚拟商业建筑物中承载虚拟娱乐及虚拟商业。类似于现实世界中用水泥沙子建设建筑物一样，元宇宙甚至出现了专门经营体素的虚拟商家，这是元宇宙独具特色的一类商业运营模式。同真实世界一样，虚拟商业建筑可以委托给更专业的第三方来进行建设，以体现个性化，甚至成为元宇宙中的地标性建筑。

2. 元宇宙数字孪生体建设。元宇宙商业空间可以模拟真实商业体，建设孪生商业体。孪生商业体是真实商业体的平行世界。平行世界可以给消费者带来数字化的虚拟现实体验，可以提供数字化运营平台模拟监控实体商业运行，可以提供数字化运营服务以及数字化产权管理服务，实现在现实与虚拟之间的穿梭与操作。数字孪生体技术既可以超逼真模拟现实，还可以超越现实，建设数字化场景与内容，消费者佩戴可穿戴设备即可体验真实世界中不能体验的感受，如可以采取增强现实技术，营造超现实场景，让消费者产生亦真亦幻的神奇体验。

3. 元宇宙数字产品/藏品供给。在元宇宙商业中，除了专业生产内容（PGC），消费者基于区块链技术，可打破移动互联网时代的专业生产内容模式，突破场景限定、内容限定与规则限定框架，产出具有知识产权（IP）的数字化内容，并可以把内容变现形成收入。数字化内容产品包括课程、直播、文章、视频以及问答等各种数字化产品。这些自创的数字化内容形成产品，而且是去中心化的，通过非同质化代币 NFT 与同质化代币实现变现。在元宇宙中还将产生大量的数字收藏品，或叫数字藏品。数字收藏品很多是源于艺术创作，所以也有人称之为文化藏品。艺术家与艺术家群体入驻元宇宙后，生产大量流行的数字收藏品，形成数字画廊展示并产生收入。

4. 元宇宙零售品牌塑造。在元宇宙中要讲数字化品牌故事，塑造数字化品牌形象，体现数字化魅力。元宇宙的品牌塑造与现实世界不同之处在于，在虚拟空间塑造品牌要考虑虚拟场景、数字替身、数字分身、区块链技术、数字商品、加密货币和非同质化代币（NFT）等因素。元宇宙特有的技术可使数字化品牌塑造比现有媒体塑造得更加生动与栩栩如生。如 3D 虚拟形象设计、虚拟试穿、品牌虚拟展览等，会产生比线下品牌形象更具吸引力的效果，提高体验感与满意度。

5. 元宇宙营销策划。元宇宙商业具有去中心化特征，数字化营销策划要对接到每个潜在的个体消费者。元宇宙营销策划运营可以借鉴移动互联网商业，如大家熟悉的打卡、海报裂变、邀请码、打折促销券、体验卡等，以及会员申请、虚拟币打赏、扫码付费等方式。元宇宙技术的发展会使营销策划更富创意，模糊虚拟与实体的界限，让消费者产生沉浸式消费。元宇宙营销策划要重视体验感、归属感、参与感与互动性，在元宇宙中要创建虚拟社区，与消费者在虚拟社区中保持互动。数字化品牌为了充分展示广告，需要在虚拟的商业体上做广告牌，或者在虚拟街道边购买广告牌，同时要与粉丝时时互动，与粉丝合作创造数字化内容，以增加数字化品牌的黏性。元宇宙需要大量的数字导购，可使用能完全替代自身的数字替身来导购，也可以使用不完全替代自己的数字分身来进行导购。数字导购的技巧将是融入场景，持续与潜在消费者对话，利用虚拟技术一秒钟展现穿搭效果，为消费者在元宇宙中打卡拍照等，这些将带来全新的数字化体验，是元宇宙特有的导购模式。

6. 虚拟空间沉浸式消费。沉浸式消费是元宇宙变现的主要链条之一。在元宇宙中具有现实世界无法实现的体验，如时空穿越的新鲜感，利用穿戴性设备感受的刺激感，都会带来精神上的沉浸。商家通过销售会员证与电子门票、出售道具、升级装备、折扣促销等形式实现变现。元宇宙在创造沉浸式消费的同时，也会追求实体与虚拟融合，建设虚实融合的购物场所，把虚拟奇观与实体场景交融，给消费者带来极致的消费体验，将元宇宙中的物品向线下消费引流，如在元宇宙中看到令人喜欢的衣服款式，可以到线下购买，实现从虚拟空间到现实空间的双向消费。

7. 数字替身消费。元宇宙中的数字替身，会形成一类虚拟化种族，他们生活在元宇宙中，消费者会为自己的数字替身选择服装与道具。有的消费者会为数字替身购买限量版的知名品牌服饰来进行包装与展示，以显示数字替身的与众不同，这些限量版的数字化品牌甚至比实体品牌的价格还高。数字化替身消费是元宇宙特有的一种商业消费，将形成元宇宙独有的商业运营模式。

8. 元宇宙游戏消费。元宇宙源于游戏，自然会推动游戏消费达到一个新的高度。元宇宙中的游戏将更具吸引力，增加消费者沉浸游戏的时间。销售与数字化游戏相关的会员卡、出售数字化道具等是元宇宙游戏消费的主要变现形式。与现有游戏不同之处在于，在元宇宙中的游戏更容易集成，消费者可以参与个性化场景设置与数字化内容制作，消费者创造的个性化游戏道具、游戏设备、游戏服装都可以转化成区块链非同化代币，玩家在享受游戏的同时，还可以通过交易自己创作的场景与数字化内容实现变现，这样元宇宙游戏带来的娱乐感、获得感与沉浸感将更强。当然，如何反游戏沉浸也将成为大众共同面临的一项严峻挑战。

9. 元宇宙娱乐消费。元宇宙中娱乐消费与元宇宙游戏一样，会成为沉浸式消费的重要环节。例如，在线 KTV 等数字化娱乐消费，在元宇宙中会成为社交的一种流行模式。在实体世界中，KTV 社交对于相距遥远的朋友不可能随时实现，但在元宇宙中可以通过在线 KTV 随时相聚。类似的娱乐消费模式会不断创新，成为数字化商业运营的重要创收链条。

10. 数字商品租赁。如同在实体世界中可以租赁商业地产一样，在元宇宙中的虚拟土地、商业设施、商品等都可以租赁。在元宇宙中的这些物品以非同质化代币形式标示虚拟产权，拥有者可以通过租赁来获利。

11. 元宇宙数据服务。元宇宙是数字化世界，数据服务无疑将是重要的变现链条之一。元宇宙中非涉密的访客记录、访客数据、潜在消费者数据、流行模式数据、交易数据、消费评价等都是商家重视的有价值资料，可以通过支付虚拟货币形式购买。数据分析也将成为元宇宙变现的一个重要链条。

以上 11 种元宇宙消费链条形成了元宇宙商业从数字化建筑、数字化建设、数字化内容生产、数字化策划、数字化消费、数字化服务的全运营链条模式，构成元宇宙商业运营模式创新的基础。随着数字化技术的不断产生与驱动，元宇宙商业运营场景将更加逼真，全运营链条将不断延长与丰富，沉浸式消费收入不断增加，演化成与实体商业运营模式相融合的模式。

5.2 元宇宙商业运营模式创新

元宇宙入口不同于移动互联网，消费者可以借助于电脑（PC）端、移动终端、扩展现实设备或脑机接口进入，这大大拓展了入口的通道。元宇宙利用硬件技术、软件技术、内容生产、数字孪生等手段与方法，形成元宇宙商业虚拟空间。元宇宙企业商家立足 11 个主要商业运营链条进行重组与创新,形成不同的商业运营模式。对于元宇宙未来如何实现运营模式创新,目前存在两类不同的观点:

第一类模式是平台运营创新模式。有的学者提出数字化平台模式是有效的创新模式,平台利用先"链接"再"聚合"的模式,即链接众多商家以及第三方中介企业,聚合众多消费者,形成共享性平台,达到匹配供需信息、降低交易成本、传递价值的目标。在移动互联网时代,平台运营创新已经成为主要的创新模式,在网络社交、第三方支付、第三方物流、电子商务、搜索引擎中得到了众多应用,形成了形形色色的平台。基于平台理论,有的学者提出在元宇宙中也需要加强互联互通,形成不同的元宇宙平台。(聂辉华等,2022)平台做大的同时会产生平台垄断、不公平竞争等诸多问题。

第二类模式是基于区块链的运营创新模式。研究者认为元宇宙商业运营模式分为四类,即区块链模式、诸侯国模式、联合国模式、大一统模式,其中区块链模式是最优模式。区块链模式具有去中心化特征,让更多的主体平等地介入与参与。

本书经研究认同第二类模式的观点。元宇宙商业运营模式创新将不同于移动互联网时代,元宇宙商业将遵循基于区块链的运营模式。商业运营模式最初创新形式是在消费服务、商品服务、交易服务等某一特定限定领域重组提供专业服务,但最终会生成全运营链条一体化融合模式。这主要是由区域链的去中心化特性决定的。元宇宙的用户既是消费者又是创造者,基于区块链技术,消费者在消费的同时也参与场景构建与数字内容创作,以透明、不可篡改形式记录虚拟产权的归属,再根据需要通过数字化加密货币或非同质化代币对属于自己的数字化物品或产权进行交易,在这种透明运营的情境下,数字化商品流通与消费不再分割,数字化产业链与消费链协同发展,各个商业运营环节之间将经历去中心化、去中间化的发展阶段,最后 11 条运营链条融合发展,并由此形成了各个主体平等参与的全运营链条一体化融合模式,如图 8-4 所示。

5.3 元宇宙商业运营模式演化

对移动互联网商业起技术支撑与驱动作用的技术是大数据、人工智能、移动互联网、云计算,简称为"大智移云"技术。在移动互联网时代,商业运营

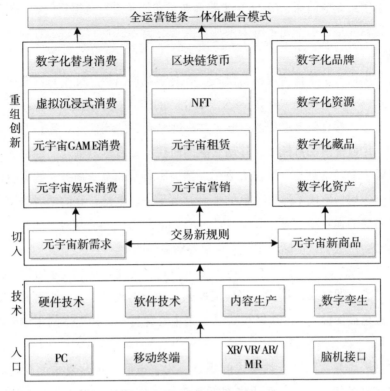

图 8-4 元宇宙商业运营模式图

模式的创新理念体现在开放、共享、跨界、融合上。移动互联网商业以解决消费者痛点问题为导向，变革的出发点是为了更好地满足消费者的新需求。移动互联网商业充分利用"大智移云"技术，聚集更多资源，对各行业的商业运营模式进行了重构，提升了商业运营效率，实现了运营模式创新之后的商业价值提升。

　　元宇宙商业演化离不开移动互联网技术，大数据、人工智能、移动互联网、云计算等技术仍然适用，只是元宇宙是现代前沿技术的集大成者，相对更为复杂。在移动互联网时代，数字技术借助移动互联网平台，驱动了商业运营模式创新与演化，产生了平台运营、"线上线下"运营、社群运营、跨界运营等模式。

　　元宇宙商业运营模式演化是建立在移动互联网商业运营模式演化的基础之上，两者既有联系又有区别。两者的主要差别在于驱动技术、商业逻辑不同，导致的运营模式演化也将有所不同。在元宇宙商业时代，"七边体"数字化技术不断发展，在虚拟化场景中创造出虚拟经济与通证经济，遵循特有的商业逻辑，推动元宇宙商业所涌现出的11条运营链条不断创新融合，在形成全运营链条一体化融合模式后，仍将继续创新演化，以适应虚拟与现实的不同场景。消费者可以通过真实货币来换算成虚拟货币，去元宇宙中支付数字化消费。元宇宙的数字化产品也可以引流到现实商业中。消费者在虚拟与现实场景中不断切换，在实体货币、虚拟货币、虚拟商品、实体商品之间进行双向流通，最终演化成虚拟现实之间的双向流通商贸模式。这种双向商贸流通模式，既能满足消费者、数字替身、数字分身在元宇宙空间中的沉浸式体验需求，又能使数字商品的创作者、提供者、策划者与流通者通过数字化服务得到回报，推动元宇宙商业进一步演化，最终演化成为数字商品，从需求产生，到创作生产，到策划流通，再到需求满足的绿色商业生态系统，如图8-5所示。

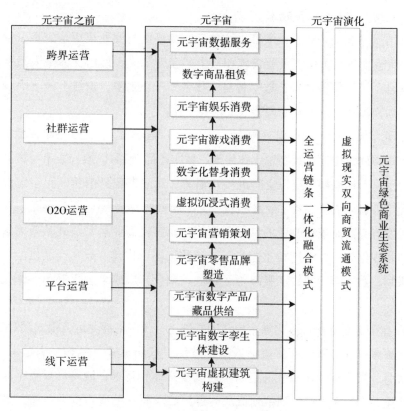

图8-5 元宇宙商业运营模式演化图

6. 结论与启示

6.1 结论

1. 元宇宙商业运营模式变革是由两类起不同作用的数字化技术引起的，本书将其分别称为支撑技术与驱动技术。本书将支撑技术提炼为 B-BIGNET，简称为元宇宙七边体技术，即区块链技术、脑机接口技术、人工智能技术、电子游戏技术、非同质化代币技术、扩展现实技术、物联网技术；而将驱动技术界定为扩展现实技术与通证技术。

2. 在元宇宙商业中，由于商业主体、交易规则与商业渠道均发生了重大改变，引发商业逻辑重构，主要表现在三个"转变"上，即由实体个人消费转变成三身合一（消费者真身、数字替身、数字分身）消费，由线上线下消费转变成空间切换消费，由流量变现转变成内容变现。

3. 元宇宙商业运营逻辑重构由元宇宙十一维运营链条引发，即在元宇宙中产生了虚拟建筑构建、数字孪生体建设、数字产品/藏品供给、数字零售品牌塑造、元宇宙营销策划、虚拟空间沉浸式消费、元宇宙替身消费、元宇宙游戏消费、元宇宙娱乐消费、数字商品租赁、元宇宙数据服务等运营新链条。在元宇宙技术发展与商业逻辑改变的共同作用下，元宇宙商业运营模式从新需求、新商品与新规则等三方面进行重组创新，使数字场所构建、数字产品供给、数字营销策划、数字消费到数字服务等运营链条融合，形成全运营链条一体化融合模式。

4. 在全运营链条一体化融合模式的基础上，元宇宙商业运营模式继续变革，演化形成虚拟现实双向商贸流通模式，呈现"双层模式"结构，满足消费者、数字替身、数字分身在元宇宙空间中的沉浸式体验需求，最终形成数字商品从需求产生，到创作生产，到策划流通，再到需求满足的虚拟商业生态。数字商品的创作者、提供者、策划者与流通者均可以通过提供数字化服务赢利。

6.2 启示

元宇宙热潮引起了商业企业以及科技企业的业务介入，紧随而来的将是元宇宙企业的创新热潮。也有人担心元宇宙会不会是泡沫经济，如以母公司改名为 Meta 的 Facebook 为例，2022 年年初该企业元宇宙业务巨额预亏的信息引起股价的大幅下跌。还有人质疑元宇宙是否会步"谷歌眼镜"的后尘，该眼镜曾经红极一时但最终的结果是被市场淘汰。本书认为元宇宙带来的机遇大于风险，建议政府从两方面入手加以应对，一方面，制定优惠政策，大力支持元宇宙商业运营的创新与重组，让更多企业具有话语权，争夺元宇宙国际规则制定的主导权；另一方面，也关注元宇宙商业运营的风险性，防止投资过热引发风险。

第九章　独角兽企业绿色低碳路径①

生鲜类企业绿色低碳化路径涉及民生，是当前学术研究热点。我国生鲜电商企业呈现数智化、绿色化、中心化等良好态势，但仍存在着冷链体系建设不到位等短板。本书基于碳全生命周期视角，以生鲜类行业典型代表——盒马鲜生和每日优鲜这两家独角兽企业作为双案例研究对象，通过对比分析运营路径，探索绿色低碳化的最佳路径。研究结论认为生鲜类企业要基于碳全生命周期理论降低冷链流通链条各环节的碳排放量，从生产、运输、储存、销售、废弃与回收等方面建立共享透明的生鲜物流信息平台，构建减碳联动模式，培养生鲜专业技能人才，研发新型低碳减排创新技术，在整个生鲜冷链中协同推进"双碳"目标的实现。

1. 引　　言

地球是人类赖以生存的美丽家园，要坚持绿色可持续发展，让良好生态环境成为全球经济社会发展的重要驱动力，方可实现人与自然和谐共处。为应对气候变化，《巴黎协定》代表了全球绿色低碳转型的主要方向，是保护地球家园需要采取的必要行动，各国必须迈出决定性步伐。我国高度重视应对气候变化，许下了力争在2030年完成碳达峰、2060年完成碳中和的目标。低碳是时代发展的必然趋势，走低碳化发展离不开国家在宏观层面的支持，在微观层面，应积极寻求创新节能减排途径，力求实现经济效益和社会效益最大化。

近年来，在消费升级和新零售的共同作用下，生鲜这一与居民生活息息相关但又相对默默无闻的产业，资本的蜂拥而至使其成了热门赛道。在《中国独

---

① 李佳文、吕波

角兽企业研究报告 2021》中，可以看到许多互联网巨头入局生鲜电商，不断完善供应链、物流等基础设施的建设，顾客的选择逐渐增多，包括盒马鲜生、百果园、每日优鲜、美菜网等。生鲜农产品供应链是指由生鲜农产品的供应商、物流服务商、销售商等相关主体组成的网络。生鲜农产品包括供应、生产、加工、配送及销售等过程，生鲜农产品的供应商、生产商、销售商以及消费者通过物流、信息流、资金流连接起来。除了生鲜农产品快速、高效的流通，食品安全保鲜、流通过程中的碳排放控制等问题也是一个全新的重要议题。在2017—2019 年期间，生鲜电商经历了从抢占市场到战略收缩调整阶段，2019 年年末生鲜电商交易市场达到了 3000 亿元。在 2020 年年初新冠疫情的特殊时期，消费者的需求急剧增长，生鲜电商迎来了更为广阔的发展机遇，一方面来说，疫情让消费者"不得不"选择更为保险的线上买菜渠道，有利于培养消费者的购物习惯；另一方面来说，急剧增长的市场使生鲜电商领域的竞争更为激烈。如今，积极践行"碳达峰、碳中和"是企业的机遇和挑战，它提出了更高的要求，究竟如何去做是所有生鲜电商亟须思考的问题。本书将采取双案例的方式，选取每日优鲜和盒马鲜生的案例，针对"双碳"目标背景之下，对生鲜电商的现有情况和应对措施进行分析，探讨整个生命周期内可能出现的问题和解决方法。

目前生鲜类电商独角兽企业在低碳化方面存在以下问题：首先，从消费者到销售者尚未深入理解低碳的理念并践行到实处，生鲜行业缺乏各类专业技能人才。其次，生鲜行业的"鲜"要求及时迅速的信息更新，而行业缺乏公开透明的信息平台。最后，生鲜低碳化路径的实现基础是科学的物流过程和标准的冷链建设，行业内仍有长足的进步空间。

2. 文献综述

碳中和、碳达峰与低碳化相关研究。围绕"创新、协调、绿色、开放、共享"，因二氧化碳等温室气体过度排放引起的气候变化问题要靠绿色发展来解决，推进能源清洁低碳化的发展已成为世界各国的共识，目前已有占全球约75%的经济体宣布开始碳中和（联合国环境规划署，2020），并且数量还在增加（国际能源署，2021）。在排放总量方面，当前中国是全球第一大碳排放国，

2019 年碳排放总量已达到 98.9 亿吨，占全球比例为 28.8%，约为美国的 2 倍、欧盟的 3 倍；在碳排放强度方面，2019 年中国为 6.9 吨/万美元，远高于美国和欧盟的 2.3 和 2.5 吨/万美元。碳达峰是指 2030 年前，我国承诺二氧化碳的排放不再增长，达到峰值后逐步降低；碳中和是指我国承诺在 2060 年前实现二氧化碳的零排放，企业、团体或个人测算在一定时间内直接或间接产生的温室气体排放总量，通过植树造林、节能减排等形式，抵消自身产生的二氧化碳量。（邓旭等，2021）碳达峰和碳中和是我国处于全面进入"十四五"时期，配合应对全球气候变化做出的庄严承诺，决定着我国未来的核心竞争力和国际影响力（徐嘉琪等，2021），意味着未来相当长的一段时间里，我国经济面对着"脱碳"的严峻挑战。伴随着新冠疫情带来的经济不稳定性风险，"脱碳"工作的开展面临着更大的消极影响。但碳中和、碳达峰的目标与十四五时期生态文明建设实现新进步、国家治理效能得到新提升等目标一致，相辅相成，助力实现"美丽中国"建设目标。为实现可持续发展，倡导绿色生活方式，坚持走绿色发展之路是政府和人民共同努力的方向。薄凡和庄贵阳认为落实碳达峰碳中和目标是一项涉及生产和生活方式全面变革的系统工程，生产作为消费的最终目的，生活的各个环节都涉及能源消耗，因而消费端的节能减排是双碳目标达成的关键落脚点。作为系统工程，实现"双碳"目标要求从政治、经济、社会等多个视角探索协调发展道路，用系统思维和科学方法制定一条科学合理、客观实际的绿色道路。（毛显强等，2021）而城市是减排活动的主要阵地，容纳了超过一半的世界人口，排放了 75% 的温室气体，针对城市的碳排放核算和研究对整个碳中和战略具有引领意义。（孟凡鑫等，2022）李政等人提出近期可通过加快发展清洁能源的方式保证 2030 年前碳达峰，如风光+抽水储能技术、超导储能技术（郭文勇等，2019）等。

生命周期评价相关研究。生命周期评价（LCA）（Weidema et al.，2008）源于 20 世纪 60 年代，用于美国可口可乐公司对饮料包装瓶的评价研究（白璐等，2010）。经过后期发展，被定义为指某个产品从如何产生至废弃消亡的过程，自下而上地涵盖了制造产品所需原材料的采集、加工、运输、储存、使用、废弃等完整的全产业链协同过程，"从自然中来，到自然中去"，任何产品都像有机体一样，有一个"诞生—生长—成熟—衰亡—再生"的生命轮回过程。生命周期评价法被逐渐用于评价一个产品系统在整个生命周期内的输入、输出和潜在环境影响（International organization，2006），包括四个阶段：确定目标和范围、清单分析、影响评价和结果解释（国家质量监督检验检疫总局，2008）。目前基于双碳目标的提出，生命周期评价法迎来了前所未有的发展机遇，生产活动的每一个环节都可能产生碳排放，对环境产生影响。生命周期视角下从原料提取、产品制造、运输流通、销售、回收与处置等各个环节减少碳排放。推动低碳化全生命周期落地生根的关键在于企业要从战略高度落实产品生命周期的理念，把推行低碳化生命周期作为企业实现战略目标的重要抓手，构建基于产品生命周期减碳的整体架构，并就关键环节进行细化和规范，需要原材料、制造、运输、销售、回收等产品生命周期各个环节的紧密配合，并要求企业与上下游的衔接以及企业内部各部门的优化合作。目前生命周期评价法已经形成 ISO 国际通用标准，被各国普遍认可用于评价碳足迹（何文韬等，2021），我国国家标准是根据 ISO 14040 标准体系转化而来，即 GB/T 24040 系列标准。满贺诚等人认为生命周期评价的核心部分是生命周期影响评价，其中建立高质量本地化数据库十分重要。

生鲜类电商供应链相关研究。生鲜类电商供应链从采购原材料开始，历经中间商品，制成最终商品，最后经由销售网络把产品提供给消费者。生鲜类电商供应链是企业间联结的工具，把供应商、制造商、销售商和消费者连成一个整体功能网链结构。我国的生鲜种类繁多、产销地分布广泛，供应链上游较为分散、集中度低，中游损耗大、成本高，下游零售批发渠道较多。生鲜电商企业巨头的风险承担能力强、资金成本雄厚、销售途径稳定，它们的加入既能给上游提供有保障的收入，又能缩短中游的层级消耗，从而提高利益效率，使整个生鲜供应链实现无缝一体化。对消费者来说，企业巨头则意味着更高的运输效率、更透明的价格和更有保障的食品安全溯源。郑孔迪认为，将新零售、数智化和供应链有机的结合，找到更高速的途径将会是突破生鲜行业发展瓶颈的关键。企业可利用大数据挖掘客户需求，对生产端与零售端进行资源配置，从而达到提高效率、降低成本的目的（潘悦，2021），促进供应链向精益化、共享化、智慧化发展（王艺，2022）。王文隆等人分析了供应链上下游的企业合作关系后，提出构建考虑低碳的双渠道供应链博弈模型，以使供应链整体利润最高。黄艳攀提出在新背景之下的生鲜供应链应强调门店的地位，将其需求作为协调中心。生鲜供应链中保鲜的升级和发展是提升客户满意度和企业利润的关键（Yuan Fengjiao 等，2020），而保鲜离不开冷链物流的保障，不断升级冷链工艺技术，完善冷链设施（林振强，2020）。基于兼顾经济与环境双赢的局面，方文婷等建议将节能减排转化为绿色成本，融入冷链物流优化路径问题中。

3. 问题提出

当前生鲜电商通过数智化技术转型升级，加上从生产到运输的物流基础设施投资，取得了显著的进步。但是发展的不平衡不充分、两极分化制约了行业更好更优发展，在减少碳排放的探索道路上还有很多问题亟待解决，在生命周期内表现为以下五点。

一是低碳生命周期的观念尚未深入人心。双碳目标的提出不足两年，生鲜行业还没探索出一套成熟完整的低碳运营模式，低碳的观念没有得到重视。从产品的生产者到流通者到消费者，对低碳的观念认识不足，政府的低碳宣传也相对欠缺。在传统生鲜行业，很少提及实现低碳生命周期的目标。一方面，很多企业认为低碳生产、低碳物流、低碳销售是理论化概念，不仅不会带来经济效益，还会增加各种超额成本，所以企业在碳排放的问题上认知薄弱；另一方面，消费者往往只追求购买的产品和服务是否物有所值，而不会去在意过程是否低碳，更不必说主动进行环保低碳的行为。

二是生鲜产品阶段性供需变化大，缺乏透明的信息平台。随着国民经济收入和消费水平的提高，消费者对生鲜产品的种类和品质的要求逐渐严格。生鲜产品对消费者的吸引力很大程度决定了生鲜零售商的盈利能力。但是，由于生鲜产品的生产或种植（养殖）具有周期性和季节性的特点，在多种不可控因素的作用下，其产量和价格的不稳定可能影响着零售端。如每日优鲜和盒马鲜生推出的"产地直采""源头直供"，当面对散乱而不稳定的市场需求时，主导的话语权并不掌握在生鲜零售商手中。季节变换、节日需求、气候条件和国内外大宗农产品价格变动会引起生鲜产品的价格和需求波动。生鲜产品的生产、流通和销售涉及主体多，然而行业内信息流通不畅，共享程度较低，甚至因信息滞后而失真，导致生鲜产品流通时能源消耗较高，货损货差较大，碳排放量较多。虽然已经推出了企业内部信息平台，但是信息化标准的不统一和先进技术的缺乏使行业仍无法实现全程透明的监控，制约了低碳发展进程。

三是物流过程的不科学导致生鲜产品的流通损耗率有待降低。作为物流源头，生鲜产品冷链"最先一公里"在生鲜产品流通体系中具有重要地位。（梅宝林，2020）"最先一公里"所涵盖的采摘、预冷、包装等环节与生鲜产品的品质和附加价值密切相关。在生鲜产品基地大力发展采摘、预冷等技术有利于生鲜产品的后续流通，降低生鲜产品的损耗率和碳排放量。目前市场中，冷链物流发展的痛点可归结为以下三点：第一，由于冷库设施费用较高，所以在有些落后地区分布不均衡。在经济发展较为落后的地区，冷链设施的发展受到人力和成本的限制，小农家庭和合作社不具备预冷包装的能力，导致产品在上架之前损耗过多，且影响到消费者收到产品的口感和品质。第二，物流的便捷度受到地域性影响。在江浙沪等东南部沿海经济发达地区，公路网建设完善，电商密度大，物流发展成熟；而在西部、北部偏远地区，地广人稀，环境恶劣，各类物流基地、电商企业很少选择定址于此，所以物流发展迟缓，生鲜产品在运输时受制于匮乏的基础设施和物流资源。第三，缺乏科学的冷库数量结构。在我国生鲜产品冷链物流需求结构中，需要达到低端和高端、低温和中温以及生产地和销售地的冷库数量均衡。对不同的产品，应当选择合理适宜的温度储存运输。由于冷库建设成本的高低限制了生鲜产品的仓储，影响了"最先一公里"的产品品控。

四是冷链物流过程建设缺乏标准化体系。生鲜产品是居民必需品，但完整的生鲜冷链物流尚未建立，其原因在于长期以来缺乏统一的管控和标准，使得在生产、储存、运送、销售过程中对产品的控制和操作不统一，致使品质受损、消耗加大。随着市场的发展和消费者需求的个性化，对冷链物流建设和运作的精细化和规范性要求不断提高，有关部门也更加重视冷链物流的标准化体系建设。第一，检测标准不统一。低碳和环保是国家经济可持续发展的基础。目前我国生鲜行业尚未构建好农副产品的检验标准体系，距离发达国家的标准还有一定差距，有时存在农药残留过量或同批次产品品质参差的现象。第二，加工标准不统一。我国生鲜产品加工过于粗放，尤其是欠发达地区，大部分依赖于人工，不具备标准的质控检验条件，既耗费了生产成本，还影响产品品质及其出口的竞争力。第三，储运标准不统一。由于仓库和物流资源分布的不均匀和成本高昂的限制，产品在储存和运输时没有合适的设备以满足必需的温度、湿度等条件，影响了产品的质量和保质期，造成能量的损耗和产品的浪费。第四，包装标准的不统一。生鲜冷链运输过程中，一般会采用泡沫箱、塑料袋、干冰等材料，耗用大量包材，不仅大量增加了产品附属成本，聚乙烯、聚酯等材料也不够低碳环保，难以降解。从生产商到销售商，尤其是对高端产品，为防止产品破损变形，还会进行层层加码的精美包装，增加更多碳排量。

五是生鲜行业专业性人才的匮乏。2016—2020 年我国冷链物流需求总量年均增长率超过 19.2%。2020 年冷链物流市场规模达到 4850 亿元（艾媒咨询，2021），到 2025 年预计我国冷链物流市场规模将突破 5500 亿元（央视，2021）。政府不断推进冷链物流发展，提倡消费水平升级，巨大的市场潜力代表着广阔的就业市场，为了从商品供应的上游到门店销售配送的下游控制好产品质量，生鲜行业急需大批理论能力和实际操作同样扎实的从业者。当前，生鲜行业大量存在人才储备短缺、人才资源分布不均、从业人员素质较低等问题，限制了生鲜行业的蓬勃发展。前端销售人员对自己负责的生鲜缺乏基础了解，后端采购员的执行标准不够灵活，给行业带来商品同质化、损耗严重、效率低下等问题。

4. 研究设计

4.1　研究思路

案例研究法是商业研究领域中常用的研究方法。它是一种结合市场实际情况，选取较为典型的案例为素材，通过具体的分析、剖析，从中探寻一般规律或特殊性，指导得出研究结论的方法。案例研究能够给研究者提供系统的观点，通过对研究对象最大限度地观察和分析，能够建立起较为可靠、深入的理解。单一案例不足以提供可支撑的一般性理论，本书将采用双案例对比分析法，选取两个案例对照比较，首先可以在真实对比分析时使观点和思路更加明确，有利于厘清抽象的研究思路；其次有利于矫正单一案例研究过程中的随意性和主观性，让结论更加严谨；最后，在双案例较为复杂的分析过程中，通过抽丝剥茧分析差异，事物的本质会更自然地呈现。所以本书选取了"每日优鲜"和"盒马鲜生"两大生鲜电商独角兽企业案例进行研究。每日优鲜是最早实行前置仓的公司之一，前置仓是企业中离门店最近的、最前置的仓储物流，一般是集仓储、配送、分拣于一体，尽可能地缩短配送时间、提高顾客体验。而"盒马鲜生"则采取到店+到家、线上+线下的双渠道布局，满足用户不同情境的消费需求。两个案例在物流供应、仓储方式、运营管理等方面具有良好的对照效果，具有行业模范意义，便于探讨目前何种举措更加绿色环保，以及不同运营模式下企业应当怎样实现全生命周期低碳化。

4.2 案例介绍

新冠疫情给人们的日常社会经济生活造成了极大的不便。在新冠疫情防控期间提出要把在疫情防控中催生的新型消费、升级消费培育壮大起来，使实体消费和服务消费得到回补，这些都在一定程度上推动了生鲜电商企业的发展。

（1）每日优鲜

每日优鲜成立于2014年，是一家专注于重构供应链、向消费者提供优质生鲜的电商公司。其核心优势在于全品类精选商品，包括品类、品牌、品质三个方面。品类是指为消费者及时更新产品种类，覆盖水果、蔬菜、粮油等生鲜全品类；品牌是指提供省心省力的需求产品，覆盖了1000余个SKU，建立一站式生鲜购买平台的品牌形象；品质是指做到精选高品质生鲜平台，坚持100%批次质检，保证消费者拿到质量合格产品。除了在产品品质上多下功夫，配送的效率也是重中之重。每日优鲜以客户为中心，构建前置仓网络，如在社区、写字楼等消费者聚集地附近建立前置仓，保证覆盖半径可以在半小时内送达。同时，每日优鲜利用平台大数据进行分析，通过用户画像、仓储物流和区域使用等信息，总结后将一个完整的用户群送进策略中心，再根据完整的用户群和KPI指标制定销售战略，做到人、货、场的匹配。比如，根据会员特征和加购情况，可以推断出哪几类商品的组合销售更受消费者欢迎，制定出不同的促销专属福利；或是基于销售数据和消费者画像，分析某区域的潜在销量，进行优化仓的部署，并根据消费习惯、社区属性、时间节点等数据把握前置仓的销量和损耗，从而准确地掌握产品的补货数量和频次，降低储存损耗，保证供货质量。

但是每日优鲜也有其局限性。首先，仓库面积较小，一般控制在200～300平方米，储存空间不够大，品种相对受限，但市场上的产品种类繁多，所以公司必须具有良好的选品能力。其次，前置仓不开门营业，仅作为前端配送的仓储功能使用，其无法享受作为门店的外部性功能，即让顾客有良好的体验性，使门店为产品质量背书。最后，每日优鲜承诺大多数地区半小时送达，极速达在带来了更高的复购率的同时也增加了每单配送成本。

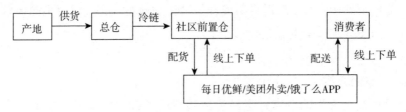

图9-1 每日优鲜配送流程图

（2）盒马鲜生

盒马鲜生成立于2015年3月，是对线下超市进行完全重构的新零售业态。作为集团战略核心产品，盒马鲜生充分运用了云计算、自动化、移动互联等技术，致力于为消费者打造社区化的一站式新零售体验中心。其一站式门店，在于既可以购物、配送，又可以加工餐饮，从多维度满足顾客需求，培养用户黏性。截至2021年，盒马鲜生拥有234家门店，覆盖21个中大型城市。借助淘宝、支付宝打通平台的优势，盒马鲜生可以对消费者偏好进行更精准的分析，提供定制化营销方案，与消费者建立稳定、贴心的消费关系。与每日优鲜"全品类精选"不同的是，盒马鲜生提供更多的、超5000个SKU，门店面积也数倍于每日优鲜，力求延长消费者留店时间，满足其全方位需求。依靠阿里集团，盒马鲜生在采购端、商品端具有较强的价格优势，在上游供应链建立直采基地；门店即仓的优势使到店、上架、分拣、送货的效率极高。在配送物流上，盒马鲜生以社区为中心分布，对门店半径三公里内的订单实行30分钟即时配送，超出三公里的订单24小时内送达，委托第三方进行冷链配送，与阿里旗下的"菜鸟驿站"社区快递自提点进行对接，方便配送及取货，构建更加完整便捷的社区物流服务体系。

盒马鲜生的局限性则在于以下几点。首先，门店即仓的模式虽然加快了配送速度，但增高了储存成本和销售压力，不利于门店扩张。其次，盒马鲜生的定价较高且必须支付宝支付，现有消费人群大多是价格敏感度不高、中高端收入的中青年，限制了部分新顾客的发展。最后，三公里内的配送范围无法吸引更多远距离的顾客，而30分钟内必达的承诺也增高了资金压力，所以在网点密度、配送成本、顾客需求等方面还需要继续寻找平衡点。

4.3 数据收集与编码

全方位的资料的收集对于案例研究十分重要，本书采用了多种形式搜集资

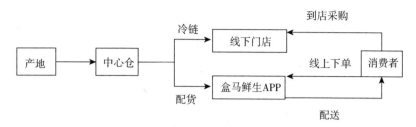

图 9-2 盒马鲜生配送流程图

料，包括实地考察、深度访谈等方式获取一手资料和企业报告、讲话收集、文献查询、新闻报道等方式获取二手资料，此外还对消费者进行了跟踪访谈。通过以上多种渠道相结合的方式进行收集，以此保证资料的完整性与全面性。案例材料来源具体如下：（1）对企业高管/董事会的公开访谈；（2）高管的对外讲话视频及文稿；（3）上市披露信息（如季报、年报、各种公告等）；（4）官方渠道（如官网资讯、企业内刊等）；（5）研究组成员切身体验获取的信息资料；（6）文献（如从知网下载的期刊论文等）；（7）研究报告（如中信证券发表的盒马研究报告）；（8）传统媒体（如报纸杂志、新闻报道等）；（9）其他非正式媒体渠道（如公众号、微博、小红书等）。多种信息渠道来源保障了案例资料的丰富性与有效性。

第一手访谈材料的收集情况。自 2019 年 11 月至 2021 年 11 月分别对"每日优鲜"和"盒马鲜生"的管理团队、重要供应商、目标客户、主要竞争对手（匿名化处理）等相关利益群体进行现场考察、一对一访谈、会议访谈、视频会议访谈，共进行现场调研 14 次，访谈 19 场，共计访谈人数近 30 人次，根据访谈要点共形成文字资料 9.8 万字。

为了确保数据资料的真实性和可靠性，对收集的数据资料进行核验。首先，在研究过程中对于已收集的资料进行三角验证，将不同来源的信息进行交叉对比、相互印证，以此来提高资料信息的可信度和企业原始资料的准确性。其次，对收集到的所有数据做了大量重复性的筛选、复核、清洗、整理、总结归纳，以提取到准确有效的信息，从而提炼出本书的核心要素。最后，将通过多种途径收集到的数据信息汇总形成案例研究数据库，并进行多轮的分析比对与验证，如此反复，直至形成统一意见。

5. 案例分析与发现

5.1　生鲜类电商独角兽企业低碳化双案例运营路径对比分析

根据两个典型案例中收集到的数据信息进行编码和总结，分析出两个案例在生命周期中的现有发展进程，以及在降低碳排放要求下面对的问题和挑战，进一步刻画出企业实现全生命周期的低碳化路径，并根据编码得到的共同特征，结合企业发展中战略布局与市场竞争行为，试图探讨出从采购到销售各环节节能减碳的通用方法，为双碳目标下其他生鲜电商的发展与创新提出一些实际性建议。如表9-1所示。

表9-1　两大案例的运营路径对比

层次	功能	业务	每日优鲜示例	盒马鲜生示例	共性
供应商	采购	采购模式	源产地直采，建立稳定的合作关系（A4）	在源头和供应商合作，签署稳定协议，制定统一标准（B1）	高效便利
		供应商	以数据指导供应商生产，与头部供应商采取周结算政策（A4）	与有品质保证、性价比最优的供应商合作（B3）	
		供货方式	产地直采+供应商直采（A2）	产地直供，产地直销（B2）	
	物流	配送计划	根据消费端大数据向供应商发送订单（A3）	将门店次日销售计划发送至供应商（B1）	节省运力
		配送方式	供应商冷链发至城市分选中心，再配送到前置仓冷藏保鲜（A4）	根据门店计划进行统一的采摘、包装、冷链运输，一日多次配送（B3）	
		配送距离	建立全球30多个国家和地区的生鲜采购网络（A1）	自门店所在地及周边供应商就近进货，避免远距离调货（B1）	

层次	功能	业务	每日优鲜示例	盒马鲜生示例	共性
门店	库存	补货	根据智能补货系统预测销量，计算各前置仓所需补货量（A2）	地区加工检查中心存储大量原产地生鲜商品，根据门店需求快速配送（B4）	灵活性
		库存数量	通过算法控制售罄率和损耗率（A3）	根据动态数据严格把控调整库存数量（B2）	
		库存方式	常温＋冷库，前置仓（A1）	常温＋冷库，前店后仓（B4）	
	销售	商品定价	APP统一定价，购物返券促进复购（A5）	弹性定价，不同时段不同日期灵活调价（B5）	黏性
		结账方式	支持各种结算方式，订阅会员用优惠吸引顾客（A6）	顾客必须注册绑定支付宝和盒马会员来结账（B6）	
		销售反馈	利用会员制度高效率收集消费者偏好，调整进货数量（A5）	根据消费者群体画像反馈的信息拟合次日进货数量（B1）	
消费者	配送	配送时效	为每位配送员安排的最远配送距离为1~3公里，保证手机生鲜超市最快30分钟达（A1）	门店周边3公里内30分钟快速上门送达，在小区设置自提点节省运力，保鲜商品（B1）	快捷化
		时间品类	城市分选中心+社区配送中心（A2）	即时配送+APP预定模式（B5）	

5.2　现有运营路径下生鲜零售特点分析

分析生鲜行业现有的碳排放流程，可知相对于常温流通模式，冷链流通模式下由于多了制冷环节，产生更多的碳排放。但是冷链流通模式下节省了流通过程中的货损，并减少了货损产生的碳排放量。基于如今"互联网＋"高效创新智慧物流营运模式的要求和"碳达峰、碳中和"的发展使命，生鲜零售电商不断转型升级，在生命周期中呈现出以下四个新特点。

一是智能化物流设备的更新投入。随着居民消费水平的提升和新零售模式的发展，生鲜零售企业也持续加大对供应链和物流等基础建设的投资。以每日优鲜为代表的前置仓模式（A1）和以盒马鲜生为代表的前店后仓模式（B4）具有高配送效率和低物流成本，提升消费者购物体验。为促进生鲜物流的通畅，生鲜电商引入了冷链温控、Wi-Fi 接入、预冷生产线和智能化搬运等（A4）。在生产环节，在源头建立实时控制、质检、预冷、包装，在最短时间内进入运输，以免运输、销售过程中产生损耗（A2）。在运输环节，构建透明的流通系统和信息共享平台，另外，规模的扩张使市场对冷藏运输车辆的需求不断增长（B3）。在储存环节，各大生产基地、物流中心、门店仓库积极建立大型智能化冷库集群，不断提高仓库一体化管理水平和自动化覆盖范围（B1）。在配送环节，通过移动技术将线上线下一体化衔接，增加前置仓或门店以缩短配送距离，从而在最短时间内满足温度控制，保证食品安全（B5）。

二是数智化竞争不断激烈。将数智化与新零售结合是各大生鲜电商抢占市场和提升智能化水平的关键。运用大数据、云计算、物联网等技术来获取市场需求、提高管理水平成了业内常态（A3/B2）。在盒马鲜生的案例中，地区大仓可以根据智能订货库存分配系统，依据历史销量和淘系数据，经过演算、迭代、优化，预测解决库存的分配问题，并且盒马鲜生拥有智能化仓储系统，拥有温控式储存、品质检验、标准化处理等功能（B2）。而在每日优鲜的案例中，其在商品供应链端、前置仓交付端和用户交互端构建了全链条化智能决策系统，根据不同前置仓所在区域的属性、消费行为、周边设施来推荐产品，基于用户画像、历史数据、潜客数和渗透率预测销量，从城市大仓向前置仓精准补货（A5）。随着行业规模的扩大，数据驱动决策、软件代替职能、机器节省人工的格局逐渐确定，推动各大生鲜电商数智化运营水平大幅提升，引导生鲜零售产业结构合理化发展，成为制胜市场的核心。

三是发展绿色环保物流。生鲜产品的易腐性、分散性要求其运输时尽量采取全程温控或冷链运输。从供应销售的角度看，生产和流通过程都会对环境造成污染，且冷链会产生更多碳排放；从消费者角度来看，出于对"绿色环保"的追求，消费理念的升级也会倒逼生鲜电商关注低碳发展（A6/B6）。绿色发展方式是适应自然规律的，生鲜产业关系到民生问题，绿色低碳转型势必会体现在消耗大、排放大的冷链物流中。随着国家低碳减排政策的逐步实施，生鲜从业人员的低碳意识也将加固，行业将加紧探索减碳方式，比如，推广天然纤维和可降解农膜；采取生物、物理防治害虫减少农药使用；高效利用生物质能源替代化石燃料，开发太阳能、风能；尽可能推广新能源运输车辆；使用可循环快递包装和可降解塑料袋;对垃圾进行分类回收和再利用;等等。未来在我国绿色脱碳转型的关键时期,生鲜电商将通过发展现代产品物流技术、无污染加工保鲜技术、智能信息交通网络,践行生鲜产品的低碳运销、实现加工物流环节的节能减排。

四是供应链网络去中心化。新零售时代使消费者的需求变得小众化、多样化、快速化,将产品的生产、运输与消费者拉近,形成大量碎片式订单。消费者对食品安全、配送速度和购物体验提出了更高的要求。为了满足这些要求,案例中的盒马鲜生和每日优鲜均选择了去中心化的终端网点设计,利用便利店、自提点、前置仓等模式深入社区,力求在距离上不断贴近消费者(B5)。这样使冰袋、保温箱等耗材的使用减少,既能降低保温材料的成本费用,又能降低碳排放、满足商品短距离配送的温度要求。例如,每日优鲜的前置仓模式,基于腾讯数据、每日优鲜、三方数据,利用圈层分析指导前置仓选址、地推选址和运营机制,门店只需做好储存工作,省去了销售环节(A1)。而在盒马鲜生,前店后仓模式使门店在线下层面承载销售、餐饮的实体运营功能;在线上层面作为仓储作业,承担了前置化终端冷链配送点的功能(B4)。对生鲜电商来说,供应链网络去中心化节省了平均配送运力,加速了订单配送效率。去中心化的门店接收到距离匹配最佳的订单之后,智能派单系统根据车辆路径规划和到达时间预估等数据对配送员智能化派单,保证极速达以提高客户体验、减轻配送物流压力(A2/B1)。

5.3 现有运营路径下碳排放流程分析

经过以上两个案例的运营路径对比以及A1—A6、B1—B6编码分析,将生鲜电商企业生命周期内的碳排放路径确定下来,范围包括生产、运输、储存、销售及废弃。每个环节既有直接排放,又有间接排放。直接排放是指直接消耗煤炭、天然气、石油等化石能源而产生的碳排放;间接排放是指消耗购买的电力、热力等产生的碳排放,范围比较广泛,如运营人员热量消耗、商超供电供暖等都属于间接排放。

(1)生产

我国生鲜生产地区较为分散,因为气候、地理环境和产品种类的不同,碳排放情况复杂而多样,且难以测量。种植作物产生的碳排放主要包括生长过程中的农药化肥投入、生产用具的柴油消耗、农业大棚的塑料膜使用以及农田有害气体的排放。畜牧养殖业散养户多，规模随意，其碳排放主要包括动物饲料的肠道消化和粪便管理。

（2）运输

生鲜产品的运输是指通过各种交通方式将产品从生产地转移到销售商的过程。产地直采是指生鲜电商在产地附近建立合作基地，安排专员对产品进行质检、预加工后以最快的速度运输到门店。供应商直采是指生鲜电商与当地相关生产商达成合作，避免中间商赚取差价，由供应商将产品直接运输到销售商仓库。运输方式分为常温运输和冷链运输。常温运输一般采用普通货车覆盖棉被的办法保温，效果不够理想但成本较低；冷链运输则使用专门制冷保鲜的冷藏车，效果较好但成本高昂。在运输过程中有两个产生碳排放的渠道，一是运输行驶所需油耗产生的碳排放，二是冷藏车的制冷设备在制冷时产生的碳排放。

（3）储存

在生鲜产品的生命周期内，储存可以发生在产地、批发商、销售商、消费者等各个环节。本书的两个案例中，主要考虑产地预冷和销售商的储存，更方便进行针对性研究。销售商一般采用常温储存和冷链储存，冷链储存的碳排放与耗用的制冷设备相关，一般碳排放量较常温储存会更高。

（4）销售

当生鲜产品上架销售，根据产品品类要求同样分为常温销售和冷链销售，能量的消耗和排放与产品品类、上架时间和上架数量有关。另外，门店在销售阶段耗用的人工、电力和天然气等也会产生间接碳排放。

（5）废弃与回收

生鲜产品的重要特征是易腐性，即使在常规运输和储存过程中也会产生一定货损，从常温和冷链两种情况下分析腐烂和废弃物处理过程中产生的碳排放。对废弃生鲜产品的销毁处理方式一般采用回收、堆肥、氧化消化、焚化、掩埋和露天倾倒，企业根据不同情况而选择不同的处理方式，其碳排放量也不尽相同。

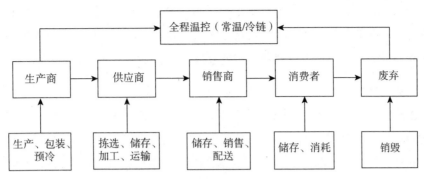

图 9-3 生命周期内碳排放路径

6. 生鲜类电商独角兽企业低碳化解决路径

(1) 政府发挥宏观调控作用，扶持生鲜电商发展

随着全球气候问题逐渐加重，环境加快恶化，低碳化成为全球性议题，人类因此进入低能耗、低污染、低排放的低碳新纪元。低碳化道路是一个长期的工作，要想让人们接受其常态化，形成习惯性的观念和行为，宣传是一个漫长的过程。无论是生产或销售者，还是购买者，都应在日常行为中自觉坚守低碳理念。因此，政府可以制定规章制度和鼓励政策，逐渐建立低碳经济和法律体系，并可提倡企业在日常经营活动中、消费者在消费时贯彻低碳观念，学校加强对学生的低碳知识教育，媒体强调对低碳行为的宣传。对于生鲜行业，更为重要的是改善冷链物流基础设施，建设完备的物流和配送中心。生鲜行业关系到民生问题，政府为扶持行业发展已出台一系列法律法规，保障支持生鲜行业发展。相关规定的出台也为冷链物流的规范发展初步奠定了坚实的基础。

(2) 建立产业联动模式，推行行业标准化建设

如今产业结合不断深入，创建行业内部的产业联动模式有助于实现低碳绿色的发展方式。在建立低碳的生鲜产品物流体系过程中，需要生产者、经营者遵守政府的政策，也需要消费者、使用者给予必要的社会支持和相关部门的配合。首先，为确保生鲜产品冷链物流向低碳化方向平稳发展，应建立一系列法律法规和行业标准，做好指导工作。其次，关于低碳发展应尽快拟定相应的规章，明确生命周期内各环节的能量消耗和碳排放标准，在此基础上进行监管，建立透明化、标准化的流程。最后，为了行业整体的长远发展，每日优鲜和盒马鲜生等存在竞争的企业之间也要摒弃矛盾，共同探讨科学的产业标准和守则，寻求利益最大化，谋求行业绿色可持续发展。

（3）搭建基于产业共享的生鲜物流信息平台

生鲜行业和数字化、信息化息息相关，低碳物流的发展受到行业信息质量的制约。建立生鲜物流信息平台，实质上是以大数据、人工智能和供应链等技术为依托，打通端到端的信息流通共享，优化供应端和物流网络，从而达到降低冗余成本，减少不必要消耗，从而达到提高运输效率和质量的目的。首先，对物流各个环节所涉及的人、车、货、仓、设备、生产物理信息进行信息共享和实时传输，方便追溯货源，避免企业或门店货品积压；其次，结合行业主体对象（供应商、承运商、零售商、消费者），关注物流全程业务（订单调度、配货装车、运输在途、到达仓储），对生鲜物流业务流转信息实行全程可视化的质量监控；最后，从更长远的角度来看，达到产业全生命周期透明化信息共享是实现生鲜产品流通全过程低碳化的关键。

（4）加强产学研合作，培养生鲜物流人才

当前我国生鲜行业存在很多不规范的地方，甚至影响到行业运营效能，归根结底是因为缺乏专业性人才。人才是一个企业的核心竞争力，无论是推行低碳物流体系，还是建立生鲜物流信息平台，都离不开相关人才的引领。生鲜行业需要各领域的人才共同推动发展，如冷链设备维护、软件平台开发、线上销售运营等专业范畴，对专业性水平要求较高。如果人才缺口较大，使企业在全程监管不力、把关不严，会增大产品质量不达标、消费者满意度下降、污染治理成本高昂等风险。因此必须重视产学研合作互助，推出有效的人才培养方案。一是创新企业与高校合作培育模式，鼓励生鲜零售商、冷链物流、节能环保企业与高校合作培养专业型人才，企业提供专项资金和实践机会，高校提供经验丰富的专家学者，共同培养适应时代发展的复合型人才。二是借助教育改革的政策，扩大职业教育规模，在培养高素质人才的同时培养实力过硬的中高级技术工人，重视设置冷链物流和低碳物流相关专业的院校，改善技术工人的就业待遇和发展环境。

（5）积极研发物流创新技术，降低碳排放量

创新是行业保持活力的源泉。从种植、采摘、预冷、运输到仓储的各个环

节都涉及专业性技术，以保证最小化浪费和最大化利益。只有将低碳理论贯彻到每一环节，灵活运用低碳技术，才能实现全生命周期的低碳化。首先是加强先进种植/养殖技术、加工技术、包装技术、保鲜技术和温控技术的研究运用，将低碳理念落到实处，在流通的各个环节实现标准化绿色管理。此外，积极采用大数据、云计算等方法，在共享信息平台上及时关注更新，做好反馈，以减少信息滞后或不畅引起的损耗。同时关注引入国内外创新技术，如采用可循环包装耗材、机器人拣货技术、新型农药检测仪器等。结合智能识别技术，对运输、配送和仓储的产品进行透明化有效监督，使整个生命周期顺畅运行，提高产品流通质量，实现低碳化运营。

7. 结论与启示

为了解决"双碳"目标背景下生鲜电商生命周期中出现的关键问题，推进行业更好更快发展，提升消费者满意度和体验感，本书根据案例分析总结如下：

基于碳全生命周期对生鲜行业的碳排放进行追踪、改进和分析是一个复杂的过程，涉及生产、加工、运输、储藏和销售等多个环节。本书提出了生鲜低碳化存在的问题，通过双案例的生命周期视角研究，重点分析了双案例中企业运营路径、生鲜零售新特点和碳排放流程，阐述和完善了生鲜电商独角兽企业低碳化的分析方式。同时对双案例企业进行深入的数据收集和理论依据，根据关键信息和热点，推广延伸到生鲜全行业的低碳化解决路径，讨论出在当下政策环境、科技发展以及消费者行为偏好之下，低碳化路径的具体措施和可行性，着力促使生鲜电商独角兽企业向绿色低碳方向发展，促进冷链物流的完善，带动生鲜消费市场和"双碳"目标协同发展。

生鲜行业的低碳化路径发展有利于降低人类生产消费活动产生的碳排放对环境的影响，切实推动节能减排的"双碳"目标的实现进度，有利于提高生鲜相关从业者探索先进生产方式和制作工艺的积极性，建立良性、绿色的生鲜行业体系，深化我国生态文明建设布局的良好环境。

实现低碳化发展是新经济时代的发展趋势，将生鲜产品在全生命周期内实现低碳化有利于应对复杂而激烈的市场竞争，使企业提高竞争力、注入新鲜活力。生鲜产品是居民生活必需品，从长远来看，传播环保理念，推进绿色建设，对整个行业的正向发展有着促进作用，带来的经济效益也是显著的。每日优鲜和盒马鲜生等行业巨头更应发挥模范作用，在政府的政策指导下，引领行业的前进方向。企业应当积极改进现有的问题，建设产业联动模式，构建共享信息平台，培养高质量复合人才，创新先进技术，从而减少资源损耗、降低碳排放量，在全生命周期范围建立良好的绿色生鲜供应链。我国生鲜电商独角兽企业的低碳化路径实施尚处于起步阶段。未来生鲜行业应当在政府的宏观调控政策下，制定科学严密的行业标准守则，加快推动全生命周期内的相关资源和技术升级转型。利用数智化技术的发展，与国内外先进企业合作，构建更加智能、科学的物流创新技术和生鲜信息平台。同时与高校、职业院校合作，着力培养能引领行业发展的与养殖、物流、机械等专业相关的高质量复合型人才。

第十章　独角兽企业智慧运营模式①

随着智慧运营的引入，加之疫情的冲击，新零售行业升维面临着挑战与机遇。本书以"盒马"和"苏宁小店"具有代表性的新零售企业的多个案例进行研究，对 mini 小业态模式进行深刻分析，并按照六何分析法的思考逻辑对小业态模式从原因、对象、方法等三个主要方面进行考量，同时运用商业模式讨论框架清晰地界定了小业态价值主张（技术驱动、社区化）、价值创造（智慧运营）和价值实现（收入、成本）三个方面的构成内容，刻画出升维后的小业态模式。并以问题为导向，通过小业态模式解决企业在实际运行中出现的瓶颈问题。经研究发现小业态具有低投入、高坪效的优势，也符合我国消费者的消费需求、行业需求，满足消费结构升级的市场规律。

1. 引　　言

2020 年上半年的疫情给零售行业带来极大考验，同时也带来发展机遇，特别是零售业在保持基本民生、保证供应、稳定物价上展现出来的超强的基础设施能力更是得到广泛认可，而面对疫情各大零售商结合自身能力推出的"无接触配送到家"的新零售服务模式更是发挥极大利民作用。这波疫情加速了行业的发展并催生出新的商业形态，也促使行业规则和认知发生改变，疫情过后整个零售行业迎来新一轮的升级创新。自 2016 年 11 月政府颁布了《关于推动实体零售创新转型的意见》政策，为"新零售"在业态调整、创新转型、零售供给侧改革等方面做出了部署，零售业态发生巨大变革，行业巨头纷纷加入，争先抢占市场。2020 年 9 月国务院办公厅印发的《关于以新业态新模式引领新型

---

① 吕波、齐美茹

消费加快发展的意见》中指出创新无接触式消费模式，探索发展智慧超市、智慧商店、智慧餐厅等新零售业态，对零售业的新业态创新发展起到重要指引和推动作用。近年来新零售业的信息环境、技术环境和商业环境均发生了深刻的变革，物联网、大数据、云计算、AI 等的兴起，再加上 5G 技术的不断成熟以及区块链技术在新零售业中的应用，使得新零售业逐渐显示出智能化、数据化和生态化等特点。在国家政策强力支持与科技智慧赋能以及常态化疫情防控下，零售企业要着力补齐新型消费短板以新业态新模式引领加快新型消费发展，才能在激烈的竞争市场和变动的环境中处于稳定地位。

盒马是阿里巴巴集团打造的一个新零售样本，是集众多功能于一体的以数据和技术驱动的社区化的新零售平台。为了解决场景发展的瓶颈问题，盒马针对不同消费人群设计出不同的小业态场景，经过时间的检验与试错，最终盒马mini 小业态在众多场景中脱颖而出为新零售发展开创新局面，同时此创举也显示出新业态新模式布局策略的正确性。盒马 mini 是基于填补盒马大店覆盖空缺面而设计的，其本身对于盒马大店而言就具有战略经济性，同时它的成功示范也为零售业的发展提供了典型参考案例与创新研究路径。本书以"盒马"为案例，对盒马 mini 小业态场景加以剖析从而得出本书的研究方向，并运用六何分析法梳理出三个主要问题：一是小业态模式是什么，二是小业态的受众人群，三是如何实现小业态模式的落地。通过探讨与研究，认为这一模式符合社会主义市场经济下的供给侧改革，有利于推动新型消费扩容提质，实现新型消费加快发展的远景规划。在参考相关创新转型经验的基础上，提出一系列政策性意见和针对性建议，促进 mini 小业态模式实现更好的发展，共同推进以业态创新为切入口的模式升级，也为新零售发展增添新内容、积累新经验。

2. 文献综述

2.1　新零售升维与创新

移动互联网和 5G 的快速普及以及线上流量和渠道多元化驱动新零售 2.0 加速开展。王正沛和李国鑫从消费体验角度研究新零售演化发展逻辑，总结出新零售是以用户体验为中心，在前端实现线上线下融合，中端借以技术助力解决消费痛点和发展瓶颈，末端构建柔性供应链体系的一个全生态过程。纵观新零售的脉络与发展，新零售 1.0 侧重于解决"货"的问题，而新零售 2.0 更着重打造一体化的无限场景随时随地满足"人"的需求。消费需求是最根本的出发点，把握本质的、趋势性的消费变化是实现转型的核心，服务业新业态发展带动消费方式升级。（刘长庚等，2016）高级化高质量的服务运营管理利于新零售生存发展（Patel 等，2017），客户服务的质量是影响消费者决定消费的重要因素（Yoo-Kyoung Seock，2009）。通过拓展多元服务业态可以为用户提供多元交互的社群式体验，建造多元化体验的消费格局能够精准地满足消费者的生活形态需求。（魏伟，2020）周蓉蓉从动力机制分析了新零售产生的必然性，新零售商业模式转型与发展的具体实现路径体现在客户需求、渠道升级以及服务升级等方面。蔡亚军（Ya-Jun Cai）和克里斯（Chris）认为新零售时代全渠道零售是一种流行的策略，企业必须进行改造调整才能适应新的零售环境，全渠道融合模式实现了全渠道同品类、同价格、库存共享、会员数据互通（邵鹏和梁杰，2020），多渠道的开发利用实现了与经营业务的融合，可以为其创造出战略优势（Tobias 和 Johan，2016）。王淑翠等人总结出新零售创新点还体现在构建供应链系统和重构消费场景方面。王福和王科唯基于消费者角度逆向构建了"新零售"供应链以解决新零售模式存在的问题，王福还从机理、模型、方法和路径方面构建了新零售流通供应链商业模式的创新体系。李然和王荣通过对实体商业创新转型下新零售运营模式的深度分析，提出了线上与线下结合的"新零售"是未来实体商业创新升级的有效路径，对此胡祥培等人基于价值共创的视角进行了深刻剖析，并在现有研究的基础上针对新零售运营管理的几个核心问题进行改进与创新。

2.2　小业态相关研究

移动互联网打通了零售的割裂场景，从技术上实现线上线下高度融合，造就多元零售形态涌现。深入探索新型业态模式发展多元化业态，以不断试错学习、迭代创新的能力驱动新零售创新（Sosna 等，2010），实现多元业态生态圈。汪旭晖提出未来的电商企业是一个"全渠道+物流+金融+新科技+场景+社交"的综合生态圈。王宝义基于双维视角提出"新零售"以零售物种大爆发和商业要素重构为演化形式，本质上围绕成本、效率、体验进行优化升级，社区场景与零售的结合更是重构场的核心内容，零售企业将更加重视社区客户终端。赵萍认为社区化将成为未来发展的重要方向，体现出个性化、社区化和去连锁化的重要特征，以社会功能为导向，通过构建"再社区化"的框架重构了传统零售业向再社区化的转型的思路。（吕秋颖，2020）。徐少丹基于多维度视角运用对比的方式研究零售业态发展变化的规律，提出小业态将是未来零售业发展的一个方向，章冀等人也认为业态小型化是零售行业持续发展的一个创新路径，日常零售商业更加强调社区化、小型化、便利化和可达性，并向网络化格局发展。（李伟和黄正东，2018）王薛对大零售布局下的小业态做了内涵、基本特征方面的分析，并通过 SWOT 分析法提出了大零售下布局小业态的战略。小业态提供优化的商店设计和个性化的服务，从而提升与客户的亲密度，小规模、无库存的小业态零售形式的品牌体验可以有效地促进品牌资产的发展，更利于吸引消费者进行消费（Kelcie 等，2020），品牌发展是零售领域的创新项目取得成功的重要因素（Jose，2020），通过品牌知名度可以提升商店形象，增加消费者对其信任，使消费者向店内商品转移，从而增加消费黏性与购买意愿（Ana Paula 等，2020）。

2.3　文献述评

梳理相关文献发现专家学者对新零售做了大量前沿性的研究工作，并取得了丰富的理论成果。新零售具有明显的迭代创新特点，在原有研究的层面上已经有学者对新零售的迭代演化以及创新进行研究，但研究内容方面仍然存有缺陷。不足之处在于：一是只结合行业发展背景进行理论性研究，结合相关实践案例进行分析的较少，大部分文献是基于宏观角度对新零售的发展进行研究，对企业具体问题的解决针对性不强；二是研究内容上侧重于对新零售本质进行研究，大多从新零售概念、特征、动力机制、发展路径、商业模式对其进行解读，很少有学者对新零售升级布局小业态进行扩展，有关 mini 小业态的理论内容缺乏。

基于此，本书以"盒马"为例，基于智慧运营并结合其时代进化特征，着重对其小业态场景进行深刻解读。通过从顶层设计到布局落地对小业态进行了详细的刻画，构建出小业态模式，并从全局角度对当前 mini 小业态的未来发展提出针对性改进建议。本书的创新点在于：一是选题角度新颖，以一个全新视角选择小业态作为研究对象，通过研究新零售升维下的小业态填补了新零售理论研究的空白；二是内容上有创新性，研究在智慧运营的引用下新零售布局的小业态模式；三是研究方法上选取典型案例进行分析研究，对研究结论而言更具有说服性与信服力度。

3. 研究设计

3.1　研究问题

本研究从新的实践现象出发，以问题为导向提出三个主要研究问题：一是什么是小业态，小业态的价值主张是什么？二是如何实现小业态的落地，即小业态如何实现价值创造？三是小业态的价值如何实现？

3.2　研究方法

本研究特别重视资料的收集过程，为了获得全方位的资料采用了多种资料搜集形式，包括现场考察、深度访谈等方式获取一手资料，以及收集企业报告、讲话，文献查询、互联网资料搜索等方式获取二手资料，此外还对消费者进行了跟踪访谈。通过运用多种方式相结合的方法进行研究资料的获取，保证了资料的完整性与全面性。本研究资料信息来源具有多样性与广泛性，多个信息来源间相互交叉对比、相互辅佐验证，也保证了资料信息的可靠性与信度和企业原始资料的准确性。后期通过对收集到的所有资料信息进行筛选、复核、清洗、整理、总结归纳，最后提炼出本书的主要核心观点。

案例研究是利用多种信息与资料对某种尚未清晰界定的复杂现象进行系统归纳及理论提炼的一种实证探究，特别适合做描述性和探索性的研究。选择有代表性的案例可以对研究方法应用的合理性与有效性起到重要作用，也对文章的阐述与论证起到支撑作用，所以本书选择案例分析进行研究，并选择典型的案例"盒马"为研究对象。本研究采用单案例的方法，直观地以案例分析进行脉络梳理、归纳与总结，有针对性地对企业所存在的问题进行深刻研究，并从价值构成要素方面对小业态模式进行清晰的界定。分析盒马主要有两点原因：其一，盒马作为阿里巴巴孵化的产业具有典型代表性，它的新业态创新发展更能体现新零售的发展风向标，而且借用真实案例能够使先前的抽象的概念认知变成感性和具体的实例，从而便于知会理解。其二，采用案例分析更具有针对性地对问题进行详细研究，更能深入地探讨问题背后所涉及的理论与本质，从而为企业设计出具有前瞻性的发展目标。

与单案例研究相比，多案例之间进行比较分析，结论更有说服力与普适性。因此，本书采用多案例的研究设计。

3.3 案例选择

（1）盒小马

盒小马先前为大润发与盒马合作的产物，主要以一些生鲜以及生活、体育用品为经营业务，后来盒马进行策略调整将 Pick'n Go 与盒小马合二为一，既保留了早餐业务，又与现有盒小马相结合形成业务上的良性互动。盒小马考虑当代年轻人时间紧的痛点，首创"网订柜取"的创新模式推进"新零售+早餐服务"场景应用，且智能自提柜创造了无接触服务的新模式，在疫情防控期间更是满足了市场特殊化需求实现了广泛应用。此外盒马 APP 不再是进行购物的第一硬性要求，手机淘宝成为备选方案，只需允许淘宝使用位置并选择"淘鲜达"就可以实现购物。

但盒小马也存有致命缺陷。盒小马线下门店运用盒马底层技术，但中层操作与运营却由大润发接手，线上还启用天猫超市的淘鲜达团队，集三方势力于一体的盒小马非但没有取得良好收益，反而在发展道路上举步维艰。原因在于割裂矛盾的项目规划和项目执行使得整个项目变形难以获得发展的活力与动力。除此之外，盒小马还面临着品牌识别度不高的境地，原因在于大润发开设的盒小马门店采用加盟拓展的方式致使门店分布散乱、定位不清晰，很难形成密集网络发挥联动效应，以至于对品牌认知难以聚焦，同时也增加了配送作业的难度。

（2）盒马 mini

盒马 mini 是最为典型的社区零售店模型，迎合消费者当日食材消费买了就走的特性，经营生鲜、半成品和熟食，熟食占比远高于盒马鲜生，并且以散装非标品为主，大海鲜有所缩减且只保留了部分平价海鲜，是线上线下结合的以数字化、产品力为内核的更细分人群和区域的新零售业态。商品结构上以高频消费、小份即食的品类特点最为突出，不仅具有前置仓的优势还能填补线下体验不足的痛点，而且在控制损耗、降低成本方面占据优势。服务辐射更加下沉的市场，选址定位在偏远的市区，三、四线城市，城镇，与传统大店高低搭配形成密集网络提升品牌服务和影响范围。

盒马 mini 不可避免存在缺点。其一，难跳出原商业形态的影响，它被视为对盒马大店的"填缝"或者一种迭代进阶。通过盒马提供给店内的商品保障了高品质、稳定供应的货源，但来自与盒马大店同一产地的同质化产品，使 mini 小店很难在盒马经营的影响下树立起自我品牌，限制了发展。其二，在散装产品的包装处理上与大店相比相对粗糙，直接导致 mini 店的生鲜损耗率居高不下，但店内 70% 的生鲜订单来自散装生鲜，这就表明其在散装生鲜部分 mini 店处于一个高需求但存在高损耗弊端的境地。另外盒马 mini 还处于模式培育阶段，过渡到成熟阶段还需要经历一个培育周期。

（3）苏宁小店

2017 年年底苏宁提出"智慧零售大开发"战略，正式推出苏宁小店模式。在消费形态变化的今天，选择布局小业态，以苏宁小店作为大业态与终端消费场景的消费者，搭建一个再连接的枢纽，能够彻底弥补苏宁此前对于终端周边 3 公里社区覆盖的缺失。苏宁小店定位于 O2O 社区小店，是长得像便利店的社区微型超市，作为苏宁整个智慧零售布局的一个流量入口连接消费终端。不同于大卖场在商业区等位置的布局，小店们的策略是在社区开店，以更小巧的姿态与其他零售业态进行差异化竞争。一是业态属性上的差异。业态属性总体概括为"两大两小多专"，其中，"两大"指的是苏宁广场和苏宁易购生活广场，"两小"包括苏宁小店和苏宁零售云店，"多专"则涵盖苏宁易购云店、苏宁极物、苏鲜生、苏宁红孩子、苏宁影城、苏宁体育、苏宁汽车超市等专业店布局。而销售渠道则从一线城市到县镇市场，从核心商圈到居民社区进行了全覆盖。二是门店选址及结构上的差异。其业态形式更像是社区微型超市，门店偏向选择 100 平方米以上的中小型物业，便于容纳下更多满足社区家庭消费的日常需求品类。三是商品品类的差异。在商品的结构配备上，苏宁小店更多是以家庭式配置。除了便利店也有的日常快消品，还有肉类、果蔬、粮油米面，个人及家庭清洁品（洗发水、洗洁精）以及小型家用电器（小型暖风机、出风机）等。四是经营方式的差异。苏宁小店采用线上线下融合的运营模式。在线上，苏宁小店 APP 作为销售渠道可实现商品销售、预订早餐等。同时基于场景定位，在 3 公里范围内提供 1 小时线上订单配送服务。苏宁小店主打的生鲜业务，对于生鲜采买这一不可变化的需求，苏宁小店深入社区末梢的优势自然显现。"苏宁秒达"主要为 3 公里以内的社区生活提供 30 分钟到达甚至更快的极速配送服务，以及预约时间精准送达的定时达服务，其中就包括苏宁小店。苏宁小店需要承担苏宁易购整个零售业态在全链路上的末端联动效应。

新业态的共同特征有两点：一是从消费者的生活方式出发组合业态、商品和服务；二是营造独特舒适的氛围，增加座椅和娱乐性、体验式的消费，延长顾客在卖场的停留时间。"超市+餐饮"跨界融合的模式，能满足消费升级下消费者的个性化需求，融合时代下产生的新商业模式，是重构业态的出发点。

4. 案例分析

4.1 新零售升维小业态

盒马维度的进阶是以商业模式进化新物种的产生为基础，以技术渗透为实现工具，从而迭代出零售的思维重新构建运营体系。国内大店模式发展均已进入发展瓶颈期，盒马大店遭遇了消费场景转移的瓶颈，为此盒马不断尝试拓展新业态的边界，通过洞察新需求，以产品细分市场实现品牌价值重塑。盒马创新新业态的逻辑始于消费场景，基于消费者的痛点，从场景中找出解决痛点最适宜的方案然后布局实施，小业态不只是单一业态的拓展，多个小业态之间还可以实现多元化、多层次、互补型的重组场景。商业模式的核心逻辑在于清晰地展示出企业为谁创造价值、如何创造价值、实现什么样的价值（Amit，Zott，2001），mini 店的商业逻辑和运营理念以及定位都有其自身的特性，是在智慧运营的引入下通过精准定位落实价值创造从而实现价值，如图 10-1 所示。

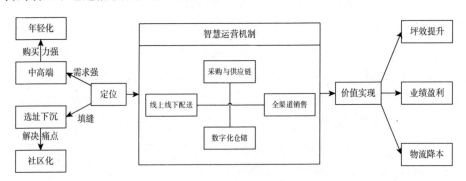

图 10-1 mini 小业态模式

192

（1）基于智慧运营的小业态价值主张

小业态以数据和技术为驱动，致力于打造社区化一站式新零售体验中心。随着城市社区居民数量及密度的增加，这种居住结构为新零售便捷的"快消费"业态提供了客观环境，让零售从商圈时代转向了社区时代。小业态以轻便的形态渗透了城市社区的各个关键角落，像神经元嵌入在网络中，建设成市场下沉得更加密集的有效网络，快速触达消费者，服务于社区居民。mini 店拥有优质到店到家服务，借助盒马完善的物流体系实现 1.5 公里内的即时配送，1.5 公里内既降低了周边用户购物的时间成本又能满足消费体验，同时适合配送团队对订单配送的履约效率实现。借助于智慧运营的信息技术手段有效控制每一个环节，既能保证线上线下消费体验的一致性，又能进一步促进社区消费者对 mini 店的忠诚度与黏性。

（2）基于智慧运营的小业态价值创造

小业态价值创造体现在智慧运营方面，是企业为实现价值主张而采取的落地措施和功能设计。江积海和王若瑾认为通过驱动数据重构人、货、场三者的关系，能够实现创造价值的倍增效应。小业态智慧运营是以用户、场景为支点，借助先进技术及先进设备，面向内外部不同角色推动业务与技术应用结合，并借助移动互联网的技术能力去改造线下门店和线上供应链端，将服务能力延伸至客户末端流程，提升管理效率、管控能力与用户体验，从而实现客户订单履约与提升品牌效应。智慧运营环节表现为三个层次：接触层、交付层和管控层。智慧运营范畴如下表 10-1 所示。

接触层是各渠道直接面向消费者的界面设计，是整个智慧运营体系与消费者的"触点"。新零售供给需求端发生变化，价值需求凸显个性化、社交化、品质化与高端化，同步推动消费品类升级、品质升级和体验升级，线下门店作为消费者的入口，通过打造定制化体验提升消费者黏性。盒马 mini 主营生鲜、半成品和熟食，SKU 总量在 2000 左右，满足社区消费者对"鲜"商品的需求，而且针对年轻消费群，研发出更多小包装、鲜度管理的产品。线上则采用会员制，依托阿里生态覆盖更多线上用户，以会员、优惠券等形式赋予消费者多种权益。

交付层是实现服务活动的落地处理与操作的作业"后台"，体现执行物流配送能力、库存水平、采购管理等能力。依托阿里体系中台的支撑，借助盒马的供应链体系实现用户画像、动线规划、最优配送策略等智能规划环节的即时配送，实现门店与用户之间及时有效的连接。采购管理选择与有品质保证的当地果蔬基地、农业合作社、农场等供应商联盟，推进生鲜等商品产地直供、高端产品全球直采的采供模式，将商品品质控制在源头。通过线下门店和线上渠道的交易获得的数据流量为企业和供应链上下游提供信息支持以及改善决策的不确定性，不断精细化品类管理、门店库存、采购计划、需求预测等库存运营环节。借助数字化渗透和技术突破创新，解决企业实际业务中多平台、多 SKU 管理、多活动的运营效率问题，构建信息的互融互通格局，实现线上线下联动精准化营销。

表 10-1　小业态价值创造—"智慧运营"范畴

层次	功能	业务	盒马 mini 小业态业务示例
接触层	产品服务	经营范围	经营生鲜、半成品、熟食，侧重于体验性商品，散装非标品为主，注重半成品、餐饮，加工品的销售
		渠道方式	线下多场景获得流量在线上 APP 实现转化
		品类质量	提供品质稳定、品种齐全的食材，2000 左右个 SKU
交付层	采购	采购模式	与盒马鲜生统一采购商品，为 mini 店提供了优质的品类体系，通过差异化的选品策略吃透空白市场
		供应商	选择与有品质保证的、性价最优的供应商联盟合作
		供货方式	按需智能供货（最优供应链，柔性化生产）
	库存	补货	多层次联合补货，每个点位、货架、货物，每个月、每周甚至每天动态管理调度补货达到供销的平衡
		库存周转	盒马 mini 以周为单位调整单体店铺的商品结构
		库存数量	保持最优化的供应链库存，一方面要减少库存投资，另一方面保证零售货架和配送中心存有适当商品
	配送	配送计划	根据顾客订单需求，门店自提或门店配送，通过直送到家和配送站接驳两种配送方式送货上门
		时间、品类	配送时间柔性化，小批量、多频次、多品类配送
	销售	商品定价	使用电子标签使线上线下价格数据同步化精准定价
		商品促销	mini 店下午 5、6 点以前在线上卖不完的商品，可以转移到线下实体店进行促销等处理，降低损耗率
		售后服务	延伸盒马大店的售后服务：承诺永久无条件退货
管控层	驱动	技术渗透	依附物联网、大数据、云计算、5G、AI、阿里云等信息技术实现对业务活动的智慧运营
	赋能	运营中台	通过对各渠道的控制，上拓供应链，重塑下游渠道，为无数前端场景赋能、优化资产配置、逆向牵引生产变革，实现农产品供销一体化与标准化

管控层是管理不同运营活动的运营管理中心。基于用户的颗粒度运营，依托物联网、大数据、云计算等新技术加速渗透，发挥数字分析与反馈预测的综合功能，实现全渠道融合销售，打造扁平化与柔性化供应链，迎合消费者的消费诉求，提升商品价值与需求端的匹配效率，实现按需生产使消费体验升华，构建更便捷更贴心的服务体系有效征服消费者，推动价值共创模式转型和提升消费者体验感知，实现多利益主体协同优化和降本增效的智慧运营目标。通过数学模型分析实现从需求、生产、供应、流通、仓储、销售至用户体验的一个供应链式生态化反应的智慧化运营。

（3）基于智慧运营的小业态价值实现

价值实现包括成本结构和盈利两部分内容。成本结构包括硬性成本和软性成本，硬成本又包含店铺租金、门面装修、商品布局、库存配送成本、人力薪资等一些固定成本，软成本包括信息平台建设、服务升级更新以及退换货损耗等费用。从盈利模式来看，mini店更适合"轻成本，高效率"模式。门店面积缩小至300~1000平方米，既能满足周围社区日常消费需求，同时又节约了一大笔租金成本与人力成本，在保证效率的基础上节省了大量硬件成本，对标门店周边1.5公里范围配送使得单位区域内的履单效率有所提升、成本降低，且放弃1.5公里之外的订单可利用区域订单密度提升来弥补。收入来源于消费者获取商品销售收入和餐饮加工服务收入。目前mini的物流成本约为大店的2/3，坪效是大店的4~5倍，通过线下完成获客的方式转化成线上APP会员几乎是零成本，从而保证了mini小业态高盈利。

4.2　智慧运营下小业态模式升维效果

（1）智慧运营区域升维：精准锁定到社区

疫情让实体零售从原来的商圈时代转向了如今的社区时代，零售与社区形成了便利刚需的消费纽带。盒马新零售战略升级借助智慧运营辐射社区，小业态区域升维赋能社区商业。盒马发展多业态辐射更多的消费群体以提升用户黏性。前期盒马的市场定位侧重于整个市场，采取"舍命狂奔"抢占市场，后为解决遗留问题在智慧运营下策略调整形成以盒马mini、盒小马为典型代表的小业态模式，走近社区，服务对象开始聚焦于稳定刚需和消费力最集中的社区人群，盒马mini在选址上核心的要求是便于触碰到社区消费者。盒马小业态模式以其小姿态扩张成为社区零售的标配，规模化拓展下沉市场快速触达消费者，有效呼应了盒马的现有体系，共用大店的供应链体系和配送团队为消费者提供优质的到家配送服务，完成 1.5 公里社区范围内的即时配送与履约效率提升，从而实现智慧运营下对社区区域升维。

（2）智慧运营连锁升维：数字化连锁

数字化连锁是智慧运营作用的必然结果，连锁是社会生产的一种应用与创新，同时也是一种企业的组织形态。连锁可以增加门店数量与规模实现区域密度经营化，抢占最大市场份额增加消费群体的服务覆盖面，从而增加品牌认知度。用数字化快速迭代升级、数据驱动、精准对接供需，实现智慧运行下数字化连锁零售千店千面的魅力，实现顾客、商品、场所、供应链、运营、大中台、组织、生态等一系列的连锁化。智慧运营下连锁升维是基于商品与供应链线上线下全渠道的综合运营，线上企业布局线下，线下企业打通线上，所有流程数字化连锁有效保障信息精准触达和系统高效运转，轻重协同为其提供更大盈利空间，同时聚合产业链上下游资源和生态主体的优势形成合力谋求深层次发展，实现共存互生的良性增长。

（3）智慧运营坪效升维：经营面积精准化

智慧运营下对 mini 店内经营面积规划、商品品类的选择、配送范围的规定等方面实行精准化升维，更多地将重心放在了成本结构与效率提升方面，规避掉不必要的成本占用与资源浪费，精简经营面积使之既能满足消费需求，又能实现业务正常作业。mini 店的经营面积设置在 500~1000 平方米之间，在这个范围内既能足够承载更多的商品品类满足商品的丰富度与多样性，实现一日三餐的基础所需，还设有 2000 左右的 SKU 满足消费者对购物过程的体验，实现对差异化商品的布局陈列。店内保留了设有活鲜区的特色，品类包括水产、蔬果、肉禽甚至熟食卤味等多种商品，受限于门店面积与消费场景，在选品上与门店布局等方面都异于盒马大店。由于精简了面积，再加上总收入的盈利扩增，使 mini 店在一个充分市场化与充满竞争的行业中突破了坪效极限与商业模式天花板，实现了坪效最大化。

（4）智慧运营管理细节升维：精细到智慧库存

保持最优化的供应链库存一方面要减少库存投资，另一方面还要保证零售货架和配送中心存有适当商品。商品从生产到销售的整个周转环节，每一个环节都设置一定额度的产品库存以面对供应链的不稳定性，却额外增加了库存成本。在智慧运营的加持下帮品牌商设计合理的供应链规划，不断优化补货链条各个环节，提高对客户的服务能力，提高门店的整体运营效率，在最优库存和供需平衡的综合目标下实现以需求驱动的价值链管理。盒马 mini 通过电子标签的智慧化应用实现商品的智慧库存与数据同步，通过可视化集成平台，借助供应链的多层次联合补货，通过供应方式的决策使战略计划与业务紧密连接，实现需求与供应的平衡、订单履行策略的实施、库存与服务水平的及时调整等具体策略高效地执行。

（5）智慧运营服务升维：点对点智慧化

智慧运营精准营销千人千面，根据不同需求的客群进行个性化营销，实现点对点智慧化服务。设计专用 APP 建立起门店与消费者双向交流通道使用户数字化，通过数据精准用户全息画像，一方面有助于将线下流量引导至线上平台增加消费黏性，另一方面消费者通过 APP 下单购买利于收集用户整个消费旅途的数据，包括消费偏好、消费频次、品类、黏度等便于后期及时调整推送符合喜好不同性质的内容，完成产品价值需求的匹配。后台对供应链数据实施即时收集、整合、清洗、反馈等把庞杂交错的供应链运营及信息流进行智慧化运营后，有助于对企业智慧运营实施洞察与预测，发挥提前决策、提高效率、节省成本、控制风险等作用。盒马 mini 能够完成高效率的配送履约，实现点到点的服务能力与维度升阶，借助于盒马体系的完善与渠道端布局下的基础支撑。供应链管理能力是一个企业以更快的配送速度交付给顾客更加新鲜实惠的产品，

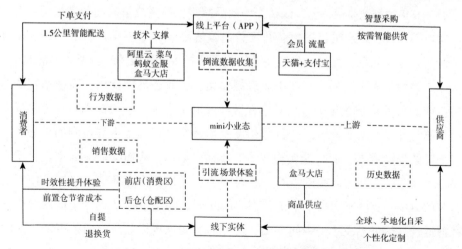

图 10-2　智慧运营下 mini 小业态供应链服务流程图

侧重于对线下运营与物流配送能力的考察。高峰期订单的履约交付更是平台最大的考验，需要建立更加完善成熟的供应链，保障稳定不断的供给能力。

5. 结论与启示

新业态新模式是一个行业在转型发展中结合时代需求产生的，它的出现以消费者为中心，以提升消费体验感与满意度为出发点解决行业的痛点。通过设计好市场定位与功能模块、把握好服务内容与运作流程、运行好盈利模式与经营规则，明确其核心价值及其创造方式，发挥其效用价值。一切常态化后新零售行业看重的还是品牌效应和供应链能力，疫情让盒马看到供应链稳定性的短板，疫情发生以后产能远远跟不上需求，企业想要盈利还需不断改进经营效率，继续在供应链与产品上发力。

一是智慧运营更利于实现小业态效率最大化。新零售下以数据与技术为驱动重塑业务流程，新零售布局下的小业态稳步发展必须实现智慧运营，本质上以用户为中心，依托物联网、大数据、云计算、5G 和人工智能等新技术加速渗透，根据线上交易数据给客户贴标签，提取客户需求建立客户画像，然后精准匹配顾客所需的商品和服务，进一步满足消费者智能化、个性化、品质化的消费诉求，提高供应链效率和运营效率，实现消费者、品牌与门店的有机统一。mini 小业态发展业务要集中资源体现特色，以精简的商品减少消费者决策时间并满足消费者的日常所需，追求极致便利化。借助智慧运营解决业务中多平台、多 SKU、多环节的运营效率问题，通过品牌统一营销为顾客提供优质服务，实现效率最大化。

二是积少成多更利于实现小业态规模化。小业态高性价比、高频率复购等特点使 mini 小店成为未来重构城市社区经济的主力军，它的扩张实现了对场景的填缝与补充，增强了地区的覆盖密度及渗透率。规模是生鲜盈利的核心，不仅能降低采购成本，而且能实现集采、集储、集运，从而降低流通成本。零售是一个低毛利营利的高频刚需行业，再加上流通过程中多环节、多链条使零售行业的成本一直处于居高不下的状态。mini 模式的竞争壁垒就在于借助规模化社群运营、信息手段减少中间环节，扩充品类实现规模效应，辐射更加广泛的受众人群。盒马大小门店业态采用协同经营方式，聚焦于主力业态同时辅以其他业态协同作战，不仅在集采选择丰富度上具有优势，而且在规模上保障了产品性价比，降低了成本，实现了规模效应。

三是拓展小业态自有品牌更有利于覆盖小众群体。新零售下带动消费升级，对商品的消费诉求越发趋于定制化、个性化、品质化，再加之市场处于品牌与渠道的博弈阶段，品牌势能变革愈发显得紧急迫切与重要。零售业态拥有品牌相当于拥有可持续的生命力，品牌是代表商业模式的超级符号，也是代表市场影响力的超级符号。打造自有品牌，通过差异化的选品策略吃透空白市场，避开同质化竞争，覆盖更多的社区消费群体。在大店对其商品品类的加持下，mini店需要建造新的自有品牌以获得竞争优势。自有品牌有三大优势：首先是附带价值。自有品牌与平台紧密相连，其附加价值进一步拉动平台内的消费，增强用户与平台的黏性。其次是价格优势。自有品牌的建立可以省掉中间层层经销费用与渠道流通成本，直接将产品送往消费者手中，对价格具有一定掌控权。最后是品牌优势。通过打造品牌做自我高质量产品，增加品牌可信度，增加消费者依赖性与忠诚度，在口碑的不断积累之中不断抬高自身壁垒。

四是展望与预测。新零售正在进入下半场即迈入 2.0 时代。整个零售业态的演化是一个不停探索、迭代升级的过程。面对加速的行业竞争，企业必须保持不断反思和快速迭代创新的能力，适应时代改变格局、深化供应链、夯实零售底层管理、提升市场敏锐度、加强执行力与运力，才不会在淘汰赛制的市场中失去话语权。疫情后期对小业态来说是一个机遇，送货到家服务、品控管理、产品自我创新成为小业态进阶的关键业务能力，既能为消费者带来全新的购物体验，又兼顾快速复制能力和相对低的试错成本。小业态开拓大市场将成为新零售升级的一个重要环节与发展趋势。任何一种商业模式随时代发展必然存在不足和缺陷，需要不断地根据市场环境进行调整、改进、升级和完善才能继续稳步向前，才能长期保持持久的生命力与竞争优势。新零售正处于零售行业的发展阶段，对其相关的理论与实践研究还不成熟，尚有很大的学术进步空间，需要更多专业的专家学者对其做更为深入的学术研究，帮助企业走出瓶颈期实现稳步增长，也促进行业持续稳定发展。

参考文献

一、中文文献

[1] 林南. 社会资本：关于社会结构与行动的理论 [M]. 张磊，译. 上海：上海人民出版，2005.

[2] 齐严，吕波. "全渠道" 背景下零售企业商业模式创新研究 [M]. 北京：中国质检出版社，2021.

[3] 伍威·弗里克. 三角互证与混合方法 [M]. 郑春萍，译. 上海：格致出版社，2021.

[4] 白璐，孙启宏，乔琦. 生命周期评价在国内的研究进展评述 [J]. 安徽农业科学，2010，38 (05).

[5] 包晓丽，熊丙万. 通讯录数据中的社会关系资本：数据要素产权配置的研究范式 [J]. 中国法律评论，2020 (02).

[6] 薄凡，庄贵阳. "双碳" 目标下低碳消费的作用机制和推进政策 [J]. 北京工业大学学报 (社会科学版)，2022，22 (01).

[7] 蔡宁. 社会关系网络与公司财务研究述评 [J]. 厦门大学学报 (哲学社会科学版)，2018 (04).

[8] 蔡文伯，赵志强，禹雪. 成渝地区双城经济圈高等教育—科技创新—经济发展动态耦合协同研究 [J]. 西南大学学报 (社会科学版)，2022，48 (01).

[9] 陈刚，詹正茂，廉晓红. 中国资本市场的区域差异研究 [J]. 中国软科学，2003 (09).

[10] 陈工孟，蔡新颖. 中国风险投资发展的区域差异研究 [J]. 证券市场导报，2009 (05).

[11] 陈金勇，舒维佳，牛欢欢. 区域金融发展、融资约束与企业技术创新投入 [J]. 哈尔滨商业大学学报 (社会科学版)，2020 (05).

[12] 陈劲，阳镇，朱子钦．"十四五"时期"卡脖子"技术的破解：识别框架、战略转向与突破路径 [J]．改革，2020 (12)．

[13] 陈雷，武宪云．企业内部合作网络对知识搜索的影响 [J]．中国软科学，2019，34 (05)．

[14] 陈钦源，马黎珺，伊志宏．分析师跟踪与企业创新绩效：中国的逻辑 [J]．南开管理评论，2017，20 (03)．

[15] 陈永伟，程华．元宇宙的经济学：与现实经济的比较 [J]．财经问题研究，2022 (05)．

[16] 陈玉梅．企业家社会网络研究述评 [J]．经济纵横，2012 (08)．

[17] 成鹏飞，刘念，王佳慧，等．区域创新与产业结构优化升级耦合协调机理及时空演化：以湖南省 14 个市州为例 [J]．中国科技论坛，2021 (10)．

[18] 崇锋，石龙．产业关联与高校毕业生就业耦合效应分析 [J]．山东大学学报（哲学社会科学版），2015 (02)．

[19] 楚天骄，宋韬．中国独角兽企业的空间分布及其影响因素研究 [J]．世界地理研究，2017，26 (06)．

[20] 戴海闻，曾德明，张运生．标准联盟组合嵌入性社会资本对企业创新绩效的影响研究 [J]．研究与发展管理，2017，29 (02)．

[21] 单鹏，裴佳音．众创空间绩效评价指标体系构建与实证 [J]．统计与决策，2018，34 (20)．

[22] 邓旭，谢俊，滕飞．何谓"碳中和"？ [J]．气候变化研究进展，2021，17 (01)．

[23] 董彩婷，柳卸林，张思．创新生态嵌入和政治网络嵌入的双重作用对企业创新绩效的影响 [J]．管理评论，2020，32 (10)．

[24] 杜辉，何勤．基于生态学理论的创新创业生态系统的特征、结构与运行机制研究：以留学回国人员为例 [J]．兰州学刊，2019 (07)．

[25] 杜骏飞．数字交往论：元宇宙，分身与认识论 [J]．新闻界，2022 (01)．

[26] 段海艳．连锁董事关系网络对企业融资行为影响的实证研究 [J]．软科学，2009，23 (12)．

[27] 方大春，马为彪．中国区域创新与产业结构耦合协调度及其经济效应研究 [J]．当代经济管理，2019，41 (07)．

[28] 方文婷，艾时钟，王晴，等．基于混合蚁群算法的冷链物流配送路径优化研究 [J]．中国管理科学，2019，27 (11)．

[29] 丰超，庄贵军，李思涵 . 渠道网络结构对合同制定与监督的影响：社会网络的视角 [J]. 现代财经（天津财经大学学报），2019，39（02）.

[30] 冯南平，王之颖，魏芬芬 . 企业技术创新、管理创新与融资方式关系研究：来自中国制造业企业的证据 [J]. 华东经济管理，2021，35（09）.

[31] 冯苑，聂长飞，张东 . 中国科技企业孵化器与创新创业的耦合协调关系研究 [J]. 中国科技论坛，2021，（12）.

[32] 葛鹏飞，韩永楠，武宵旭 . 中国创新与经济发展的耦合协调性测度与评价 [J]. 数量经济技术经济研究，2020，37（10）.

[33] 龚雪，余景丽，余秀兰 . 麻省理工学院本科生创新研究能力培养实践经验及启示 [J]. 高教探索，2020（01）.

[34] 顾洁，王筱纶，胡安安 . 社交网络信息竞争扩散的关键节点策略研究 [J]. 情报科学，2020，38（03）.

[35] 郭文勇，蔡富裕，赵闯，等 . 超导储能技术在可再生能源中的应用与展望 [J]. 电力系统自动化，2019，43（8）.

[36] 国际能源署 . 全球能源行业 2050 净零排放路线图 [R]. 巴黎：国际能源署，2021.

[37] 国家质量监督检验检疫总局，中国国家标准化管理委员会 . 环境管理生命周期评价原则与框架：GB/T 24040—2008 [S]. 北京：中国标准出版社，2008.

[38] 韩永楠，葛鹏飞，周伯乐 . 中国市域技术创新与绿色发展耦合协调演变分异 [J]. 经济地理，2021，41（06）.

[39] 何文韬，郝晓莉，陈凤 . 基于生命周期的新能源汽车碳足迹评价 [J]. 东北财经大学学报，2022（02）.

[40] 何喜军，吴爽爽，武玉英，等 . 专利转让网络中结构洞占据者识别及角色演化：粤港澳大湾区的实证研究 [J]. 科学学与科学技术管理，2022（04）.

[41] 何哲 . 虚拟化与元宇宙：人类文明演化的奇点与治理 [J]. 电子政务，2022（01）.

[42] 洪江涛，黄沛 . 基于微分博弈的供应链质量协调研究 [J]. 中国管理科学，2016，24（02）.

[43] 洪嵩，洪进，赵定涛 . 高技术产业与区域经济共同演化水平研究 [J]. 科研管理，2014，35（06）.

[44] 胡彪，苑凯 . 京津冀地区科技创新与生态经济耦合协调度测评 [J]. 统计与决策，2020，36（14）.

[45] 胡冬梅, 张美静, 陈维政, 等. 我国独角兽企业-投资机构双模网络结构特征及对企业价值和投资绩效的影响研究 [J]. 管理学报, 2021, 18 (11).

[46] 胡江峰, 黄庆华, 潘欣欣. 环境规制、政府补贴与创新质量: 基于中国碳排放交易试点的准自然实验 [J]. 科学学与科学技术管理, 2020, 41 (02).

[47] 胡奇英, 胡大剑. 现代供应链的定义与结构 [J]. 供应链管理, 2020, 1 (01).

[48] 胡祥培, 王明征, 王子卓, 等. 线上线下融合的新零售模式运营管理研究现状与展望 [J]. 系统工程理论与实践, 2020, 40 (08).

[49] 胡悦, 刘群芳, 陈国鹰. 京津冀技术创新、产业结构与生态环境耦合研究 [J]. 资源开发与市场, 2018, 34 (09).

[50] 黄灿, 李善民. 股东关系网络、信息优势与企业绩效 [J]. 南开管理评论, 2019, 22 (2).

[51] 黄群慧. 新发展格局的理论逻辑、战略内涵与政策体系: 基于经济现代化的视角 [J]. 经济研究, 2021, 56 (04).

[52] 黄欣荣, 曹贤平. 元宇宙的技术本质与哲学意义 [J]. 新疆师范大学学报 (哲学社会科学版), 2022, 43 (03).

[53] 贾品荣. 区域科技与社会协调发展评价 [J]. 中国管理科学, 2016, 24 (S1).

[54] 贾兴平, 刘益. 外部环境、内部资源与企业社会责任 [J]. 南开管理评论, 2014, 17 (06).

[55] 坚瑞, 谢晓佳, 廖林娟, 等. 基于护城河理论的企业核心竞争力构建路径研究: 以 Zoom 为例 [J]. 管理案例研究与评论, 2022, 15 (02).

[56] 江积海, 王若瑾. 新零售业态商业模式中的价值倍增动因及创造机理: 永辉超级物种的案例研究 [J]. 管理评论, 2020, 32 (08).

[57] 姜双双, 刘光彦. 风险投资、信息透明度对企业创新意愿的影响研究 [J]. 管理学报, 2021, 18 (08).

[58] 金雪涛. 我国互联网"独角兽"企业发展解析 [J]. 人民论坛·学术前沿, 2020 (05).

[59] 赖一飞, 叶丽婷, 谢潘佳, 等. 区域科技创新与数字经济耦合协调研究 [J]. 科技进步与对策, 2022, 39 (12).

[60] 李冲, 钟昌标, 徐旭. 融资结构与企业技术创新: 基于中国上市公司数据的实证分析 [J]. 上海经济研究, 2016 (07).

[61] 李德辉, 范黎波, 杨震宁. 企业网络嵌入可以高枕无忧吗: 基于中国

上市制造业企业的考察 [J]. 南开管理评论, 2017, 20 (01).

[62] 李东红, 陈昱蓉, 周平录. 破解颠覆性技术创新的跨界网络治理路径: 基于百度 Apollo 自动驾驶开放平台的案例研究 [J]. 管理世界, 2021, 37 (04).

[63] 李奉书, 黄婧涵. 联盟创新网络嵌入性与企业技术创新绩效研究 [J]. 中国软科学, 2018 (06).

[64] 李海林, 徐建宾, 林春培, 等. 合作网络结构特征对创新绩效影响研究 [J]. 科学学研究, 2020, 38 (08).

[65] 李健, 张杰, 李彦霞. 区域经济—科技创新—物流产业耦合协调发展的时空演化研究 [J]. 统计与信息论坛, 2022, 37 (04).

[66] 李金华. 中国冠军企业、"独角兽"企业的发展现实与培育路径 [J]. 深圳大学学报 (人文社会科学版), 2019, 36 (01).

[67] 李晶. 元宇宙中通证经济发展的潜在风险与规制对策 [J]. 电子政务, 2022 (03).

[68] 李明星, 苏佳璐, 胡成, 等. 产学研合作创新绩效影响因素元分析研究 [J]. 科技进步与对策, 2020, 37 (06).

[69] 李楠博, 高晨磊, 臧云特. 绿色技术创新、环境规制与绿色金融的耦合协调机制研究 [J]. 科学管理研究, 2021, 39 (02).

[70] 李然, 王荣. 实体商业创新转型下的"新零售"运营模式深度研究 [J]. 管理现代化, 2020, 40 (01).

[71] 李伟, 黄正东. 基于 POI 的厦门城市商业空间结构与业态演变分析 [J]. 现代城市研究, 2018 (04).

[72] 李文莲, 夏健明. 基于"大数据"的商业模式创新 [J]. 中国工业经济, 2013 (05).

[73] 李想, 徐艳梅. 引进购买外部技术对专利产出与新产品销售收入影响的异质性分析: 以高技术产业为例 [J]. 科学学与科学技术管理, 2019, 40 (11).

[74] 李昕, 杨皎平. 联盟选择如何影响企业创新绩效: 结构洞的中介作用 [J]. 科技进步与对策, 2020, 37 (15).

[75] 李政, 张东杰, 潘玲颖, 等. "双碳"目标下我国能源低碳转型路径及建议 [J]. 动力工程学报, 2021, 41 (11).

[76] 厉娜, 林润辉, 谢在阳. 多重网络嵌入下企业探索式创新影响机制研究 [J]. 科学学研究, 2020, 38 (01).

[77] 利平, 周小明, 罗月丰. 知识溢出与产学研合作创新网络的耦合机制

研究 [J]. 科学学研究, 2013, 31 (10).

[78] 连一席. 中国独角兽报告：2020 [J]. 发展研究, 2020 (11).

[79] 林民书, 刘洋. 基于社会资本视角的中小企业社会关系网络演进分析 [J]. 福建论坛 (人文社会科学版), 2008 (05).

[80] 林卓玲, 梁剑莹, 林可全. 科研机构基础研究与产业结构升级协调度研究：以东部 11 省 (市) 为例 [J]. 科技管理研究, 2017, 37 (08).

[81] 凌晨. "盒马鲜生" 和 "京东便利店" 供应链模式分析 [J]. 广告大观 (理论版), 2020 (03).

[82] 刘长庚, 张磊, 韩雷, 等. 发展服务业新业态促进消费升级的实现路径 [J]. 经济纵横, 2016 (11).

[83] 刘会武, 赵祚翔, 马金秋. 区域高质量发展测度与创新驱动效应的耦合检验 [J]. 技术经济, 2021, 40 (09).

[84] 刘明, 左菲. 新能源上市公司融资结构与公司绩效研究：基于区域差异的视角 [J]. 科技管理研究, 2015, 35 (03).

[85] 刘娜娜, 王效俐, 韩海彬. 高校科技创新与高技术产业创新耦合协调发展的时空特征及驱动机制研究 [J]. 科学学与科学技术管理, 2015, 36 (10).

[86] 刘小花, 高山行. 复杂制度环境中制度要素对企业突破式创新的影响机制 [J]. 科学学与科学技术管理, 2020, 41 (11).

[87] 刘业鑫, 吴伟伟, 于渤. 技术管理能力对突破性技术创新行为的影响 [J]. 科学学研究, 2020, 38 (05).

[88] 刘蕴. 社会网络关系嵌入过度与企业资源获取：双中介模型 [J]. 企业经济, 2018 (04).

[89] 柳卸林, 张文逸, 葛爽, 等. 数字化是否有利于缩小城市间发展差距？：基于 283 个城市的实证研究 [J]. 科学学与科学技术管理, 2021, 42 (06).

[90] 龙静. 创业关系网络与新创企业绩效：基于创业发展阶段的分析 [J]. 经济管理, 2016, 38 (05).

[91] 路畅, 于渤, 刘立娜, 等. 正式/非正式合作网络对中小企业创新绩效的影响研究 [J]. 研究与发展管理, 2019, 31 (06).

[92] 吕鹏. "元宇宙" 技术：促进人的自由全面发展 [J]. 产业经济评论, 2022 (01).

[93] 吕秋颖. 社会功能驱动的中国传统零售业态转型模式研究：一个 "再社区化" 的分析框架 [J]. 湖南社会科学, 2020 (05).

[94] 罗亚非，孟韬，张杰军，等．我国创新型试点企业创新能力差异分析 [J]．科学学与科学技术管理，2010，31（12）．

[95] 马涛，郭进利．基于加权超图的产学研合作申请专利超网络：以上海 ICT 产业为例 [J]．系统工程，2018，36（01）．

[96] 马腾，李一杰，余杰．独角兽企业空间格局演化及其区位影响因素研究：以北京、上海、深圳、杭州为例 [J]．中国科技论坛，2022，（08）．

[97] 马雪，王洪涛．生命周期评价在国内的研究与应用进展分析 [J]．化学工程与装备，2015（2）．

[98] 马永红，刘海礁，柳清．产业共性技术产学研协同研发策略的微分博弈研究 [J]．中国管理科学，2019，27（12）．

[99] 满贺诚，段华波，李雪迎，等．生命周期影响评价方法及本地化研究进展 [J]．环境工程技术学报，2022（06）．

[100] 毛显强，郭枝，高玉冰．碳达峰、碳中和与经济、社会、生态环境的协同研究 [J]．环境保护，2021，49（23）．

[101] 毛云聪，孙小雯，陈星光．四探元宇宙，深挖互联网未来形态的核心价值 [R]．上海：海通证券，2021．

[102] 梅宝林．区块链技术下我国农产品冷链物流模式与发展对策 [J]．商业经济研究，2020（05）．

[103] 孟凡鑫，樊兆宇，王东方，等．生命周期视角下城市碳足迹核算及实现碳中和的路径建议：以深圳市为例 [J]．北京师范大学学报（自然科学版），2022，58（06）．

[104] 孟韬，徐广林．专利申请、创业融资与独角兽企业估值及成长性 [J]．科学学研究，2020，38（08）．

[105] 聂辉华，李靖．元宇宙的秩序：一个不完全契约理论的视角 [J]．产业经济评论，2022（02）．

[106] 戚湧，刘军．创新网络对装备制造企业创新绩效的影响 [J]．中国科技论坛，2017（08）．

[107] 戚聿东，张任之．金融资产配置对企业价值影响的实证研究 [J]．财贸经济，2018，39（05）．

[108] 钱丽，沈路，肖仁桥．长江经济带绿色创新与产业结构优化的耦合协调及其空间效应 [J]．商业研究，2021（06）．

[109] 钱水土，吴卫华．信用环境、定向降准与小微企业信贷融资：基于

合成控制法的经验研究 [J]. 财贸经济, 2020, 41 (02).

[110] 全力, 顾新. 知识链组织之间冲突的模糊综合评价 [J]. 软科学, 2010, 24 (05).

[111] 商燕劼, 庞庆华, 李涵. 江苏省城市竞争力、区域创新与生态效率的时空耦合研究 [J]. 华东经济管理, 2020, 34 (12).

[112] 邵剑兵, 周启微. 玻璃天花板引发的企业之殇: 基于 A 股上市独角兽企业及其对照企业的 PSM 研究 [J]. 管理工程学报, 2021, 35 (04).

[113] 邵鹏, 梁杰. 新零售时代服装品牌商的全渠道融合模式 [J]. 纺织学报, 2020, 41 (01).

[114] 沈蕾娜. 世界一流大学之间的协同创新: 以哈佛大学和麻省理工学院的跨校合作为例 [J]. 中国高教研究, 2019 (02).

[115] 史安斌, 杨晨晞. 从 NFT 到元宇宙: 前沿科技重塑新闻传媒业的渠道与愿景 [J]. 青年记者, 2021 (21).

[116] 宋波, 赵良杰, 徐飞. 基于网络嵌入的战略性新兴产业新熊彼特式发展的动力学机制 [J]. 系统管理学报, 2019, 28 (04).

[117] 宋砚秋, 王倩, 李慧嘉, 等. 基于系统动力学的企业创新投资决策研究 [J]. 系统工程理论与实践, 2018, 38 (12).

[118] 苏敬勤, 崔淼. 复杂情境下中国企业管理创新类型选择研究 [J]. 管理工程学报, 2011, 25 (04).

[119] 苏敬勤. 重视中小制造企业在解决卡脖子技术中的关键作用 [J]. 中国科技论坛, 2020 (06).

[120] 苏竣, 张煜. 海南省科技创新与区域经济的耦合协调分析 [J]. 科技管理研究, 2021, 41 (14).

[121] 苏晓萍, 宋玉蓉. 利用邻域 "结构洞" 寻找社会网络中最具影响力节点 [J]. 物理学报, 2015, 64 (02).

[122] 苏屹, 安晓丽, 雷家骕. 基于耦合度门限回归分析的区域创新系统 R&D 投入对创新绩效的影响 [J]. 系统管理学报, 2018, 27 (04).

[123] 孙林, 刘梦含, 徐久成. 基于优化初始聚类中心和轮廓系数的 K-means 聚类算法 [J]. 模糊系统与数学, 2022, 36 (01).

[124] 孙林杰, 丁瑞文, 王佳梅, 等. 基于创新网络的民营企业创新能力提升路径研究 [J]. 科学学研究, 2017, 35 (10).

[125] 孙忠娟，刘晨蕊，周江华，等.科技资助影响企业创新的资源门槛[J].科学学与科学技术管理，2020，41（01）.

[126] 汤志伟，李昱璇，张龙鹏.中美贸易摩擦背景下"卡脖子"技术识别方法与突破路径：以电子信息产业为例[J].科技进步与对策，2021，38（01）.

[127] 陶锋.国际知识溢出、社会资本与代工制造业技术创新：基于全球价值链外包体系的视角[J].财贸经济，2011（07）.

[128] 滕堂伟，孙蓉，胡森林.长江经济带科技创新与绿色发展的耦合协调及其空间关联[J].长江流域资源与环境，2019，28（11）.

[129] 田娟娟.产业多元化、金融支持与区域差异的实证分析[J].统计与决策，2015（21）.

[130] 田宇，卢芬芬，张怀英.中国贫困地区情境下的包容性商业模式构建机制：基于武陵山片区的多案例研究[J].管理学报，2016，13（02）.

[131] 汪旭晖.新时代的"新零售"：数字经济浪潮下的电商转型升级趋势[J].北京工商大学学报（社会科学版），2020，35（05）.

[132] 王宝义."新零售"演化和迭代的态势分析与趋势研判[J].中国流通经济，2019，33（10）.

[133] 王成军，刘茹玥，孙笑明，等.并购企业关键研发者合作网络变化及影响因素研究[J].科技进步与对策，2019，36（10）.

[134] 王方方，杨智晨，李香桃，等.粤港澳大湾区创新系统耦合协调空间结构与联系研究[J].科技进步与对策，2021，38（21）.

[135] 王福，王科唯."新零售"供应链场景化价值逆向重构[J].中国流通经济，2020，34（02）.

[136] 王福.新零售流通供应链商业模式创新体系构建[J].当代经济管理，2020，42（07）.

[137] 王海花，王蒙怡，孙银建.社会网络视角下跨区域产学协同创新绩效的影响因素研究[J].科技管理研究，2019，39（03）.

[138] 王核成，李鑫.企业网络嵌入性对创新绩效的影响：网络权力的中介作用及吸收能力的调节作用[J].科技管理研究，2019，39（21）.

[139] 王岚.融入全球价值链对中国制造业国际分工地位的影响[J].统计研究，2014，31（05）.

[140] 王清，马慧强，杨超.城市创新能力与城市化水平时空耦合协调机

制分析：基于我国 2002—2017 年地级以上城市数据 [J]. 城市问题, 2021, (02).

[141] 王擎, 宋磊. 资本市场更好支持实体经济发展的路径探索 [J]. 理论探讨, 2021 (05).

[142] 王淑翠, 俞金君, 宣峥楠. 我国"新零售"的研究综述与展望 [J]. 科学学与科学技术管理, 2020, 41 (06).

[143] 王文隆, 王福乐, 张涑贤. 考虑低碳努力的双渠道供应链协调契约研究 [J]. 管理评论, 2021, 33 (04).

[144] 王薛. "大零售"实现"小业态"发展的模型研究 [J]. 商业经济研究, 2018 (14).

[145] 王雅兰, 孙笑明, 王成军, 等. 网络嵌入特征与研发经历对通讯企业预研阶段研发者选择的影响 [J]. 科技进步与对策, 2020, 37 (10).

[146] 王营, 曹廷求. 董事网络与融资约束：信息效应和资源效应 [J]. 中南财经政法大学学报, 2017 (01).

[147] 王正沛, 李国鑫. 消费体验视角下新零售演化发展逻辑研究 [J]. 管理学报, 2019, 16 (03).

[148] 卫晓君, 赵森. "十四五"时期数字贸易高质量发展：问题审视与创新路径 [J]. 经济体制改革, 2022, (03).

[149] 魏虹, 陈传明. 企业家社会资本对利益相关者战略共识的影响分析 [J]. 南京社会科学, 2013 (10).

[150] 魏巍, 符洋, 杨彩凤. 科技创新与经济高质量发展测度研究：基于耦合协调度模型 [J]. 中国科技论坛, 2020 (10).

[151] 魏伟. 新零售背景下实体书店的转型探索：以茑屋书店为例 [J]. 出版广角, 2020 (06).

[152] 文金艳, 曾德明, 赵胜超. 标准联盟网络资源禀赋、结构嵌入性与企业新产品开发绩效 [J]. 研究与发展管理, 2020, 32 (01).

[153] 吴江, 曹喆, 陈佩, 等. 元宇宙视域下的用户信息行为：框架与展望 [J]. 信息资源管理学报, 2022 (01).

[154] 吴卫红, 赵鲲, 张爱美. 企业协同创新风险对创新绩效的作用路径研究 [J]. 科研管理, 2021, 42 (05).

[155] 肖超伟, 张旻薇, 刘合林, 等. "元宇宙"的空间重构分析 [J].

地理与地理信息科学，2022，38（02）.

[156] 肖广岭.以颠覆性技术和"卡脖子"技术驱动创新发展［J］.人民论坛·学术前沿，2019（13）.

[157] 谢其军，冯楚建，宋伟.合作网络、知识产权能力与区域自主创新程度：一个有调节的中介模型［J］.科研管理，2019，40（11）.

[158] 谢其军，宋伟.地理邻近性影响合作网络及区域创新绩效的机理研究［J］.管理学报，2020，17（07）.

[159] 谢泗薪，胡伟.经济高质量发展与科技创新耦合协调：以京津冀地区为例［J］.统计与决策，2021，37（14）.

[160] 谢智敏，王霞，杜运周，等.创业生态系统如何促进城市创业质量：基于模糊集定性比较分析［J］.科学学与科学技术管理，2020，41（11）.

[161] 熊英，张俊杰.大学创业生态系统的构成与演化研究：基于麻省理工学院的案例［J］.中国地质大学学报（社会科学版），2018，18（06）.

[162] 徐嘉祺，佘升翔，刘雯."双碳目标"引领生产生活方式绿色转型研究［J］.理论探讨，2021（06）.

[163] 徐少丹.基于多维度视角的零售业态变迁分析：以中国和日本为例［J］.商业经济与管理，2014（10）.

[164] 徐维祥，张凌燕，刘程军，等.城市功能与区域创新耦合协调的空间联系研究：以长江经济带107个城市为实证［J］.地理科学，2017，37（11）.

[165] 徐晔，赵金凤.中国创新要素配置与经济高质量耦合发展的测度［J］.数量经济技术经济研究，2021，38（10）.

[166] 许金花，戴媛媛，李善民.社会责任、股东资源与创始人实际控制权［J］.管理学报，2019，16（12）.

[167] 许涛，严骊.国际高等教育领域创新创业教育的生态系统模型和要素研究：以美国麻省理工学院为例［J］.远程教育杂志，2017，35（04）.

[168] 许鑫，易雅琪，汪晓芸.元宇宙当下"七宗罪"：从产业风险放大器到信息管理新图景［J］.图书馆论坛，2022，42（01）.

[169] 杨卫丽，谭景柏，刘道辉，等.城市创新效率与经济高质量发展的耦合关系及其时空分异特征研究［J］.统计与信息论坛，2021，36（06）.

[170] 杨尊伟，李军.世界一流大学学术创业的成功之道：麻省理工学院和斯坦福大学的经验［J］.高教探索，2020（03）.

[171] 姚占雷, 许鑫. 元宇宙中情境知识的构建与应用初探 [J]. 图书馆论坛, 2022, 42 (01).

[172] 于世海. 区域科技创新与经济增长质量的耦合协调性: 基于桂、滇、黔 2009—2015 年的数据 [J]. 社会科学家, 2018, (04).

[173] 于娱, 施琴芬. 产学研协同创新中知识共享的微分对策模型 [J]. 中国管理科学, 2013, 21 (S2).

[174] 余谦, 朱锐芳. 多维邻近创新网络中知识扩散模型与仿真研究 [J]. 情报科学, 2020, 38 (05).

[175] 禹献云, 曾德明, 陈艳丽, 等. 技术创新网络知识增长过程建模与仿真研究 [J]. 科研管理, 2013, 34 (10).

[176] 袁剑锋, 许治. 中国产学研合作网络结构特性及演化研究 [J]. 管理学报, 2017, 14 (07).

[177] 袁勇志, 李佳. 企业家社会网络与初创企业绩效关系的实证研究 [J]. 科技管理研究, 2013, 33 (04).

[178] 袁园, 杨永忠. 走向元宇宙: 一种新型数字经济的机理与逻辑 [J]. 深圳大学学报 (人文社会科学版), 2022, 39 (01).

[179] 原长弘, 张树满. 科研院所高效科技创业生态系统构建研究 [J]. 科技进步与对策, 2019, 36 (05).

[180] 曾德明, 尹恒, 文金艳. 科学合作网络关系资本、邻近性与企业技术创新绩效 [J]. 软科学, 2020, 34 (03).

[181] 张爱琴, 薛碧薇, 张海超. 中国省域创新生态系统耦合协调及空间分布分析 [J]. 经济问题, 2021 (06).

[182] 张海燕, 邵云飞, 王冰洁. 考虑内外驱动的企业环境技术创新实证研究 [J]. 系统工程理论与实践, 2017, 37 (06).

[183] 张怀英, 李璐, 蒋辉. 正式关系网络、企业家精神对中小企业绩效的影响机制研究 [J]. 管理学报, 2021, 18 (03).

[184] 张慧颖, 吴红翠. 基于创新过程的区域创新系统协调发展的比较研究: 兼析天津市区域创新复合系统协调性 [J]. 情报杂志, 2011, 30 (08).

[185] 张金涛, 雷星晖, 苏涛永. 谦卑的管理层能否促进企业研发?: 产权差异视角下的多重边界效应研究 [J]. 科学学与科学技术管理, 2021, 42 (07).

[186] 张敬云, 刘广平, 田祎萌. 基于结构洞理论的征地冲突形成动因与

治理研究 [J]. 系统科学学报, 2020 (04).

[187] 张竣喃, 逮进, 周惠民. 技术创新、产业结构与金融发展的耦合效应研究: 基于中国省域数据的实证分析 [J]. 管理评论, 2020, 32 (11).

[188] 张岭, 张田莉, 梁杰. 独角兽企业成长规律及培育路径研究 [J]. 经济体制改革, 2021 (05).

[189] 张路蓬, 薛澜, 周源, 等. 社会资本引导下的新兴产业技术扩散网络形成机理与实证研究 [J]. 中国软科学, 2019 (03).

[190] 张铭慎. 技术联盟给中国汽车产业创新带来了什么? [J]. 经济经纬, 2012 (06).

[191] 张夏恒, 李想. 国外元宇宙领域研究现状、热点及启示 [J]. 产业经济评论, 2022 (02).

[192] 张欣亮, 任孝平, 李子愚, 等. 中国研发经费省际分布变化研究 [J]. 中国科技论坛, 2021 (06).

[193] 张旭梅, 陈国鹏. 存在品牌差异的双渠道供应链合作广告协调模型 [J]. 管理工程学报, 2016 (2).

[194] 张玉臣, 朱铭祺, 廖凯诚. 粤港澳大湾区创新生态系统内部耦合时空演化及空间收敛分析 [J]. 科技进步与对策, 2021, 38 (24).

[195] 张玉喜, 赵丽丽. 政府支持和金融发展、社会资本与科技创新企业融资效率 [J]. 科研管理, 2015, 36 (11).

[196] 张振华, 李昂. 社会网络对科技型新创企业绩效的影响 [J]. 当代经济研究, 2019 (04).

[197] 章冀, 陈明敏, 彭兴莲. O2O 和顾客体验视角下实体零售业态小型化创新实践 [J]. 商业经济研究, 2019 (13).

[198] 赵道致, 原白云, 徐春秋. 低碳环境下供应链纵向减排合作的动态协调策略 [J]. 管理工程学报, 2016 (01).

[199] 赵黎明, 刘猛, 郝琳娜. 基于创业链声誉的风险投资与风险企业合作的微分对策模型研究 [J]. 管理工程学报, 2016 (01).

[200] 赵黎明, 孙健慧, 张海波. 基于微分对策的低碳产品供应链营销合作协调机制 [J]. 管理工程学报, 2018, 32 (03).

[201] 赵敏, 林汉川. 家族企业创新研发能力测评指标研究 [J]. 中国流通经济, 2017, 31 (06).

[202] 赵萍. 流通产业 2016 年回顾与 2017 年展望 [J]. 中国流通经济, 2017, 31 (01).

[203] 赵天翊, 杨雅程, 陈虹, 等. 区域经济发展与融资活跃度耦合性研究 [J]. 宏观经济研究, 2019 (02).

[204] 赵文, 赵会会, 吉迎东. 双元创新跃迁与企业失败: 社会关系网络的调节作用 [J]. 科研管理, 2022, 43 (01).

[205] 赵娴, 张志英. 流通业变革: 数字化驱动、商业逻辑重构与产业融合创新 [J]. 海南大学学报 (人文社会科学版), 2023, 41 (01).

[206] 赵炎, 王燕妮. 越强越狭隘? 企业间联盟创新网络的证据: 基于资源特征与结构特征的视角 [J]. 科学学与科学技术管理, 2017, 38 (05).

[207] 郑健壮, 吴文雯. 独角兽企业成长关键因素的实证研究 [J]. 科技管理研究, 2020, 40 (21).

[208] 郑娟, 孔钢城. 利益相关者视角下的 MIT 创业生态系统研究 [J]. 高等工程教育研究, 2017 (05).

[209] 郑孔迪. 新零售背景下生鲜供应链新发展模式和渠道的研究 [J]. 全国流通经济, 2021 (30).

[210] 郑磊, 郑扬洋. "元宇宙" 经济的非共识 [J]. 产业经济评论, 2022 (01).

[211] 郑琼洁, 戴靓. 高成长企业网络发展的空间格局与演化特征: 以江苏省为例 [J]. 商业经济与管理, 2022, (04).

[212] 智勇, 倪得兵, 曾勇. 企业家社会关系网络、资源交换与企业经济业绩 [J]. 管理工程学报, 2011, 25 (01).

[213] 周蓉蓉. 我国新零售商业模式的动力机制与升级研究 [J]. 管理现代化, 2020, 40 (02).

[214] 周晓艳, 侯美玲, 李霄雯. 独角兽企业内部联系视角下中国城市创新网络空间结构研究 [J]. 地理科学进展, 2020, 39 (10).

[215] 朱怀念, 刘贻新, 张成科, 等. 基于随机微分博弈的协同创新知识共享策略 [J]. 科研管理, 2017, 38 (07).

[216] 祝琴, 贾晓菁, 周小刚. 创新研究系统隐性知识生成转化反馈环特性仿真分析 [J]. 系统工程理论与实践, 2015, 35 (07).

[217] 祝影, 王飞. 基于耦合理论的中国省域创新驱动发展评价研究 [J].

管理学报，2016，13（10）．

[218] 邹国平，郭韬，任雪娇．区域环境因素对科技型企业规模的影响研究：组织学习和智力资本的中介作用 [J]．管理评论，2017，29（05）．

[219] 邹永广，孙瑾瑾，杨杰．两岸旅游学者科研合作网络对知识创新的影响 [J]．华侨大学学报（哲学社会科学版），2020（2）．

二、英文文献

[1] BURT R S. Structural holes：The social structure of competition [M]．Cambridge：Harvard University Press，1992．

[2] DOCKNER E J, JORGENSEN S, LONG N V, et al. Differential Games in Economics and Management Science [M]．Cambridge：Cambridge University Press，2000．

[3] SCHUMPETER A. The theory of Economic Development [M]．Boston：Harvard University Press，1934．

[4] UTTERBACK J M. Mastering the Dynamics of Innovation [M]．Boston：Harvard Business School Press，1994．

[5] YIN R K. Case Study Research：Design and Methods [M]．New York：Sage Publications，2008．

[6] ADAMU I A, UMAR M, UMARU J, et al. Utilizing ICT in sustaining national development using digital economy and IOT [J]．International Journal of Wireless Communications and Mobile Computing，2020，8（2）．

[7] ADNER R, KAPOOR R. Value Creation in Innovation Ecosystems：How the Structure of Technological Interdependence Affects Firm Performance in New Technology Generations [J]．Strategic Management Journal，2010，31（3）．

[8] ADNER R. Ecosystem as Structure：an Actionable Construct for Strategy [J]．Journal of Management，2017，43（1）．

[9] AHUJA G. Collaboration networks, structural holes, and innovation：A longitudinal study [J]．Administrative science quarterly，2000，45（3）．

[10] AHUJA G. The Duality of Collaboration：Inducements and Opportunities in the Formation of Interfirm Linkages [J]．Strategic Management Journal，2000，21（3）．

［11］AKBAR H, TZOKAS N. An Exploration of New Product Development's Front-End Knowledge Conceptualization Process in Discontinuous Innovations ［J］. British Journal of Management, 2013, 24 (2).

［12］ALANAH D, JOHN M, DAWN O, et al. Avatars, people and virtual worlds: Foundations for research in metaverses ［J］. Journal of the Association for Information Systems, 2009, 10 (2).

［13］ALKUAIK K O. Impact of network relational and structural embeddedness on firm's innovation: a study at the Saudi firm's level. ［D］. Glasgow: University of Strathclyde, 2017.

［14］AMIT R, ZOTT C. Value Creation in E-business ［J］. Strategic Management Journal, 2001, 22 (6-7).

［15］ANA P G, DEONIR D T, GABRIEL S M, LUCIENE E. Mediated-moderated effects: High and low store image, brand awareness, perceived value from mini and supermarkets retail stores ［J］. Journal of Retailing and Consumer Services, 2020, 55.

［16］ANDREAS K, MAXIMILIAN S, PER D. Chasing mythical creatures – A (not-so-sympathetic) critique of entrepreneurship's obsession with unicorn startups ［J］. Journal of Business Venturing Insights, 2023, 19.

［17］ANNE S, ARJEN V W. The Entrepreneur's Experiential Diversity and Entrepreneurial Performance ［J］. Small Business Economics, 2017, 49 (1) .

［18］BACON E, WILLIAMS M D, DAVIES G. Coopetition in innovation ecosystems: A comparative analysis of knowledge transfer configurations ［J］. Journal of Business Research, 2020, 115.

［19］BARKER III V L, MUELLER G C. CEO Characteristics and Firm R&D Spending ［J］. Management Science, 2002, 48 (6).

［20］BAYSINGER B, HOSKISSON R E. Diversification Strategy and R&D Intensity in Multiproduct Firms ［J］. The Academy of Management Journal. 1989, 32 (2).

［21］BERS J A, DISMUKES J P, MEHSERLE D, et al. Extending the Stage-Gate Model to Radical Innovation – the Accelerated Radical Innovation Model ［J］. Journal of the Knowledge Economy, 2014 (5).

［22］BLANK T H，CARMELI A. Does founding team composition influence external investment? The role of founding team prior experience and founder CEO ［J］. The Journal of Technology Transfer，2020 (1).

［23］CAI Y，CHRIS K Y LO. Omni-channel management in the new retailing era：A systematic review and future research agenda ［J］. International Journal of Production Economics，2020，229.

［24］CAMMACK R G. Location-based service use：A metaverse investigation ［J］. Journal of Location Based Services，2020，4 (1).

［25］CHANDY R K，TELLIS G J. The Incumbent'S Curse? Incumbency, Size，and Radical Product Innovation ［J］. Journal of Marketing，2000，64.

［26］CHEMMANUR T J，LOUTSKINA E，TIAN X. Corporate Venture Capital, Value Creation，and Innovation ［J］. Review of Financial Studies，2014，27 (8).

［27］COLOMBO M G，FRANZONI C，VEUGELERS R. Going Radical：Producing and Transferring Disruptive Innovation ［J］. J Technol Transf , 2015，40.

［28］COWANR J. Networks structure and the diffusion of knowledge ［J］. Journal of Economic Dynamics & Control，2004，28 (8).

［29］DANIEL T，LUCA T，TOMMASO B. How do big bang disruptors look like? A business model perspective ［J］. Technological Forecasting and Social Change，2019.

［30］DE C D，THONGPAPANL N，VORONOV M. Sustainability in the Face of Institutional Adversity：Market Turbulence，Network Embeddedness，and Innovative Orientation ［J］. Journal of Business Ethics，2018，148 (2).

［31］DONG J Q，MCCARTHY K J. When more isn't merrier：Pharmaceutical alliance networks and breakthrough innovation ［J］. Drug Discovery Today，2019，24 (3).

［32］DP A，ET B，SM C. Scale-up modes：Profiling activity configurations in scaling strategies ［J］. Long Range Planning，2021，54 (6) .

［33］EGLISTON B，CARTER M. Critical questions for Facebook's virtual reality：Data，power and the metaverse ［J］. Internet Policy Review，2021，10 (4).

［34］FORTI E，MUNARI F，ZHANG C. Does VC Backing Affect Brand Strategy in Technology Ventures? ［J］. Strategic Entrepreneurship Journal，2020，14 (2).

［35］ FRANCESCA G. Technological Competition： Can the EU Compete with China? ［R］. Rome： Istituto Affari Internazionali （IAI）, 2021.

［36］ FRANKORT H T W. When does knowledge acquisition in R&D alliances increase new product development? The mode rating roles of technological relatedness and product-market competition ［J］. Research Policy, 2016, 45 （1）.

［37］ FRIJA A. Mapping social networks for performance evaluation of irrigation water management in dry areas ［J］. Environmental Modeling&Assessment, 2017, 22 （2）.

［38］ GORNALL W, STREBULAEV I A. Squaring Venture Capital Valuations with Reality： Online Appendix ［J］. Social Science Electronic Publishing, 2020, 135.

［39］ GUILHERME B B, NÉSTOR F A, ALEJANDRO G F. Industry 4. 0 innovation ecosystems： An evolutionary perspective on value cocreation ［J］. International Journal of Production Economics, 2020, 228.

［40］ HENDERSON R M. Underinvestment and Incompetence As Responses to Radical Innovation： Evidence from the Photolithographic Industry ［J］. RAND Journal of Economics, 1993, 24 （2）.

［41］ HMIELESKI K M, BARON R A. Entrepreneurs' Optimism and New Venture Performance： a Social Cognitive Perspective ［J］. Academy of Management Journal, 2009, 52 （3）.

［42］ HYUNGOO K, YOON Y N. The moderating effect of structural holes on the relationship between supplier openness and buyer Satisfaction ［J］. Journal of Marketing Thought, 2017, 4 （1）.

［43］ INIGO E A, RITALA P, ALBAREDA L. Networking for sustainability： Alliance capabilities and sustainability-oriented innovation ［J］. Industrial Marketing Management, 2020, 89.

［44］ International organization for Standardization. Environmental management： life cycle assessment： priciples and framework： ISO 14040 ［S］. Geneva： International Orgnaization for Standardization, 2006.

［45］ JACOBIDES M G, CENNAMO C, GAWER A. Towards a Theory of Ecosystems ［J］. Strategic Management Journal, 2018, 39 （8）.

［46］JARVIE D. Do long-time team-mates lead to better team performance? A social network analysis of data from major league baseball ［J］. Sports Medicine (Auckland, N. Z.), 2018, 48 (11).

［47］JIANG Z. Research on efficiency of knowledge transfer in technical innovation alliances ［J］. Physics Procedia, 2012, 25.

［48］JINZHI Z, CARRICK J. The Rise of the Chinese Unicorn: An Exploratory Study of Unicorn Companies in China ［J］. Emerging Markets Finance and Trade, 2019 (1).

［49］JúLIA H K, ÉRICO M, ANTONIO G, ALEJANDRO G F. Smart Products value creation in SMEs innovation ecosystems ［J］. Technological Forecasting & Social Change, 2020, 156.

［50］JOHANNISSON B. Business formation: A network approach ［J］. Scandinavian Journal of Management, 1988, 4 (3-4).

［51］JUNG J Y, SEO D Y. Counter-based broadcast scheme considering reach ability, network density, and energy efficiency for wireless sensor networks ［J］. Sensors, 2018, 18 (1).

［52］KALE P, SINGH H, PERLMUTTER H. Learning and Protection of Proprietary Assets in Strategic Alliances: Building Relational Capital ［J］. Strategic Management Journal, 2000, 21 (3).

［53］KELCIE S, DANIELLE T, SONIA B, et al. The small, inventory free retail format: The impact on consumer-based brand equity and purchase behavior ［J］. Journal of Retailing and Consumer Services, 2020 (57).

［54］KURATKO D F, HOLT H L, NEUBERT E. Blitzscaling: The good, the bad, and the ugly ［J］. Business Horizons, 2019, 63 (1).

［55］LEONARDO A V G, ANA L F F, MARIO S S, RODRIGO K I. Unpacking the innovation ecosystem construct: Evolution, gaps and trends ［J］. Technological Forecasting & Social Change, 2018, 136.

［56］LIU W, WANG S, WANG J. Evaluation Method of Path Selection for Smart Supply Chain Innovation ［J］. Ann Oper Res, 2023 (322) .

［57］LUO Z, CHIU Y H, TANG L L. Industrial Enterprises' Innovation Efficiency and the Influence of Capital Source: Based On Statistical Data of Industrial Enterprises in Jiangsu Province [J]. Hitotsubashi Journal of Economics, 2016, 57 (2).

[58] MALYY M, TEKIC Z, PODLADCHIKOVA T. The value of big data for analyzing growth dynamics of technology based new ventures [J]. 2021 (169).

[59] MANISH K S, DEVI R G. When Do Relational Resources Matter? Leveraging Portfolio Technological Resources for Breakthrough Innovation [J]. The Academy of Management Journal, 2011, 54 (4).

[60] MARTIN F. Quantile Estimates of the Impact of R&D Intensity On Firm Performance [J]. Small Business Economics, 2012 (39).

[61] MAXIMILIAN P, JOAKIM W, VINIT P, UMUR C. The evolution of the financial technology ecosystem: An introduction and agenda for future research on disruptive innovations in ecosystems [J]. Technological Forecasting & Social Change, 2020 (151).

[62] MEAGHER K, ROGERS M. Network density and R&D spillovers [J]. Journal of Economic Behavior & Organization, 2004, 53 (02).

[63] MUAMMER O, ZHANG G. The roles of knowledge providers, knowledge recipients, and knowledge usage in structural Holes [J]. Journal of Product Innovation Management, 2019, 36 (2).

[64] NEPELSKI D, ROY V V. Innovation and Innovator Assessment in R&I Ecosystems: the Case of the EU Framework Programme [J]. J Technol Transf, 2021 (46).

[65] NEWBERT S L, TORNIKOSKI E T, QUIGLEY N R. Exploring the Evolution of Supporter Networks in the Creation of New Organizations [J]. Journal of Business Venturing, 2013, 28 (2).

[66] OLIVER T A, JOERN H B, PHILIPP S, et al. Social Capital of Venture Capitalists and Start-Up Funding [J]. Small Business Economics, 2012, 39 (4).

[67] OLUWATOBI S O. Innovation-driven economic development model: a way to enable competitiveness in Nigeria [J]. Advances in sustainability and environmental justice, 2015, 17 (2).

[68] ORTIGãO S S, MARIA C. Innovation, knowledge, and cooperation: a survey of networks in Brazil [J]. Global Business & Economics Anthology, 2015

（2）.

［69］PAIK Y, WOO H. The effects of corporate venture capital, founder incumbency, and their interaction on entrepreneurial firms' R&D investment strategies ［J］. Organization Science, 2017, 28 (4).

［70］PENTTIL K, RAVALD A, DAHL J, et al. Managerial Sensemaking in a Transforming Business Ecosystem: Conditioning Forces, Moderating Frames, and Strategizing Options ［J］. Industrial Marketing Management, 2020 (8).

［71］PUTZ F, MURPHY F, MULLINS M, et al. Connected Automated Vehicles and Insurance: Analysing Future Market – Structure from a Business Ecosystem Perspective ［J］. Technology in Society, 2019, 59 (11).

［72］QIAO H, ZHANG S, XIAO Y. Modeling the Impacts of Venture Capital Investment on Firm Innovation ［J］. Discrete Dynamics in Nature & Society, 2021 (7).

［73］RAHUL K, FURR N R. Complementarities and Competition: Unpacking the Drivers of Entrants' Technology Choices in the Solar Photovoltaic Industry ［J］. Strategic Management Journal, 2015, 36 (3).

［74］RAHUL K, LEE J M. Coordinating and Competing in Ecosystems: How Organizational Forms Shape New Technology Investments ［J］. Strategic Management Journal, 2013, 34 (3).

［75］REYNOLDS E B, UYGUN Y. Strengthening advanced manufacturing innovation ecosystems: The case of Massachusetts ［J］. Technological Forecasting & Social Change, 2018 (136) .

［76］RIESENER M, DÖLLE C, KUHN M. Innovation ecosystems for industrial sustainability ［J］. Procedia CIRP, 2019 (80).

［77］SABRINA A, NIR V, YOTAM S. Entrepreneurs' Negotiation Behavior ［J］. Small Business Economics, 2015, 44 (4).

［78］SAUNILA M, UKKO J, RANTALA T. Sustainability as a Driver of Green Innovation Investment and Exploitation ［J］. Journal of Cleaner Production, 2018 (179) .

［79］SCHOTT T, SEDAGHAT M. Innovation embedded in entrepreneurs' networks and national educational systems ［J］. Small Business Economics, 2014, 43

(2).

[80] SCOTTO M. On the Extremes of a Class of Non-Linear Processes with Heavy Tailed Innovations [J]. Nonlinear Analysis, 2007, 67 (7).

[81] SEBASTIAN M P, DANIELLE W, DAN R, DAVA N. Architecting complex international science, technology and innovation partnerships (CISTIPs): A study of four global MIT collaboration [J]. Technological Forecasting & Social Change, 2016 (104).

[82] SHAIKH M, LEVINA N. Selecting an open innovation community as an alliance partner: Looking for healthy communities and Ecosystems [J]. Research Policy, 2019, 48 (8).

[83] SOLIMAN E, MOGEFORS D, BERGMANN J H M. Problem-Driven Innovation Models for Emerging Technologies [J]. Health Technol, 2020 (10).

[84] SONG Y, YANG N, ZHANG Y, WANG J. Do more structural holes lead to more risk propagation in R&D networks? [J]. Management Decision, 2020, 58 (1).

[85] SOSNA M, TREVINYO-RODRÍGUEZ R N, VELAMURI S R. Business Model Innovation through Trial-and-Error Learning: The Naturhouse Case [J]. Long Range Planning, 2010, 43 (2-3).

[86] SUBRAMANIAN A M, SOH P H. Linking alliance portfolios to recombinant innovation: The combined effects of diversity and alliance Experience [J]. Long Range Planning, 2017, 50 (5).

[87] SWIERCZEK A. Relational orientation of triadic supply chains with structural holes: An empirical comparison of rents derived from bridging the structural holes [J]. Supply Chain Management, 2020, 25 (5).

[88] TAO X, LI Y. Innovation-Supporting Effect of Government Versus Private Venture Capital: Evidence from Chinese Listed Companies [J]. African & Asian Studies. 2020, 19 (3).

[89] THOMAS J C, KARTHIK K, DEBARSHI K N. How does Venture Capital Financing Improve Efficiency in Private Firms? A Look Beneath the Surface [J]. The Review of Financial Studies the Review of Financial Studies, 2011, 24 (12).

[90] TOBIAS J, JOHAN K. Configurations of business strategy and marketing

channels for e-commerce and traditional retail formats：A Qualitative Comparison A-
nalysis（QCA）in sporting goods retailing ［J］. Journal of Retailing and Consumer
Services，2016（34）.

［91］TOH P K，MILLER C D. Pawn to Save a Chariot，or Drawbridge Into the
Fort? Firms' Disclosure During Standard Setting and Complementary Technologies
within Ecosystems ［J］. Strategic Management Journal，2017，38（11）.

［92］TOMÁS D S，BERMEJO P H D S，MOREIRA M F，et al. the Structure
of an Innovation Ecosystem：Foundations for Future Research ［J］. Management Deci-
sion，2020（2）.

［93］TORTORIELLO M. The social underpinnings of absorptive capacity：The
moderating effects of structural holes on innovation generation based on external knowl-
edge ［J］. Strategic Management Journal，2015，36（4）.

［94］TRABUCCHI D，TALENTI L，BUGANZA T. How do Big Bang Disruptors
look like? A Business Model perspective ［J］. Technological Forecasting and Social
Change，2019，14（c）.

［95］WEIDEMA B P，THRANE M，CHRISTENSEN P，et al. Carbon
Footprint：A Catalyst forLife Cycle Assessment? ［J］. Journal of Industrial Ecology，
2008，12（1）.

［96］WEI F，FENG N P，YANG S L，ZHAO Q H. A conceptual framework of
two-stage partner selection in platform-based innovation ecosystems for servitization
［J］. Journal of Cleaner Production，2020（262）.

［97］WILES K，BROWN K C. In Search of Unicorns：Private IPOs and the
Changing Markets for Private Equity Investments and Corporate Control ［J］. Journal
of Applied Corporate Finance，2015，27（3）.

［98］XIE X，WANG H. How can open innovation ecosystem modes push product
innovation forward? An fsQCA analysis ［J］. Journal of Business Research，2020
（108）.

［99］XU X L，CHEN H H. Exploring the Innovation Efficiency of New Energ'y
Vehicle Enterprises in China ［J］. Clean Techn Environ Policy，2020（22）.

［100］YUAN F，DONG P. Research on Fresh-keeping Development of Supply
Chain under the Trend of New Retailing ［J］. Scientific Journal of Economics and

Management Research, 2020, 2 (4).

[101] YU S, LIU Y, LIANG X. Evolution of Regional Transport Structure Information Entropy and Its Dynamic Analysis [J]. Journal of Transportation Systems Engineering and Information Technology, 2011, 11 (4).

[102] ZANG J. Structural holes, exploratory innovation and exploitative innovation [J]. Management Decision, 2018, 56 (8).

[103] ZHANG J, GUAN J. The impact of competition strength and density on performance: the technological competition network sin the wind energy industry [J]. Industrial Marketing Management, 2019 (82).

[104] ZHANG Y, ZHANG X. Patent Growth and the Long-Run Performance of VC-Backed IPOs [J]. International Review of Economics & Finance, 2020 (69).

[105] ZHANG Z. Knowledge structure, network structure, exploitative and exploratory innovations [J]. Technology Analysis & Strategic Management, 2020, 32 (6).

[106] ZHAO X, LYNCH J G, CHEN Q. Reconsidering Baron and Kenny: Myths and Truths about Mediation Analysis [J]. Journal of Consumer Research, 2010, 37 (2).

[107] ZU Y A E, CHEN L, YI F. Research on low-carbon strategies in supply chain with environmental regulations based on differential game [J]. Journal of Cleaner Production, 2018 (177).

致谢与说明

本书是北京自然科学基金项目"创新网络视角下北京市独角兽创新种群与创新生态系统协同机理研究"的成果，由北京物资学院配套资金资助出版，每章完成人均在章节脚注处做了标注，对资助者与完成者表示感谢。鉴于水平有限，本书不足与谬误之处请批评指正。